教育部人文社会科学重点研究基地重大项目"中国国有金融改革服务实体经济发展研究"（16JJD790018）

国有商业银行服务实体经济
转型与改革

王倩 孙禹晴◎著

SERVING THE REAL ECONOMY
THE TRANSFORMATION AND REFORM OF
THE STATE-OWNED COMMERCIAL BANKS

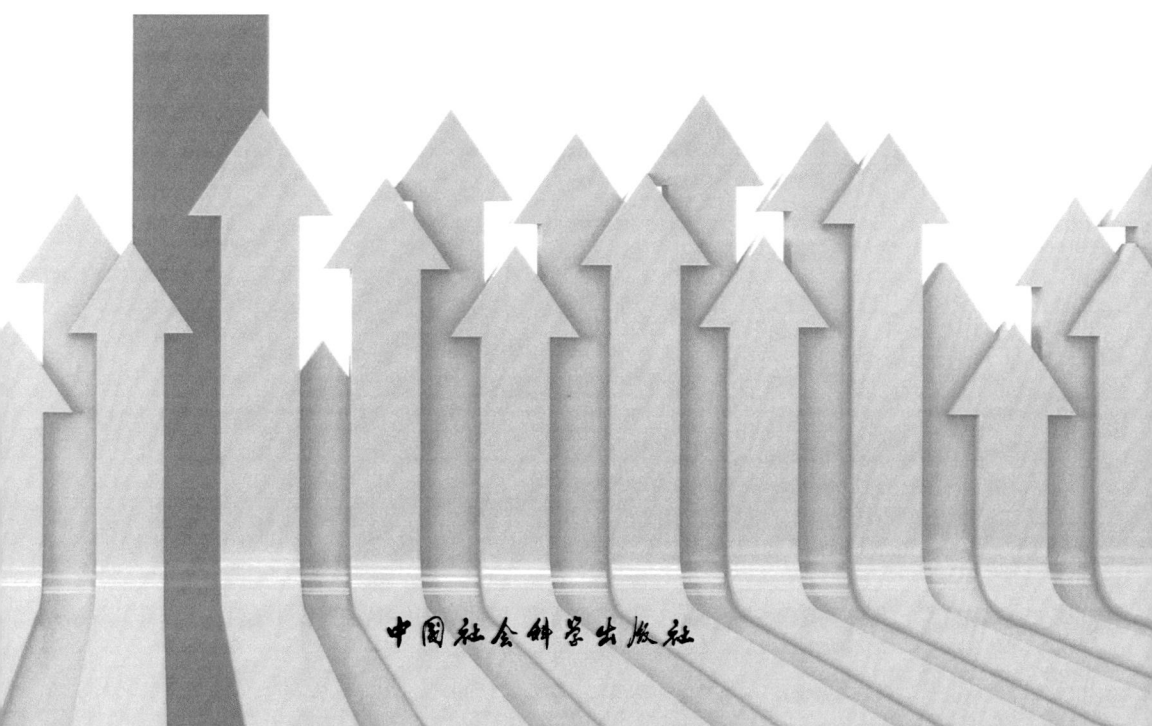

中国社会科学出版社

图书在版编目（CIP）数据

国有商业银行服务实体经济：转型与改革 / 王倩等著. -- 北京：中国社会科学出版社，2025.8. -- ISBN 978-7-5227-5439-0

Ⅰ．F124

中国国家版本馆 CIP 数据核字第 2025L91R94 号

出 版 人	季为民	
责任编辑	刘晓红	
责任校对	李　莉	
责任印制	戴　宽	
出　　版	中国社会科学出版社	
社　　址	北京鼓楼西大街甲 158 号	
邮　　编	100720	
网　　址	http://www.csspw.cn	
发 行 部	010-84083685	
门 市 部	010-84029450	
经　　销	新华书店及其他书店	
印　　刷	北京明恒达印务有限公司	
装　　订	廊坊市广阳区广增装订厂	
版　　次	2025 年 8 月第 1 版	
印　　次	2025 年 8 月第 1 次印刷	
开　　本	710×1000　1/16	
印　　张	20	
字　　数	320 千字	
定　　价	109.00 元	

凡购买中国社会科学出版社图书，如有质量问题请与本社营销中心联系调换
电话：010-84083683
版权所有　侵权必究

前　言

　　中华人民共和国成立 70 多年来，中国银行业发生了翻天覆地的变化，特别是在 2008 年国际金融危机后，中国银行业成为世界上较为强大和粗具现代化特征的银行体系。中国银行体系与西方银行体系的最大差异在于中国国有商业银行在中国的银行体系乃至金融体系中具有独特的地位。国有商业银行不仅是中国银行体系的主体，更因其服务国家战略的特殊职责而在中国经济发展中发挥着压舱石和安全网的作用。

　　"十四五"规划提出要深化国有商业银行改革，而深化金融业的改革开放使其更好地服务实体经济发展是金融供给侧结构性改革的重要内容。在当前国际经济格局变迁、内外经济不确定性增强的背景下，发挥国有商业银行的逆周期调节作用、以国有商业银行的数字与绿色转型引导和支持数字经济与绿色经济发展是实现金融与实体经济协调发展、顺利转型的关键，同时国有商业银行的信贷行为、杠杆行为与风险管理行为等也是确保中国金融乃至经济安全的关键。现有关于国有商业银行服务实体经济作用的研究，多是从政治经济学和制度经济学的角度开展的定性分析，少有用数据证实国有商业银行是否真正发挥了服务实体的主导作用，更缺少对其主导作用引发风险行为的分析。中央金融工作会议提出建设金融强国的目标，也需要国有大型金融机构做优做强，当好服务实体经济的主力军和维护金融稳定的压舱石。本书基于中国特色的银行业发展道路，从国有商业银行在中国银行体系乃至金融体系中的重要作用入手，研究国有商业银行的信贷、杠杆行为熨平经济周期与降低金融风险的功能、分析国有商业转型与实体经济转型的匹配机理等问题，以期在丰富国有商业银行研究的同时，为国有商业银行的进一步改革提供理论与数据支持。

　　本书主要由四部分九章内容构成。第一部分强调国有商业银行服务实体经济的主体地位与熨平经济的主导作用，由第一章至第三章构成。从历史演进与数据分析证实国有商业银行在银行体系的主体地位与服务实体经济的主导作用。对比分析国有商业银行与其他银行的信贷逆周期性的差异，证实了国有商业银行通过调整信贷增速降低经济波动的作用。运用面板数据与门槛模型证实中国商业银行杠杆行为的周期性主要源于股份制和城市商业银行，国有商业银行的杠杆并没有周期性。且在经济中高速发展时期，中国商业银行杠杆为顺周期；在经济低速发展时期，杠杆为逆周期。第二部分强调国有商业银行通过自身转型促进经济转型，由第四章至第六章构成。从金融供给侧结构性改革的角度证实国有商业银行在银行数字化转型中的领先地位，起到了引领商业银行创新转型以应对数字金融冲击的作用，并通过信贷业务促进经济数字化转型。"双碳"目标需要资金支持，且经济的绿色转型需要金融机构的绿色转型，国有商业银行在绿色信贷业务中发挥了主导作用并以绿色信贷业务支持碳减排与经济绿色转型。第三部分强调国有商业银行的稳定器作用，由第七章和第八章组成。通过剖析国有商业银行信贷行为的风险，发现国有商业银行具有通过信贷扩张应对金融危机冲击的压舱石作用，且不会引发信贷泡沫，而股份制商业银行存在着信贷泡沫。国有商业银行服务实体经济，不仅可以为制造业等行业提供资金支持，还有助于降低其自身的信用风险，且作用大于股份制银行。国有商业银行和股份制商业银行存在着存贷款正向错配，城市商业银行和农村商业银行的存贷款负向错配问题严重，因此国有商业银行不存在流动性风险，而城商行和农商行的风险较高。证实金融危机期间中国商业银行的稳定源于国有股的安全稳定器作用。研究发现，国有控股银行的国有股权显著降低了违约风险但增加了信用风险；第一大股东从国有变成非国有的产权属性变更有助于降低信用风险但对违约风险无显著影响。第一大股东从国有变为非国有再变回国有的银行，国有股权对两种风险均无显著的调节效应。因此，在国内外金融风险加剧、防范违约风险紧迫性提高的背景下，国有商业银行的国有股权占比不宜再降低。第四部分强调国有商业银行的效率，即第九章。运用两阶段 DEA 模型证实国有商业银行的效率总体上低于非国有商业银行主要源于较低的生产效率，国有商业银行的市场效率高于非国有商业银行。

本书综合运用股权理论、金融发展理论、金融创新理论、金融风险管理理论，构建国有商业银行服务实体经济的综合分析框架，丰富了国有金融的研究与应用，为国有商业银行改革提供理论与数据支持。证实了国有商业银行通过信贷与杠杆行为助力经济的平衡发展，从金融供给侧角度研究国有商业银行的数字与绿色转型，证实了国有商业银行主导了银行的数字与绿色转型，且是服务经济数字与绿色转型的主体，从转型与金融供给侧结构性改革视角研究了国有商业银行服务经济的功能。从信贷泡沫、信用风险、存贷款错配与违约风险等多个角度研究了国有商业银行助力金融与经济稳定发展的作用。证实了金融危机冲击下中国银行业的稳定源于国有股的安全稳定器作用，并运用两阶段DEA模型测度了国有商业银行的效率，证实国有商业银行市场效率较高，但在生产阶段存在着低效率的问题，且低效率主要源于员工效率低。

本书以经济与金融理论为基础，主要采用了实证分析与规范分析相结合、数理模型分析与计量模型分析相结合，以及归纳分析与对比分析等方法。通过实证分析与规范分析相结合，运用中国国有商业银行服务实体经济的相关数据和客观现实，证实了中国国有商业银行在银行体系中的主体地位及服务实体经济的主导作用及其促进经济稳定发展的作用。基于数理模型分析与计量模型分析证实了国有商业银行通过金融供给侧结构性改革服务经济转型，以信贷扩张助力经济复苏且不存在信贷泡沫。运用面板模型、分位数模型和门槛模型等研究国有商业银行杠杆行为，证实国有商业银行杠杆行为助力实体经济稳定发展。运用面板模型证实国有股权有助于降低违约风险，且可通过助力制造业等实体经济发展降低信用风险。运用两阶段DEA测度分析国有商业银行低效率的根源。通过理论分析归纳总结了国有商业银行助力实体经济的功能与路径，并通过对比分析国有商业银行、股份制银行和城商银行的相关业务与行为进一步证实国有商业银行服务实体经济的主导地位。

在理论层面上，本书丰富了国有金融的研究与应用，形成了国有商业银行服务实体经济的综合分析框架；并从金融供给侧结构性改革、信贷与杠杆周期性、金融安全网等角度研究了解国有商业银行服务实体经济的路径；通过测度国有商业银行的效率指出国有商业银行服务实体经济过程中存在低效率的弊端，且低效率主要源于生产效率而非市场效率，而生产效率低于非国有商业银行主要源于过低的员工效率。在实践层面上，本书通过梳理中国银行体系的发展历程提出国有商业银行的主体地位，对国有商业银行杠杆周期与信贷周期的研究、对国有商业银行信贷业务的研究可以为引导经济"脱虚向实"提供理论与数据支持；研究国有商业银行信贷业务的风险性及国有股权对风险的影响，明确国有商业银行的低风险性，有助于构建国家金融安全网，防范化解金融风险。以国有商业银行助力数字经济与"双碳"目标实现经济高质量发展的金融供给侧结构性改革是推进供给侧结构性改革的重要内容，本书可以为金融供给侧结构性改革的顺利推进与中国经济顺利转型提供智力支持，为提高国有商业银行的效率提供对策建议。

本书是教育部基地项目"中国国有金融服务实体经济"的研究成果，根据项目评审专家的意见将研究的对象聚焦国有商业银行。伴随中国金融体系的进一步多元化发展，以国有证券公司与保险公司及政策性银行等为代表的其他类型的国有金融在促进中国经济高质量发展和转型中也发挥着重要的作用。因此，有关中国国有金融的研究还有待拓展。本书分析国有商业银行在银行体系中的地位时，将数据更新至2023年底，但鉴于同比数据的可比性及平稳性，本书的计量模型的样本期仅至2019年，如何评价在新冠疫情的特殊冲击下国有商业银行的社会稳定器和压舱石的作用、探究意外冲击下国有商业银行与实体经济的互动机制有待在未来的研究中单独进行剖析。

在本书的写作过程中，得到了很多领导和朋友的帮助。感谢吉林大学经济学院的纪玉山教授、项卫星教授、杜莉教授和李晓教授，他们严谨务实的治学态度一直激励着我从中国的实践出发总结中国特色的金融规律。感谢中国社会科学出版社的刘晓红女士，她的精心安排特别是严谨的工作态度，使得本书可以顺利出版。我还要感谢参与我研讨班的同学，他们不但帮助我收集整理了相关资料与数据，研讨中的争论与建议也使得本书进一步完善。他们是张靖博、王雪、赵铮、冯艺、张赫、刘天奇、彭飞、庄冬、韩沛轩、狄晓琳、韩春静等。在此，对所有曾经帮助过我的人深表谢意。书中的错误与遗漏，敬请广大读者批评斧正。

目 录

第一章　国有商业银行在银行体系中的主导作用 …………… 1

　第一节　中国国有商业银行的改革历程 ……………………… 2
　第二节　国有商业银行的信贷主体地位 ……………………… 22
　第三节　国有商业银行服务实体经济的主导作用及其
　　　　　风险承担 ……………………………………………… 29

第二章　国有商业银行信贷增速的逆周期性效应 …………… 39

　第一节　文献综述 ……………………………………………… 40
　第二节　信贷周期性的理论分析 ……………………………… 45
　第三节　国有商业银行与其他银行信贷增速逆周期性
　　　　　数据对比 ……………………………………………… 52
　第四节　国有商业银行信贷增速逆周期性的实证研究 ……… 59

第三章　商业银行杠杆行为的周期性与非线性 ……………… 69

　第一节　国有商业银行杠杆的周期及结构性特征 …………… 69
　第二节　商业银行杠杆周期的非线性 ………………………… 84

第四章　国有商业银行引领经济金融数字化转型 …………… 98

　第一节　数字技术变革推动商业银行数字化转型 …………… 98
　第二节　国有商业银行引领商业银行的数字变革 …………… 101
　第三节　国有商业银行助力经济数字化转型 ………………… 112

第五章　商业银行以创新应对数字金融挑战 ………………………… 119

　　第一节　数字金融与商业银行创新的文献综述 ………………… 119
　　第二节　商业银行以创新应对数字金融挑战的相关理论 ……… 122
　　第三节　国有商业银行以创新应对数字金融挑战的
　　　　　　理论分析 ………………………………………………… 125
　　第四节　商业银行以创新应对数字金融挑战的异质性分析 …… 128

第六章　国有商业银行引领经济金融绿色转型 …………………… 137

　　第一节　国有商业银行引导商业银行的绿色金融转型 ………… 138
　　第二节　国有商业银行以促"减排"助力"双碳"目标 ……… 147
　　第三节　国有商业银行支持绿色发展 …………………………… 159

第七章　国有商业银行信贷行为的风险分析 ……………………… 173

　　第一节　国有商业银行与股份制银行信贷泡沫的对比分析 …… 174
　　第二节　商业银行信贷结构对信用风险的影响 ………………… 190
　　第三节　国有商业银行的存贷款期限错配问题 ………………… 196

第八章　中国商业银行的国有股权对风险的影响 ………………… 205

　　第一节　中国商业银行低风险的股权因素分析 ………………… 205
　　第二节　商业银行国有股权变革影响风险的异质性分析 ……… 221

第九章　中国国有商业银行的效率分析 …………………………… 241

　　第一节　国有商业银行效率的理论分析 ………………………… 241
　　第二节　国有商业银行与非国有商业银行效率的实证分析 …… 248

参考文献 ……………………………………………………………… 273

第一章

国有商业银行在银行体系中的主导作用

中华人民共和国成立 70 多年来，中国银行业发生了翻天覆地的变化，发展至今已成为世界上较为强大的和粗具现代化特征的银行体系，为中国经济持续稳定发展提供了强大的金融支持和动力保障。中国银行业在中国金融体系中始终处于主体地位并发挥主导作用，既有效支持了中国经济的快速发展，又闯出了一条中国特色银行业发展之路，构建了以国有控股商业银行为主体，以股份制商业银行和政策性银行为两翼，以中小商业银行、外资银行、农村信用社、村镇银行、民营银行等多样化金融机构为补充，功能较齐全、能力较充分、服务效率较高的多元化银行体系。

本书力图从所有制的角度分析国有商业银行服务中国实体经济发展的作用及存在的问题。基于此，本章对中国银行业的梳理以国有商业银行的制度变革为主线，在介绍中国银行业整体制度改革的背景下，深入剖析中国银行体系在所有制结构的多样化过程中，国有商业银行的改革历程及所处的制度环境，进一步明确国有商业银行在银行体系中的主导作用。

第一节　中国国有商业银行的改革历程

一　大一统的银行体系时期① (1948—1977 年)

大一统的银行体系时期也被称为一元银行体系时期。在大一统模式下的金融体系中，金融机构设置较为单一，只有中国人民银行一家银行，同时基本不存在其他的金融机构②。中国人民银行执行双重职能，既是具有货币发行权、负责管理全国金融事业的金融机构，又要办理普通银行的信贷业务，在内部实行高度集中的资金管理体制，以行政管理为主的单一国家银行体系。

该体系的主要特征为三大统一：与计划经济体制高度统一、组织结构上的高度统一、业务经营与管理的高度统一。

其优点是有利于金融宏观控制，统一调拨资金；缺点是不利于调动地方各级银行的积极性。

(一) 银行体系重建时期 (1948—1954 年)

解放战争时期，国民政府滥发纸币，引发了恶性通货膨胀。为解决恶性通货膨胀带来的不良影响，经中共中央批准，在 1948 年组建了中国人民银行，开始发行人民币。

1948 年 12 月 1 日，中国人民银行在河北省石家庄市宣布成立。1949 年 9 月，中国人民政治协商会议通过《中华人民共和国中央人民政府组织法》把中国人民银行纳入政务院的直属单位系列，接受财政经济委员会指导，确立了其作为国家银行的法定地位，承担发行国家货币、经理国家金库、管理国家金融、稳定金融市场等职责，中国人民银行从此成为银行业监管的主体。

1949—1952 年，根据 1948 年 4 月在北平召开的中国人民政治协商会议第一届全体会议通过的《中国人民政治协商会议共同纲领》，中央对官僚资本银行进行了接管，将官商合办的 4 家银行改组为公私合营银

---

① 早在 20 世纪 50 年代，中国人民银行在农村的网点就改为了农村信用社。而中国第一个城市信用社于 1979 年在河南驻马店成立。
② 如 1929 年 11 月 20 日成立的太平保险有限公司在 1956 年停办国内业务，1958 年 12 月全国财政会议正式决定全面停办国内保险业务等。

行，并对私营银行进行整顿和改造。1952年12月，除侨资私营银行外，全部私营行庄五个系统共计60家银行、钱庄、信托公司皆被改造为中国人民银行领导下的统一的公私合营银行，设总管理处于北京。通过对1032家民族资本的银行、钱庄、信托公司等进行整顿改造，建立了9400个农村信用社、20000多个农村信用互助组，通过对原中国银行和原交通银行的接管改组，新设农业合作银行，由此，以中国人民银行为中心的银行等存贷款金融机构体系逐步形成。

1953年进入了"一五"时期，在学习苏联经验和总结苏区工作经验的基础上，中华人民共和国开始建立高度集中的银行管理体制。这一时期主要政策举措包括：

第一，建立高度集中的银行等存贷款金融机构体系。将各家公私合营银行纳入中国人民银行体系，建立中国农业银行、中国人民建设银行等并将它们划属中国人民银行领导，积极发展农村信用合作社，由此形成了由中国人民银行总行统揽银行等存贷款金融机构的集权管理体制。

第二，实行高度集中的存贷款管理机制，即中国人民银行对全国信贷资金实行"统存统贷"管理。由各家银行编制年度信贷计划上报给中国人民银行，然后由中国人民银行总行在统一平衡全国信贷收支后进行审批。同时，为了实现信用的集中掌控，中国人民银行决定取消商业信用，规定各类企业之间的信用全部由中国人民银行统一办理结算。

第三，形成集中统一的利率管理机制。1953年以后，由中国人民银行运用行政机制统一制定利率并负责贯彻执行。到1956年9月，所有的存款利率和贷款利率已全部统一由中国人民银行管理。

第四，形成高度集中的外汇管理体制。外汇收支全面实行指令性计划管理，无论是单位还是个人的外汇收入都必须交售给中国银行，外汇使用必须执行国家计划（全国外汇收支计划由国家计委负责编制并报国务院批准），对外汇收支活动中需要的人民币资金和外汇资金分开管理（其中，人民币资金由中国人民银行管理，外汇资金由中国银行管理），人民币汇率用行政机制进行严格管控。

（二）中国人民银行大一统时期（1955—1977年）

1955年公私合营银行的各地分支机构并入当地中国人民银行，金融业实行"大一统"制度，全国只有中国人民银行一家银行。1957年，苏联单方面撤销对华援助，在经历了"大跃进"和三年困难时期之后，银行的管理业务制度和规则遭到了严重破坏，以至于市场上出现信贷投放失控、现金发行过多的现象。

1960年9月30日，中共中央批转国家计委党组《关于1961年国民经济计划控制数字的报告》，提出了国民经济"调整、巩固、充实、提高"八字方针，与此对应，银行系统着手纠正前期发生的差错，以恢复信贷工作秩序。主要政策措施包括：严格控制货币投放量，严禁财政向银行透支；完善信贷管理，强化中国人民银行信贷计划管理机制；改变国营企业流动资金供应机制；临时性冻结机关团体在银行100亿元左右的存款。

1962年3月，中共中央和国务院出台了《关于严格控制财政管理的决定》《关于切实加强银行工作的集中统一，严格控制货币发行的决定》，即财政工作"六条"和银行工作"六条"（后被简称"双六条"）。银行工作"六条"强调：收回几年来银行工作下放的一切权力，银行业务实行完全的彻底的垂直领导；严格信贷管理，加强信贷的计划性，非经中国人民银行总行批准，不得在计划外增加贷款；严格划清银行信贷资金和财政资金的界限，不许用银行贷款作财政性支出；加强现金管理，严格结算纪律；各级中国人民银行必须定期向当地党委和人民委员会报告货币投放、回笼和流通的情况。银行工作"六条"的实施，维护了银行信贷运行秩序的稳定，促进了信贷资金的使用效益提高，同时有效推进了工农业生产的发展，保障了经济增长和城乡居民收入增加。到1965年，各项主要经济指标达到历史最好水平。

1961—1965年，中共中央决定实行"调整、巩固、充实、提高"八字方针，对国民经济实行全面整顿。经过整顿，国民经济基本恢复正常，金融工作也步入正轨。

1966年受"文化大革命"的影响。银行工作的基本制度、管理体制和运作方式等几乎被完全否定。

1969年，中国人民银行与财政部合署办公，对外只保留了中国人民银行的牌子，使其基本扮演了政府的"大钱库""出纳员"的角色——中国人民银行作为国家金融管理和货币发行的机构，既是管理金融的国家机关，又是全面经营银行业务的国家银行，这在一定程度上也使中国银行业的发展受到了一定的阻碍。

1977年11月,国务院出台了《关于整顿和加强银行工作的几项规定》,明确指出,各级银行工作的总方针为:"发展经济、保障供给","中国人民银行是全国信贷、结算和现金活动的中心。要坚持银行业务工作的集中统一,建立指挥如意的、政策和制度能够贯彻到底的银行工作系统";在业务上,要"以总行领导为主,做到统一政策,统一计划,统一制度,统一资金调度,统一货币发行";要"加强信贷收支的管理工作。国家批准的信贷收支计划和货币投放、回笼计划,各省、市、自治区、各部门必须严格执行";要"加强现金管理,严格结算纪律",各单位超过核定限额的库存现金,必须随时存入银行,不得留存坐支,逃避银行监督;"财政资金和信贷资金,基本建设资金和流动资金,必须分口管理"。

二 专业化的银行体系时期(1978—1992年)

1978—1992年是专业化的银行体系时期,二元银行体系逐步形成。1978年12月,党的十一届三中全会召开,作出了"把工作重心转移到现代化建设上来"的决定,标志着中国迈出了经济体制改革的步伐。作为中国金融体系的主体部分,按照邓小平同志提出的"把银行真正办成银行"的战略要求,银行体系的改革全面推开。

(一) 形成了四大专业银行的银行体系

为适应经济体制改革要求,银行业从机构体制上打破中国人民银行"大一统"格局,开始探索专业银行的企业化发展。四大专业银行相继成立或独立运营。1983年9月17日,国务院颁布《关于中国人民银行专门行使中央银行职能的决定》。至此,中国中央银行体制开始建立,由工、农、中、建组成的国家专业银行体系开始形成。其具体表现如下。

1. 财政和金融分家

1978年2月,中国人民银行与财政部分立,成为国务院直接管辖的独立机构,标志着中国银行体系进入了恢复时期。

2. 中央银行和商业银行分家

1979年2月,为了支持农业发展,农业存贷款等相关业务从中国人民银行划出,恢复设立了中国农业银行。1979年3月,为了适应对外开放和国际金融业务发展的需要，外汇相关业务从中国人民银行分离出来，恢复设立了中国银行①，同时设立了国家外汇管理局。1983年5月，国务院批准恢复中国建设银行，专门从事与基本建设投资相关的业务②。1983年9月，国务院出台了《关于中国人民银行专门行使中央银行职能的决定》，决定"成立中国工商银行，承办原来由中国人民银行办理的工商信贷和储蓄业务"；1984年1月，中国工商银行开业，与此对应，中国人民银行成为专门履行中央银行职能、监管各类金融活动的金融机构。

至此，由中国人民银行发行货币，四大银行放款的中央银行+专业银行的双层金融体系得以建成。1978—1994年，国家的政策性业务主要由中国工商银行、中国农业银行、中国银行和中国建设银行承担。

（二）银行体系的多元化发展

为适应从"计划经济"向"有计划的商品经济"转变，银行业开始探索多元化发展。中信、招商、兴业、广发、光大、华夏、浦发等股份制银行相继组建，外资银行从经济特区向沿海扩展。1979年，日本输出入银行在北京设立了中国第一家外资银行代表处，标志着中国银行业对外开放的序幕拉开。

（三）银行的独立经营机制开始形成

1985年之后，国务院决定将原先由财政对基本建设项目无偿拨款的制度改为由中国人民建设银行以贷款方式供给资金的制度（又称"拨改贷"），由此，开启了运用银行信用的膨胀机制缓解经济发展中的资金紧缺困难之路，银行信贷资金成为经济建设的主要资金来源。1986年1月7日，国务院出台了《银行管理暂行条例》，其中第十三条明确规定，"专业银行都是独立核算的经济实体"。

为了推进专业银行的成本、利润和风险等经营指标的明晰化，1987年，国家对专业银行的"三率"（成本率、综合费用率、利润留成与增

---

① 1979年3月13日，经国务院批准，中国银行从中国人民银行中分设出来，同时行使国家外汇管理总局职能，直属国务院领导。中国银行总管理处改为中国银行总行，负责统一经营和集中管理全国外汇业务。

② 中国建设银行成立于1954年10月1日，同样在大一统模式下属于央行的一部分，1954—1978年中国建设银行主要承担了集中办理国家基本建设预算拨款和企业自筹资金拨付、监督资金合理使用，对施工企业发放短期贷款，办理基本业务结算业务的职责。

补信贷基金或保险周转金的比率）实行核定，同时下放"六权"（业务经营自主权、信贷资金调配权、利率费率浮动权、内部机构设置权、留成利润支配权、中层干部任免及职工招聘与奖惩权）。这些措施促使专业银行的内部管理机制由行政机关管理机制向企业化管理机制过渡，推进了它们按照"自主经营、自负盈亏、自担风险、自我发展"的原则展开经营运作。

三 商业化的银行体系时期（1993—2003年）

1993年12月25日，《国务院关于金融体制改革的决定》（以下简称《决定》）中提出，中国金融体制改革的目标是建立在国务院领导下独立执行货币政策的中央银行宏观调控体系；建立政策性金融与商业性金融分离，以国有商业银行为主体、多种金融机构并存的金融组织体系；建立统一开放、有序竞争、严格管理的金融市场体系。

这一阶段的银行业改革包括：一是加强监督管理体系建设，确立强有力的中央银行宏观调控体系，成立银监会、强化金融监管；二是分离政策性金融与商业性金融，形成以国有商业银行为主体、政策性金融机构和多元金融机构并存的金融组织体系；三是增加竞争性供给，提高商业化机构占比，建立起统一开放、有序竞争、严格管理的金融市场体系；四是加强法制建设，颁布《中华人民共和国中国人民银行法》（以下简称《中国人民银行法》）、《中华人民共和国商业银行法》（以下简称《商业银行法》）等法律，为商业银行自主经营、自担风险、自负盈亏提供法律保障。

（一）加强监督管理体系建设，确立强有力的中央银行宏观调控体系

1995年3月18日，第八届全国人民代表大会第三次会议通过《中国人民银行法》，首次以国家立法形式确立了中国人民银行作为中央银行的地位。1995年5月10日，第八届全国人民代表大会常务委员会第十三次会议通过了《商业银行法》，银行业改革发展整体步入了法制轨道。1997年7月，亚洲金融危机爆发；同年11月，中央召开首次全国金融工作会议，明确指出国有商业银行改革的重要性，提出必须加强信贷管理，降低不良贷款比例，明确将四大专业银行改造为四大商业银行。

值得一提的是，1998年，中国人民银行发表公告，关闭刚刚成立

两年十个月的海南发展银行。海南发展银行的倒闭使政府监管层加强了对银行风险的重视。因此，为更好地管理商业银行体系内不良资产造成的系统性风险，财政部于1998年8月20日向中国工商银行、中国农业银行、中国银行、中国建设银行四家国有独资商业银行注资，随后，财政部于1999年以全额拨款的形式成立了华融、东方、信达、长城四家金融资产管理公司，收购四家国有商业银行剥离的不良资产。

2000年5月，中国银行业协会成立。2002年2月5日，第二次全国金融工作会议召开，决定成立中国银行业监督管理委员会（以下简称银监会），中国人民银行从此不再肩负机构金融监管职责，其角色是在国务院领导下制定和执行货币政策、维护金融稳定、提供金融服务的宏观调控部门——2003年3月，经十届全国人大一次会议批准，将中国人民银行对银行、金融资产管理公司、信托投资公司及其他存款类金融机构的监管职能分离出来，并和中央金融工委的相关职能进行整合，交由银监会管理——实权在握的银监会正式成立。自此，"一行三会"的监管格局正式形成。

2001年12月11日，中国正式加入世界贸易组织（以下简称世贸组织），对外贸易成为带动中国这一时期经济发展的主导力量。与经济发展需求相适应，银行业一是要与国际接轨，二是要按照规定加大对外开放的力度，这一时期是中国银行业公司化管理、市场化运作、规范性监管形成的关键时期。在2003年4月28日银监会正式挂牌成立之后，同年12月27日，第十届全国人大常委会第六次会议通过了《中华人民共和国银行业监督管理法》，确定了银监会将履行对全国银行业金融机构及其业务活动监督管理的职责，同时确立了"管法人、管风险、管内控、提高透明度"的监管理念，明确四个监管目标和六条监管标准，作为银行业监管的基本原则和纲领。

2002年9月，中国人民银行开始发行债券（又称"央行票据"）。

2003年9月21日，在外汇数额持续增加的背景下，中国人民银行开始运用法定存款准备金率机制，从商业银行等金融机构获得人民币资金对冲外汇占款，创造了主要通过从商业银行等金融机构获取人民币资金对冲外汇占款（而不是大量发行货币对冲外汇占款）的新机制，有效防范了通货膨胀。

2003年4月25日，银监会挂牌成立。此后，它从制度、法治、机制、指标、流程、技术、数据和信息公开等方面加强了银行业监管的规范性建设，为中国银行业抵御金融危机的冲击、防范系统性金融风险作出了积极贡献，同时积极推进了中国银行业的专业化发展。其中，银行业的不良贷款余额和不良贷款率显著降低，为防范系统性金融风险、保障银行业稳步健康发展创造了基础性条件。

（二）分离政策性金融与商业性金融

1993年7月5日，全国金融工作会议召开，标志着"整顿金融秩序、推进金融改革"工作的启动。在此后的两年多时间内，为抑制经济过热势头，实行了各家银行与其创办的实体企业分离、金融各业分业经营的"两个分业"政策，剥离了各家银行经营运作的证券、信托、保险等业务，推进了银行业务回归本位。

1993年12月25日，国务院发布《决定》及其他文件，提出深化金融改革，将工、农、中、建四大行建设成国有大型商业银行，为此，从四大行中剥离出政策性业务，组建了专门承担政策性业务的专业银行，即政策性银行。该文件成为政策性银行筹建的主要法律文件。从此，工、农、中、建四大行由专业银行转型为国有商业银行，不再承担政策性金融业务。

1994年，在国务院领导下，将工、农、中、建四大专业银行中的政策性业务剥离出来，组建国家开发银行、国家进出口银行和中国农业发展银行三家政策性银行，使工、农、中、建四大行能够集中精力发展商业性业务。[①] 政策性银行不同于政府的中央银行，也不同于其他商业银行，它的重要作用在于弥补商业银行在资金配置上的缺陷，从而健全与优化一国金融体系的整体功能。政策性银行不以营利为目的，专门为贯彻、配合政府社会经济政策或意图，在特定的业务领域内，直接或间接地从事政策性融资活动，充当政府发展经济、促进社会进步、进行宏

---

① 1994年3月17日，国家开发银行在北京成立，注册资本500亿元，主要承担国内开发型政策性金融业务。

1994年7月1日，中国进出口银行在北京成立，注册资本33亿元，主要承担大型机电设备进出口融资业务。

1994年11月8日，中国农业发展银行在北京成立，注册资本200亿元，主要承担农业政策性扶植业务。

观经济管理的工具。

1994—2002年是将国家专业银行转变为国有独资商业银行的重要阶段。1997年第一次全国金融工作会议决定提升商业银行资产质量；2003年后，第二次全国金融工作会议启动商业银行改革，国有独资银行开始转变为国家控股的股份制商业银行。

此外，商业银行的发展建设不容忽视，自1995年全国第一家城商行——深圳市城市合作银行（现为平安银行）成立，20多年来其队伍成员已壮大到134位，整体利润已完成40倍增长。截至2015年6月末，全国134家城市商业银行总资产达到20.25万亿元，占银行业金融机构的比例接近11%。主要经营指标超过全国银行业平均水平，市场份额不断扩大，不良率持续下降，资产质量大幅提高，越来越多的城商行跨入全球银行业500强序列。

1998年，中国人民银行取消了对工、农、中、建等国有专业银行的贷款规模管控，由此，中国人民银行更注重运用货币政策进行调控。1999年，根据国务院的统一安排，从工、农、中、建四大国有商业银行中剥离出不良贷款，同时，组建了华融、信达、东方和长城四大资产管理公司专职处置这些不良资产，为国有商业银行轻装迈入21世纪打下了良好的资产基础。

（三）加强法制建设

1995年之后，先后出台了《中国人民银行法》、《商业银行法》、《中华人民共和国担保法》（以下简称《担保法》）、《中华人民共和国票据法》（以下简称《票据法》）等一系列金融法律，规范了商业银行的权利和义务及业务范围，为商业银行进一步改革发展及其自主经营、自担风险、自负盈亏提供了法律保障。

四 市场化的银行体系时期（2004—2017年）

（一）银行股份制改革取得显著成效

2003年12月16日，国务院批准设立中央汇金投资有限责任公司，分别向中国银行和中国建设银行注资225亿美元外汇储备，国有商业银行股改上市的帷幕正式拉开。

2004年，国务院启动国有商业银行股份制改革，推进建立现代金融企业制度。本次改革采取了比较彻底的市场化方式，措施包括国家注资、财务重组，彻底消化历史包袱；按照《中华人民共和国公司法》（以下简称《公司法》）、《商业银行法》对国有商业银行进行股份制改革；引入境内外合格机构投资者，通过引资，实现"引智""引制"，完善公司治理与内控管理；在境内外资本市场发行上市，接受市场监督。

2004年3月11日，银监会发布《中国银行、中国建设银行公司治理改革与监管指引》，推动银行业改革开放进入了新的阶段——这一时期，中国银行业步入市场化发展阶段，一批国有商业银行、股份制商业银行和城市商业银行完成公司化改制并上市，银行业发展速度大幅加快。其中，立足各自股份制改造的不同特色，在国家外汇注资等系列政策支持下，通过财务结构重组、成立股份有限公司、引进战略投资者及公开发行上市等先后几个阶段，四大国有商业银行相继完成了股份制改造并成功上市，开始了改革发展的新阶段。同时，交通银行在深化股份制改革道路上实现了新跨越。国有商业银行大事一览如表1-1所示。

表1-1　　　　　　　　国有商业银行大事一览

时间	商业银行成立及上市
2004年8月26日	中国银行股份公司成立
2004年9月21日	中国建设银行股份公司成立
2005年6月23日	中国交通银行在H股上市
2005年10月27日	中国建设银行在港交所挂牌上市
2005年10月28日	中国工商银行股份公司成立
2006年6月1日	中国银行在H股上市
2006年7月5日	中国银行在A股上市
2006年9月22日	中国招商银行在H股上市
2006年10月27日	中国工商银行在沪港两地同时挂牌上市①
2007年3月6日	中国邮政储蓄银行有限责任公司依法成立
2007年5月15日	中国交通银行在A股上市

---

① 2006年10月，中国工商银行成为在香港和内地资本市场同时上市的第一家金融企业，创全球有史以来IPO（首次公开募股）最大规模。

续表

时间	商业银行成立及上市
2007年7月19日	南京银行、宁波银行分别在上证所和深交所挂牌上市（由此也拉开城商行上市序幕）
2010年7月15日	中国农业银行先后在上海和香港两地上市，再创全球IPO规模之最

国有商业银行股份制改革取得圆满成功和历史性的成就。通过股改上市，国有商业银行脱胎换骨，大型商业银行不良贷款率从股改前的20%左右下降至2017年的1.56%，拨备覆盖率从不到30%提升至171.5%，资产质量状况极大改观，风险管理能力实现了质的飞跃；实现从行政约束到资本约束的转变，资本成为约束大型商业银行经营行为的新载体和新工具。2005—2017年，五家大型国有商业银行资本净额从1万亿元增长至8.66万亿元，增长了约7倍；同期风险加权资产规模仅增长5.1倍，资本充足率从11.2%提升至14.6%。资本约束让大型商业银行走上了一条高效集约、收益风险平衡的可持续发展道路；实现从规模导向到盈利导向的转变。2005—2017年，五家大型国有商业银行年创利规模从1226亿元增长至9800亿元，增长了7倍，年均复合增长率达到18.7%，创造了盈利增长的"黄金十年"；2005年以来，五家大型国有商业银行累计分红超过2.4万亿元，占同期累计实现净利润总额的29.8%，为国家和其他广大投资者带来丰厚回报。截至2017年末，五家大型国有商业银行的利润总量超越同期花旗集团、汇丰控股、美国银行、摩根大通、三菱日联、法国农业信贷、富国银行7家银行利润规模的总和，中国工商银行更是连续数年蝉联全球最赚钱的银行（卓尚进，2019）。国有独资商业银行通过股份制改革变成公开上市公司，接受境内外投资者监督，使其经营管理更加公开、透明、规范。坚持国家控股的原则，增强国家控股银行的影响力和控制力。通过引进境外战略投资者，同时引进国际资本和引进国际银行先进经验和技术，增强银行的创新发展能力等。

在大型国有商业银行股改上市的成功示范下，中国银行业金融机构纷纷开启了在内地和香港上市的热潮。上市银行已成为中国银行业的代表和中流砥柱，其在战略转型、发展模式、经营管理、业务创新等领域的探索已经成为中国银行业发展、改革、转型的"风向标"。截至2018年末，中国银行业金融机构数量达到4588家，其中有开发性金融机构1家、政策性银行2家、国有大型商业银行6家、股份制商业银行12家、金融资产管理公司4家、城市商业银行134家、住房储蓄银行1家、民营银行17家、农村商业银行1427家、农村合作银行30家、农村信用社812家、村镇银行1616家、外资法人银行41家。中国银行保险监督管理委员会（以下简称银保监会）发布的权威数据显示，至2019年第二季度末，中国银行业金融机构本外币资产281.58万亿元，其中，大型商业银行本外币资产114.40万亿元，占比40.6%；股份制商业银行本外币资产49.79万亿元，占比17.7%。中国银行业已经形成行业齐全、层次分明、功能互补、协调发展的现代银行体系（卓尚进，2019）。

（二）中国银行业对外开放拉开序幕

1. 银行业履行加入世界贸易组织的承诺

金融改革必须与经济发展趋势相配套，加入世界贸易组织后中国经济进入高速增长的黄金期，为国有商业银行股改上市和治理结构的市场化改造营造了宽松而有利的宏观环境。在2001年加入世界贸易组织以后，中国银行业进入了5年过渡期。2006年底，中国银行业结束过渡期，取消外资银行经营人民币业务和客户限制，同时取消其他的非审慎性限制，外资银行已经在中国境内设立了14家法人机构和195家分行，经营运作的资产总规模达到1000多亿美元，占中国境内银行业资产总额的2%左右。

2. 中资银行加速国际化步伐

进入21世纪以后，中资金融机构在"走出去"战略的指引下，加快了到海外设立分支机构和通过并购设立分支机构的步伐。2012年底，16家中资银行业金融机构在海外设立了1050家分支机构，覆盖了亚洲、欧洲、美洲、非洲和大洋洲的49个国家和地区。这表明，中国金融机构国际化程度大大提高。

此外，中国开始实施引进境外战略投资者，以推进银行业金融机构向现代化企业转型。2003年，银监会发布《境外金融机构投资入股中资金融机构管理办法》，并在实践中大力倡导引进合格境外机构战略投资者。中国改革开放政策由靠单向"引进来"向"引进来"和"走出去"相结合的思路转型。中国进入了人民币"走出去"和向境外机构进一步扩大国内金融市场为主的开放阶段,从 2009 年开始进行跨境贸易和投资人民币结算试点,到 2015 年 11 月人民币加入特别提款权货币篮子,人民币国际化取得阶段性重要进展。2016 年 2 月,中国人民银行发布公告,进一步便利符合条件的境外机构投资者依法合规投资银行间债券市场。股市开放方面,有"沪港通""深港通",未来将实现资金有进有出,提高金融市场融合程度,双向机制不断完善。

3. 人民币入篮,纳入特别提款权

2016 年 10 月 1 日,人民币被纳入国际货币基金组织(IMF)特别提款权(SDR)的一篮子货币,成为继美元、欧元、日元、英镑后入篮的第五种货币。这既是 SDR 创建以来首次纳入发展中国家的货币,也反映了国际社会对人民币和中国金融体系改革成就的认可。

4. 进一步扩大金融对外开放

2017 年 7 月 2 日,中国人民银行与香港金融管理局发布公告,决定批准香港与内地"债券通"上线,其中,"北向通"于 2017 年 7 月 3 日上线试运行。2017 年 11 月 9 日,外交部宣布,中国将大幅放宽金融业(包括银行业、证券基金业和保险业)的外资市场准入限制。2017 年 12 月 13 日,经国务院批准,银监会放宽对除民营银行外的中资银行和金融资产管理公司的外资持股比例限制,实施内外一致的股权投资比例规则。

(三)建设发展民营银行

2014 年 1 月 6 日,银监会召开 2014 年全国银行业监管工作电视电话会议,部署全年工作。当日下午,银监会官方网站发布的新闻稿透露,备受关注的民营银行将在 2014 年试点先行,首批试点 3—5 家,实行有限牌照。会议提出了 2014 年银行业监管工作的四项重点:深入推进银行业改革开放、切实防范和化解金融风险隐患、努力提升金融服务水平、加强党的领导和队伍建设。

2014 年 7 月 25 日,银监会主席在银监会 2014 年上半年全国银行业监督管理工作会议上披露,银监会已正式批准三家民营银行的筹建申请。这三家民营银行分别是,腾讯、百业源、立业为主发起人,在广东省深圳市设立的深圳前海微众银行；正泰、华峰为主发起人，在浙江省温州市设立的温州民商银行；华北、麦购为主发起人，在天津市设立的天津金城银行。获批的三家民营银行在发起人、经营方向上略有不同。

2015年5月27日，浙江网商银行各项准备工作就绪，并获浙江银监局正式批复开业。至此，中国首批试点的5家民营银行全部拿到"通行证"。天津金城银行、深圳微众银行、上海华瑞银行、温州民商银行和浙江网商银行是中国首批试点的民营银行。

2015年6月22日，国务院办公厅转发了银监会《关于促进民营银行发展指导意见的通知》，明确了发展民营银行的指导思想、基本原则、准入条件、许可程序、监管机制等，为发展民营银行提供了制度保障。到2016年，新批准设立的民营银行达到14家。

（四）加强资本监管与风险防控，完善银行监管体系

1. 货币政策调控机制的创新

2002年9月，在国债数额难以满足公开市场操作的条件下，中国人民银行开始发行债券。2003年9月21日，在外汇数额持续增加的背景下，中国人民银行开始运用法定存款准备金率机制，从商业银行等金融机构获得人民币资金对冲外汇占款，创造了主要通过从商业银行等金融机构获取人民币资金对冲外汇占款而不是大量发行货币对冲外汇占款的新机制，从而有效防范了通货膨胀。

2. 强化银行业监管

2003年4月25日，银监会挂牌成立。此后，它从制度、法治、机制、指标、流程、技术、数据和信息公开等方面加强了银行业监管的规范性建设，为中国银行业抵御金融危机的冲击、防范系统性金融风险作出了积极贡献，同时，积极推进了中国银行业的专业化发展。其中，银行业的不良贷款余额和不良贷款率显著降低，为防范系统性金融风险、保障银行业稳步健康发展创造了基础性条件。

3. 建立存款保险制度

2015年5月1日，《存款保险条例》开始实施，成为金融安全网的重要构成部分，也为民营银行的发展提供了制度保障。

4. 建立宏观审慎评估体系

从2016年起，中国人民银行将差别准备金动态调整机制上升为宏

观审慎评估（MPA）机制，从资本和杠杆情况、资产负债情况、流动性情况、定价行为、资产质量情况、跨境业务风险情况、信贷政策执行情况七个方面对金融机构的行为进行多维度引导，为形成"货币政策+宏观审慎政策"双支柱的金融调控政策框架准备了条件。

此后，2017年将表外理财纳入MPA广义信贷指标范围，2018年又把同业存单纳入MPA同业负债占比指标考核，将跨境资本流动纳入宏观审慎管理范畴，既丰富了MPA的内容又扩展了MPA的功能。

5. 整治互联网金融

2013年以后，互联网金融案件频发，严重影响了社会生活秩序的稳定。鉴于此，2016年4月12日，《国务院办公厅关于印发互联网金融风险专项整治工作实施方案的通知》的出台，对专项整治的工作目标和原则、重点整治问题和工作要求、整治措施和整治效果等作出了明确规定，标志着中国互联网金融进入规范化发展阶段。

6. 有效防控系统性金融风险

2016年12月，中央经济工作会议强调："要把防控金融风险放到更加重要的位置，下决心处置一批风险点，着力防控资产泡沫，提高和改进监管能力，确保不发生系统性金融风险。"不仅指出了金融工作的底线，而且明确了金融工作的重心。

7. 明确金融工作的"三位一体"任务

2017年7月14—15日，第五次全国金融工作会议召开，习近平总书记在讲话中明确提出了"服务实体经济、防控金融风险、深化金融改革"的金融工作"三位一体"任务，强调防止发生系统性金融风险是金融工作的永恒主题。会议决定设立国务院金融稳定发展委员会，强化中国人民银行宏观审慎管理和系统性风险防范职责。

8. 银行业步入严监管时期

2017年以后，针对金融创新过程中金融各业合作所引致的银行业出现的突出问题，银监会展开了"三三四"专项检查，即"三违反"（违法、违规、违章）、"三套利"（监管套利、空转套利、关联套利）和"四不当"（不当创新、不当交易、不当激励、不当收费），重点突破风险高企及"脱实向虚"问题，推进银行业服务实体经济的程度提高。到2018年底，银行系统的风险资产规模缩减了12万亿元左右，金融乱象得到有效遏制，金融风险整体可控。

五　中国国有商业银行改革进入金融再开放阶段（2018 年以来）

现代经济是开放型经济，与此对应，现代银行体系也是一个开放型体系。这种开放型体系，既是对内对外双向开放的体系，也是与世界各国和地区的金融市场连成一体的全球化金融体系。由此，中国银行业的金融产品、业务结构、服务机制、风险防控和体制机制，不仅需要满足中国境内实体经济可持续发展的需求，而且需要适应"一带一路"共建国家和地区乃至全球化充分发展的需求。

当前，中国经济增长目标从高速增长转向高质量发展阶段，要求金融业增强服务实体经济能力，提高直接融资比重，健全监管体系，守住不发生系统性金融风险的底线。中国国有商业银行改革进入金融再开放阶段，2018 年以后，在构建现代金融体系方面，中国推出一系列新的改革开放措施，如有效防范金融风险、调整完善金融监管框架、规范资产管理业务机制、实行银行业全方位和高水平对外开放、深化金融供给侧结构性改革等。

2018 年 1 月 24 日，中共中央政治局委员、中央财经领导小组办公室主任刘鹤在达沃斯论坛表示："我们要继续推动全面对外开放，加强与国际经贸规则对接，大幅度放宽市场准入，扩大服务业特别是金融业对外开放，创造有吸引力的国内投资环境。"

2018 年 4 月，习近平主席在博鳌亚洲论坛上宣布：要进一步放宽银行、证券、保险行业外资持股比例，放宽外资金融机构设立限制，扩大外资金融机构在华业务范围，拓宽中外金融市场合作领域。同年 4 月 11 日，中国人民银行宣布了进一步扩大金融业对外开放的时间表和具体措施，明确了 11 项金融开放政策，中国金融业对外开放明显提速。

（一）开放政策密集出台

2018 年 4 月 27 日，银保监会发布消息，要加快落实银行业和保险业对外开放举措，包括四个方面：一是推动外资投资便利化，包括取消对中资银行和金融资产管理公司的外资持股比例限制，对商业银行新发起设立的金融资产投资公司和理财公司，外资持股比例不设置限制；鼓励各类银行业金融机构引进境外专业投资者；将外资人身险公司外方股占比放宽至 51%，3 年后不再设限。二是放宽外资设立机构条件，包括允许外国银行在中国境内同时设立子行和分行,取消外资保险机构设立前需开设 2 年代表处的要求。三是扩大外资机构业务范围,包括全面取消外资银行申请人民币业务需满足开业 1 年的等待期要求,降低外国银行分行吸收单笔人民币定期零售存款的门槛至 50 万元等。四是优化外资机构监管规则,对外国银行境内分行实施合并考核,调整外国银行分行营运资金管理要求。

为确保上述措施及早落地,银保监会完善相关法律法规和配套制度建设,《中国银行保险监督管理委员会办公厅关于进一步放宽外资银行市场准入相关事项的通知》,明确允许外资银行可以开展代理发行、代理兑付、承销政府债券业务,允许符合条件的外国银行在中国境内的管理行授权中国境内其他分行经营人民币业务和衍生产品交易业务,对外国银行在中国境内多家分行营运资金采取合并计算。毫无疑问,上述开放举措完善了银行业投资和经营环境,激发了外资参与中国金融业发展的活力,丰富了金融服务和产品体系,不断提升了金融业服务实体经济的质效。

2019 年 5 月,银保监会又推出 12 条对外开放新措施,继续聚集包括股权、市场准入、业务经营、监管规则等方面的内外资银行一致性。具体包括取消单家中资银行和单家外资银行对中资商业银行的持股比例上限,取消外国银行来华设立外资法人银行、分行的总资产要求,放宽中外合资银行中方股东限制,取消外资银行开办人民币业务审批,允许外资银行开业时即可经营人民币业务。

2019 年 7 月,银保监会又研究发布了 7 项对外开放新政措施,包括鼓励境外金融机构参与设立、投资入股商业银行理财子公司,允许境外资产管理机构与中资银行或保险公司的子公司合资设立由外方控股的理财公司,允许境外金融机构投资设立、参股养老金管理公司,支持外资全资设立或参股货币经纪公司等,进一步优化金融领域外资营商环境。

(二)双向开放不断深化

银行业对外开放是中国金融业对外开放的重要组成部分。随着中国在全球经济地位的提升,金融业对外开放不断扩大。其中金融业的开放,既包括"引进来",也包括"走出去"。"引进来"是对美国、欧洲等金融业发达国家和地区更加放开市场准入,营造公平竞争的市场环境;"走出去"是紧随中国产品"走出去"、产业"走出去"、人口"走出去"的步伐,人民币"走出去"、金融机构"走出去"。通过金融"走出去",加强中国与"一带一路"共建国家和地区的金融贸易往来,构建与中国国力更符合的贸易体系、投资体系和金融体系,这对中国银行业的监管提出了更高要求。在加强监管与防范风险的基础上,中国主动、稳步、从容地推动银行业双向开放的步伐。

一方面,外资银行"引进来"步伐加快。改革开放初期,外资银行只能以自主设点的方式进入中国市场,只能从事外汇业务。到了 2018 年,在华外资银行数量和规模稳步增长,外资银行可同时在华设立分行和子行,投资入股中资金融机构的股权比例限制逐步放开,业务范围大幅扩宽。外资银行的参与为中国金融业注入了新鲜血液,有效发挥"鲶鱼效应",促进银行业竞争力提升。

另一方面,中资银行"走出去"成效显著。2018 年 10 月 25 日,中国建设银行纳闽分行在马来西亚纳闽国际商业金融中心举行开业仪式。该分行获得了马来西亚首块数字银行牌照和中国建设银行在东南亚首张人民币清算行牌照。

2019 年之后,中国金融业开放进入了全面阶段,其特点在于金融机构开放水平不断提升;多层次、多元化的金融市场粗具规模,双向开放程度不断提升;金融机构和金融服务网络化布局初见成果;人民币国际化进展显著。

进一步扩大银行业对外开放是中国经济和金融自身发展的需要,将有利于丰富市场主体、激发市场活力,提高金融业经营管理水平和竞争能力,也有利于学习借鉴国际先进理念和经验,扩大产品与服务创新,增加金融有效供给,满足广大人民群众不断提高的金融服务需求。通过进一步拓展开放领域,优化开放布局,有助于以高水平开放带动改革全面深化。

(三)银行业监管提出新要求

站在新时代的起点上,银行业发展的根本目标是服务实体经济、服务中国国际化进程,这自然对银行业监管提出了新的要求:一方面,要遏制金融无序自由化,使银行业回归服务实体经济的正轨;另一方面,在人民币国际化的进程中面临储备货币、汇率改革、币值稳定等方面的挑战，要加强金融监管创新。金融是现代社会国际经济贸易的重要工具，银行是现代金融体系的最重要主体，故加强并优化银行业监管，是中国供给侧结构性改革的重要环节，也是中国参与构建国际贸易新秩序的基础工作，更是中国实现中华民族伟大复兴的中国梦的一项重要保障。

第一，有效防范金融风险。2017年12月，中央经济工作会议将"防范金融风险"列为2018—2020年的三大攻坚战的首位，由此，进入2018年以后，在治理金融乱象、防范系统性金融风险方面，金融监管部门出台了一系列重要举措。2018年12月，中央经济工作会议进一步强调了"六个稳定"，继续将"稳金融"列于第二位，强调"稳健的货币政策要松紧适度，保持流动性合理充裕，改善货币政策传导机制，提高直接融资比重，解决好民营企业和小微企业融资难融资贵问题"，"要以金融体系结构调整优化为重点深化金融体制改革"。2023年10月中央金融工作会议指出，"金融领域各种矛盾和问题相互交织、相互影响，有的还很突出"，还存在"金融监管和治理能力薄弱"的问题。因此，要健全金融监管机制，建立健全监管责任落实和问责制度，有效防范化解重点领域金融风险。

第二，调整完善金融监管框架。2018年3月全国人大通过了银监会与中国保险监督管理委员会（以下简称保监会）合并设立"中国银行保险监督管理委员会"的提案，中国金融监管框架从原先的一行三会调整为一委一行两会①，为深化银行体系改革发展、促进金融稳定提供了监管体制机制保障，又为银行业监管从以机构监管为主向行为监管为主转变打下了监管基础。根据2023年3月16日通过的《党和国家机构改革方案》成立的中央金融委员会，加强了党中央对金融工作的集中统一领导，提高了金融监管的协调性。中央金融委员会负责金融稳定和发展的顶层设计、统筹协调、整体推进、督促落实，研究审议金融领

---

① 2018年"两会"期间，根据公布的国务院机构改革方案，银监会与保监会职责整合组建中国银行保险监督管理委员会（以下简称银保监会），与中国人民银行、中国证券监督管理委员会（以下简称证监会）合称"一行两会"，共同接受国务院金融稳定发展委员会的监管协调。一行三会是2018年国家机构改革前国内金融界对中国人民银行、银监会、证监会和保监会这四家中国的金融监管部门的简称，此种叫法最早起源于2003年，一行三会构成了中国金融业分业监管的格局。一行三会均实行垂直管理。

域重大政策、重大问题等,作为党中央决策议事协调机构。中央金融委员会办公室,作为中央金融委员会的办事机构,列入党中央机构序列,不再保留国务院金融稳定发展委员会及其办事机构。将国务院金融稳定发展委员会办公室职责划入中央金融委员会办公室。2023年中国人民银行正式恢复省级分行制度,使央行形成"总行—省级分行—地市分行"三级管理体制,专注货币政策制定与执行、宏观审慎管理、金融稳定等职能。该举措有助于建设现代中央银行制度,有助于加强央行与地方之间的协调配合,有助于进一步完善中国特色金融监管体制。

第三,规范资产管理业务。2018年4月27日,中国人民银行等五部委出台了《关于规范金融机构资产管理业务的指导意见》,标志着规范银行业等资产管理业务的新规系列政策正式出台;7月20日,中国人民银行出台了《关于进一步明确规范金融机构资产管理业务指导意见有关事项的通知》;9月28日,银保监会发布《商业银行理财业务监督管理办法》,由此,中国银行业的资产管理业务发展进入更加规范的阶段。

第四,确立监管总体制度安排。2018年9月20日,中国人民银行联合监管部门发布了《关于完善系统重要性金融机构监管的指导意见》,确立了中国系统重要性金融机构监测、监管和风险处置的总体制度框架;《中华人民共和国国民经济和社会发展第十四个五年规划和2035年远景目标纲要》明确提出"加强系统重要性金融机构和金融控股公司监管",并将此作为实施金融安全战略和强化国家经济安全保障的重要制度性安排。2020年9月30日,中国人民银行、银保监会联合发布,对中国的全球系统重要性银行TLAC达标要求、TLAC构成及合格工具标准、扣减规则等方面予以明确;12月3日,《系统重要性银行评估办法》正式发布,旨在完善中国系统重要性金融机构监管框架,建立系统重要性银行评估与识别机制。

第五,新时代下资本监管的修订与调整。2021年4月2日,中国人民银行、银保监会发布《系统重要性银行附加监管规定(试行)(征求意见稿)》(以下简称《征求意见稿》),从附加资本、杠杆率、大额风险暴露、公司治理、恢复和处置计划、信息披露和数据报送等方面对系统重要性银行提出监管要求。《征求意见稿》对系统重要性银行建立附加资本、附加杠杆率、流动性、大额风险暴露等附加监管指标体系。其中，在附加资本要求方面，系统重要性银行在满足最低资本要求、储备资本和逆周期资本要求的基础上，还应满足一定的附加资本要求，由核心一级资本满足。系统重要性银行分为五组，第一组到第五组组内的银行分别适用 0.25%、0.50%、0.75%、1.00% 和 1.50% 的附加资本要求。若银行同时被认定为中国系统重要性银行和全球系统重要性银行，附加资本要求不叠加，采用二者孰高原则确定。除第五组外，第一组到第四组组间的附加资本要求仅差 0.25%，且组内暂不设置差异化的附加资本要求，有助于国内银行在确保经营安全的同时有效用好资本，提高稳健经营水平。目前，中国工商银行、中国农业银行、中国银行、中国建设银行四家银行被纳入全球系统性重要银行，执行的附加资本缓冲要求基本在 1.00%—1.50%。

近年来，中国经济体制改革与金融改革相互促进，现代金融体系初步建立，市场在金融等资源配置中的作用更加重要。国有商业银行作为中国金融体系的核心，在经济增长和金融市场变革的带动和激励下，自 2003 年以来经历了高速发展，综合实力显著提升，业务模式更为稳健，但由于银行业的亲经济周期性特征，银行业资产规模增速出现回落，资产质量下行压力增大。同时，随着中国加入世界贸易组织，经济对外开放持续向深层次推进，银行业在"引进来""走出去"方面都取得了显著成就。美国次贷危机后，中国监管机构更深入地参与了国际监管框架重构，推动银行业监管框架从借鉴走向与国际先进水准接轨，逐步建立审慎的监管体系，银行业风险总体可控。在中央金融工作会议上，不仅提出了金融强国的战略目标，还强调要加强金融监管，并推动国有大型金融机构做大做强。未来，中国应积极探索并更好地处理银行业与财政的关系，构建开放型、竞争型的金融体系，不断提升银行业服务实体经济的效率和支持经济转型的能力。

第二节　国有商业银行的信贷主体地位

国有商业银行是由国家直接管控的大型商业银行，即其所有权属于国家。这就使国有商业银行具有双重特性，不但作为一种政策工具为国家的政府目标和经济目标服务，而且自身作为一个独立的经济主体要追求自身利益最大化。在中国特色社会主义市场经济体制下，国有商业银行是中国银行体系的主体，是中国金融市场体系的主力军。国有商业银行信贷在国内融资市场的各项融资份额中处于绝对主导地位，无论是在人员、机构网点数量还是在资产规模及市场份额上均处于优势地位，对中国经济金融的发展起着举足轻重的作用。

一 国有商业银行占银行业金融机构资产份额趋势分析

中国国家金融监督管理总局官方数据显示，截至2023年12月，中国银行业金融机构总资产为409.70万亿元，全国商业银行总资产为347.49万亿元，占银行业机构的比例为84.80%。其中，如图1-1所示，大型国有商业银行的资产总额达到170.64万亿元，在银行业金融机构资产中占41.70%；股份制商业银行、城市商业银行、农村金融机构和其他类金融机构占比分别为17.00%、13.50%、13.30%和14.50%。国有商业银行就总体资产实力而言，在银行业金融机构中依然占据最突出位置。

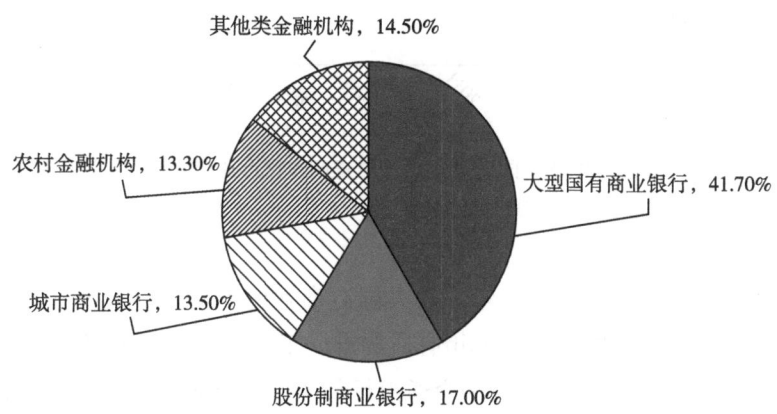

图1-1　2023年12月银行业金融机构资产份额

资料来源：国家金融监督管理总局官网。

根据国家金融监督管理总局及银保监会公开数据，对2003—2023

年国有商业银行资产占银行业金融机构比例进行整理。可以发现，近年来中国银行业金融机构资产量大幅增加，由 2003 年的 16.05 万亿元增至 409.70 万亿元；国有商业银行总资产也随之跃升，由 2003 年的 27.66 万亿元增至 170.64 万亿元；但国有商业银行总资产占银行业金融机构资产份额比例整体呈下降趋势，由 2003 年的 58.03% 降至 2023 年的 41.70%。图 1-2 反映了中国国有商业银行总资产份额占比的历年趋势，可以看出，虽然近年来随着股份制商业银行、城市商业银行、农村金融机构及其他类金融机构逐步崭露头角，国有商业银行资产份额有所下降，但仍居各类金融机构中的首位。

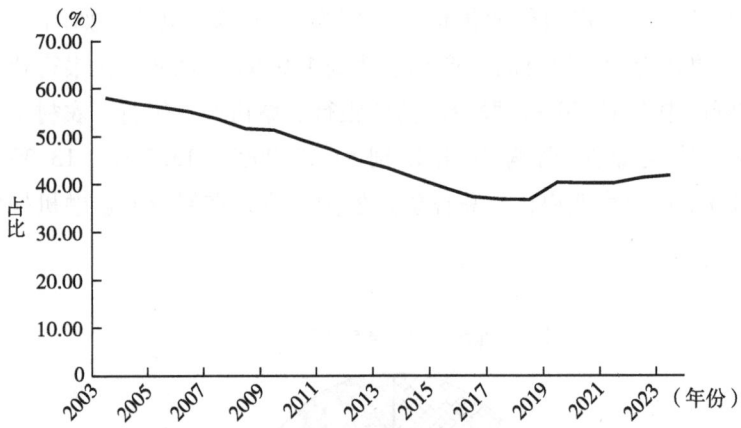

图 1-2 2003—2023 年国有商业银行总资产占银行业金融机构资产份额
资料来源：国家金融监督管理总局及银保监会。

如图 1-3 所示，2022 年，六大国有商业银行规模继续稳步攀升，且总资产和负债增速较 2021 年有所提升。工商银行、建设银行、农业银行、中国银行、邮储银行和交通银行负债总额分别达到约 36.10 万亿元、约 31.72 万亿元、约 31.25 万亿元、约 26.35 万亿元、约 13.24 万亿元和约 11.96 万亿元。其中农业银行负债增速超 10%。中国银行增速较 2021 年增速减少 1.49 个百分点。

第一章 | 国有商业银行在银行体系中的主导作用

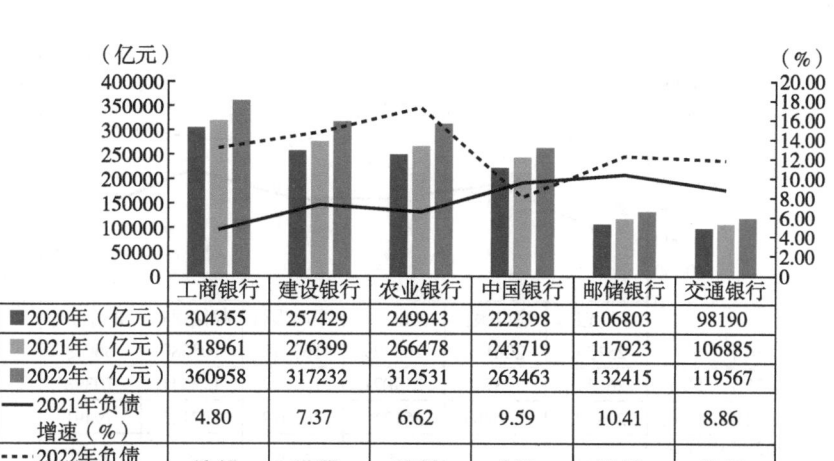

图 1-3　2020—2022 年六大国有商业银行负债总额对比

资料来源：东方财富 Choice 数据。

吸收存款方面，如图 1-4 所示，工商银行以约 29.87 万亿元居首，2022 年增速 12.97%；建设银行和农业银行较为接近，均达到 25 万亿元以上，中国银行为约 20.20 万亿元，邮储银行吸收存款约 12.71 万亿元，交通银行不足 10 万亿元。六大国有商业银行吸收存款增速较 2021 年增长明显，平均吸收存款增长了 6 个百分点，其中工商银行、农业银行和交通银行较 2021 年增速增长超 6%，2022 年增速分别达到 12.97%、14.67% 和 12.92%。

资产方面，如图 1-5 所示，2022 年工商银行、建设银行、农业银行、中国银行、邮储银行和交通银行分别达到约 39.61 万亿元、约 34.60 万亿元、约 33.93 万亿元、约 28.91 万亿元、约 14.07 万亿元和约 12.99 万亿元，六大国有商业银行总资产总计达约 164.11 万亿元，同比增长约 13%。除中国银行资产增速较 2021 年下降 1.31 个百分点外，其余五大国有商业银行资产增速均有所提升。

二　国有商业银行贷款占社会融资总额比重趋势分析

公开数据显示，截至 2023 年底，中国广义货币供应量（M_2）余额 292.27 万亿元，同比增长 9.70%。人民币贷款余额 237.60 万亿元，同比增长 10.60%。人民币存款余额 289.91 万亿元，同比增长 9.60%。社

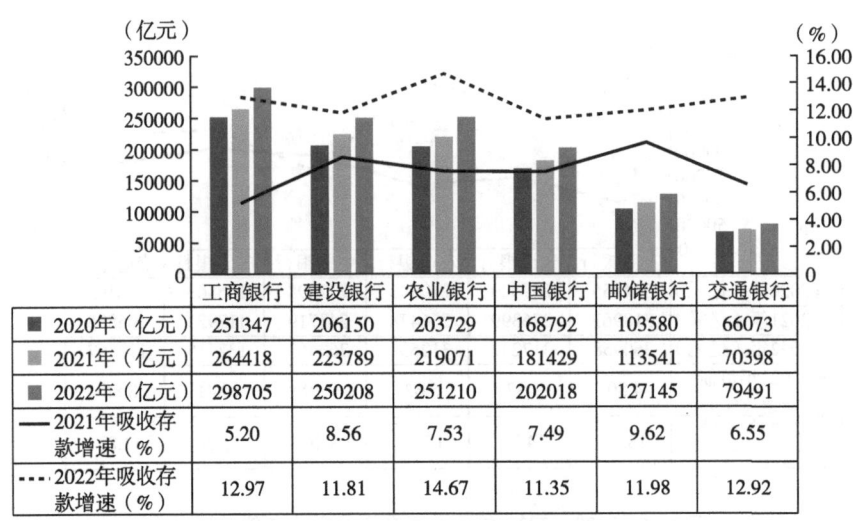

图 1-4　2020—2022 年六大国有商业银行吸收存款增速对比

资料来源：东方财富 Choice 数据。

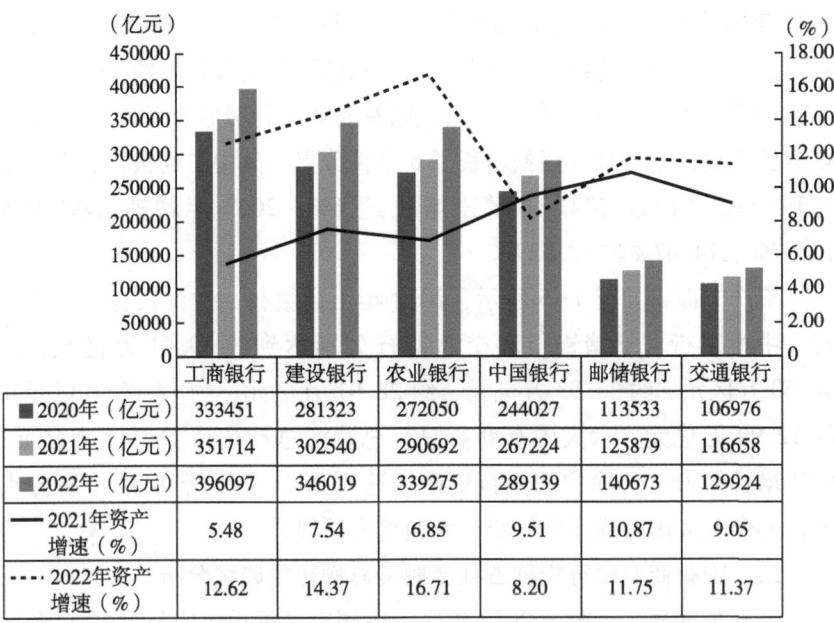

图 1-5　2020—2022 年六大国有商业银行资产总额与增速

资料来源：东方财富 Choice 数据。

会融资规模存量378.09万亿元，同比增长9.50%。其中，对实体经济发放的人民币贷款余额为235.48万亿元，同比增长10.40%；对实体经济发放的外币贷款折合人民币余额为1.66万亿元，同比下降10.20%。银行业金融机构本外币总资产417.30万亿元，同比增长9.90%。商业银行不良贷款余额3.95万亿元，较年初增加1495.00亿元，不良贷款率1.62%，拨备覆盖率205.1%，持续保持较高水平。核心一级资本充足率10.50%，整体资本充足率15.1%，进一步看，其中大型银行资本充足率17.60%，核心一级资本充足率11.7%。商业银行杠杆率6.80%，保持稳健水平。

服务实体经济质效方面，2023年，人民币贷款增加22.75万亿元，同比多增1.31万亿元。制造业贷款余额从16.30万亿元增加到27.40万亿元。年末普惠小微贷款和制造业中长期贷款余额同比分别增长23.50%和31.90%；民营企业贷款同比增长12.60%，较上年年末高1.6个百分点。

社会融资总额是实体经济从金融体系获得的资金总额，通过对2008—2022年国有商业银行贷款占社会融资总额比例进行测算，可以得出中国国有商业银行贷款占社会融资总额比例呈波动式下降趋势，但仍占据较高比例。这反映了银行贷款占绝对主导地位的状态正在改变，直接融资的快速发展使信贷规模在货币传导机制中的作用逐渐减弱，随着中国金融市场化改革的不断深入，新型金融机构不断涌现，金融产品和融资工具不断创新，金融市场朝着多元化的方向发展，不断满足不同主体的融资需求，国有商业银行已不再是支撑实体经济的唯一角色，但仍处于重要地位。2008—2022年国有商业银行贷款占社会融资总额比重如图1-6所示。

三 国有商业银行信贷额占比趋势分析

截至2023年12月，中国金融机构人民币存款总额为417.30万亿元，贷款总额为237.59万亿元。截至2022年12月，五大国有商业银行存款总和为107.41万亿元，贷款总和为88.89万亿元。通过整理2008—2022年五大国有商业银行占金融机构存贷款比重（邮储银行2019年被划分至大型国有商业银行，因前期数据披露不全，予以剔除）

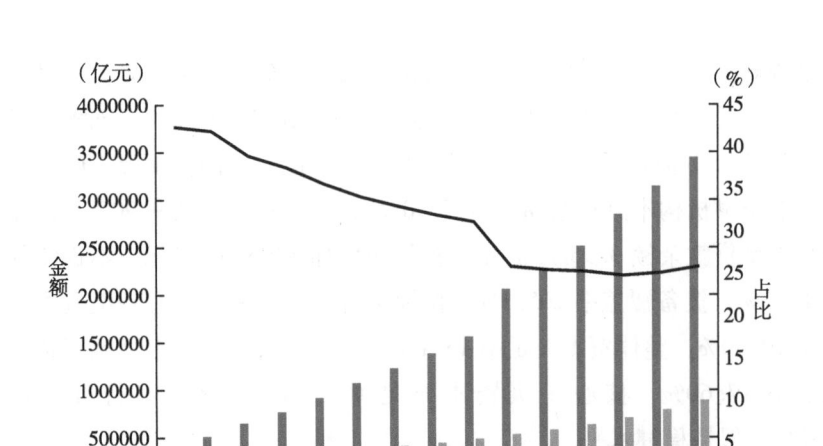

图1-6　2008—2022年国有商业银行贷款占社会融资总额比重

资料来源：Wind数据库。

可得，无论是存款还是贷款，中国国有商业银行占金融机构存贷款比重均呈逐年下降趋势，由2007年的56.46%下降至2022年的40.76%，仍占据主体地位，如图1-7所示。究其原因，在于近年来股份制商业银行、城市商业银行、农村商业银行和其他金融机构不断扩大业务范围，逐步扩大市场份额，为银行最基础的存贷款业务提供了更多选择，对大型国有商业银行的市场份额造成一定冲击。然而，大型国有商业银行作为中国商业银行体系的重要组成部分，经过几十年的发展其贷款和资本规模都处于绝对垄断地位，具备规模优势，已形成了规模庞大的分支机构。此外，由于其国有独资的特殊属性，信用风险较小，具有较高的用户黏性和社会公信力，其他银行的业务规模和影响力与国有商业银行仍有较大差距，中国国有商业银行仍是人们办理存贷款业务的首选，因此其信贷主体地位并未受到冲击。

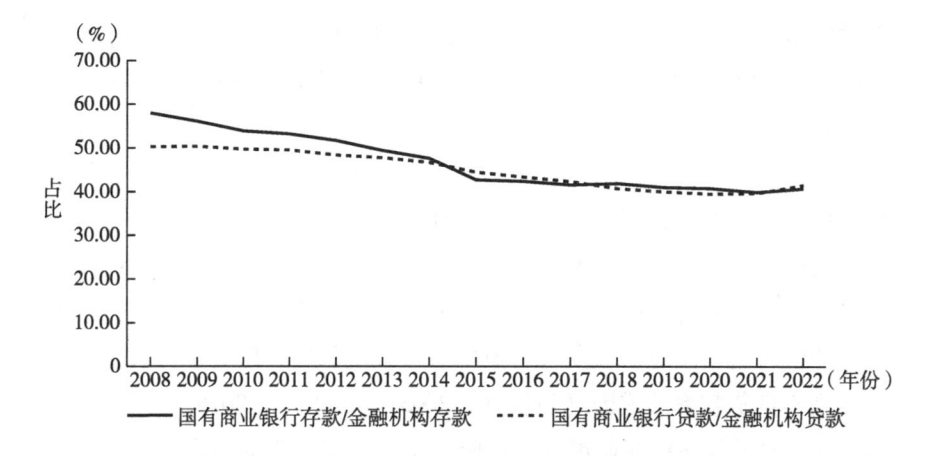

图 1-7　2008—2022 年国有商业银行存贷款占金融机构存贷款比重
资料来源：Wind 数据库。

第三节　国有商业银行服务实体经济的主导作用及其风险承担

在促进经济高质量发展、遏制房地产泡沫近年来成为国家经济政策主要着眼点的背景下，构建有效支持实体经济的金融体系也越来越成为热点问题。习近平总书记在 2017 年金融工作会议上明确提出了金融服务实体经济的原则，一行两会也出台了系列引导资金流向实体、抑制房地产金融化的政策。在 2021 年 3 月发布的《关于防止经营用途贷款违规流入房地产领域的通知》中，进一步明确指出银行业金融机构要进一步提升服务实体经济效能，持续加大对经济社会发展重点领域和薄弱环节的支持力度，防止经营用途贷款违规流入房地产领域。"十四五"规划在提出做强做大国有企业的同时，提出要推进国有商业银行的改革。因此，研究国有商业银行在服务实体经济中是否发挥了主导作用，并剖析其风险承担行为不仅有助于完善服务实体的金融体系，也可为相关的政策与国有商业银行改革提供理论与数据支持。

国有商业银行作为金融领域的国有企业，在更多的制度约束下应承担更多的社会责任（丁晓钦、陈昊，2015）。在经济起飞阶段，政府需要掌握金融剩余，以引导资金流向战略部门，自然赋予了国有商业银行按国家战略配置信贷资金，贯彻国家经济政策的功能（刘子旭，2018）。国有商业银行的稳定器作用已经显现（王俊岭，2023）。与此同时，国有商业银行的不良贷款问题备受关注。国有商业银行不良贷款问题始终非常严重，不良贷款率大大高于国际上同等规模银行和国内股份制银行，也高于城市商业银行。国有股占比较高的商业银行有更高的不良贷款风险和更差的流动性（杨有振、赵瑞，2010）。一些学者从国有商业银行由于国有产权缺乏有效的产权人监督导致低效率的角度，分析其高不良贷款率的成因（石汉祥，2003；Xu et al.，2015）。另一些学者则从政府干预导致商业银行资产配置是非经济行为的角度，强调政府干预是引发国有商业银行资产质量低与信用风险大的主因（贾春新，2007；谭劲松等，2012）。现有关于国有商业银行重要作用的分析，多是从政治经济学的角度开展的定性分析，少有用数据证实国有商业银行是否真正发挥了服务实体的主导作用，更缺少对其主导作用引发风险行为的分析。本节的贡献体现在两个方面：一是运用房地产贷款与制造业贷款之比及房地产贷款占总贷款之比定量刻画并对比分析了国有商业银行、股份制银行和城市商业银行在服务实体经济方面的差异。发现在中国房价高涨的背景下，国有商业银行更好地贯彻了避免房地产金融化及支持实体经济的原则。二是运用面板模型研究了银行服务实体经济对其风险承担影响的异质性，发现国有商业银行与股份制商业银行服务实体经济的程度与其不良贷款率的关系分别呈倒"U"形与正"U"形。

一 国有商业银行服务实体经济的主导作用

作为金融体系的核心，中国国有商业银行发挥着重要的宏观经济调控职能和应对冲击的稳定器功能，在保障政府经济社会目标实现中发挥了重要作用。根据"十四五"规划建议，将金融资源特别是新增银行贷款配置向先进制造业倾斜已成为商业银行绩效评价的重要内容。与此同时，伴随中国近年来房价的快速上涨，以及越来越多的企业通过投资房地产这类投机性资产而加速非金融企业金融化的现实，房地产投资及信贷的增加已经成为经济脱实向虚的主要表征。因此，本节基于Wind数据库与商业银行上市年报，整理了5家国有商业银行、9家股份制银行和 11 家城市商业银行 2010—2019 年的数据①，以房地产业贷款占总贷款的比，以及制造业贷款占房地产业贷款的比代表各银行服务实体经济的发展程度。为对比国有商业银行、股份制与城市商业银行在服务实体经济上的差异，取各类银行的均值形成了图 1-8。

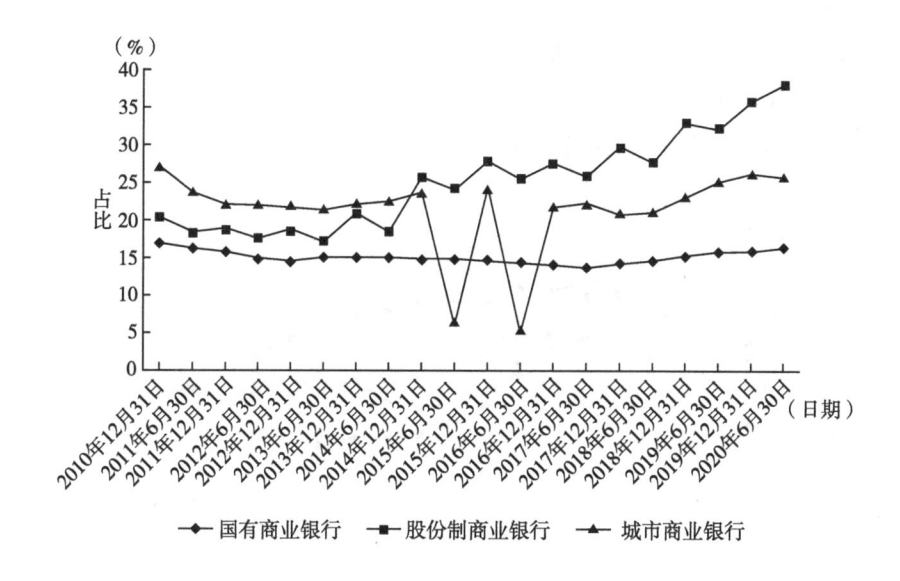

图 1-8　银行房地产贷款占总贷款的比例

图 1-8 表明，国有商业银行平均的房地产贷款占总贷款的比例较稳定，一直处于 15% 左右，大幅低于股份制和城市商业银行的均值，在三类银行中房地产贷款占比最低。在 2014 年以前，股份制商业银行平均房地产贷款占比低于城市商业银行，但此后占比快速增加，呈单边递增趋势，至 2020 年占比已达到 38.30%，是国有商业银行均值的 2.51 倍。城市商业银行平均房地产贷款占比波动性较大，在 2015 年和 2016 年中有较大的下调，其他时间段稳定在 21.20% 左右。

从图 1-9 可以看出，近几年随着新一轮房地产价格快速上涨，大量资金投入房地产行业，可以看到三种类型银行的平均制造业贷款总额

---

① 基于数据的可得性，国有商业银行选择了工商银行、农业银行、中国银行、建设银行和交通银行为代表。由于储蓄银行的部分数据缺乏，未采用六大国有商业银行的统计口径。

与房地产贷款总额的比值均有所下降。但是，国有商业银行平均制造业贷款总额与房地产贷款总额的比值最高，一直高于其他类型的银行，保持在2倍以上。与图1-8相近，股份制商业银行平均制造业贷款总额占房地产贷款总额的比值于2014年后低于城市商业银行，且呈显著的单调递减。至2020年股份制商业银行平均的制造业贷款总额与房地产贷款总额的比值已降到了0.94倍，在三类银行中比值最低。城市商业银行平均制造业贷款总额占房地产贷款总额的比值在波动中呈下降趋势，但下降幅度小于股份制商业银行。

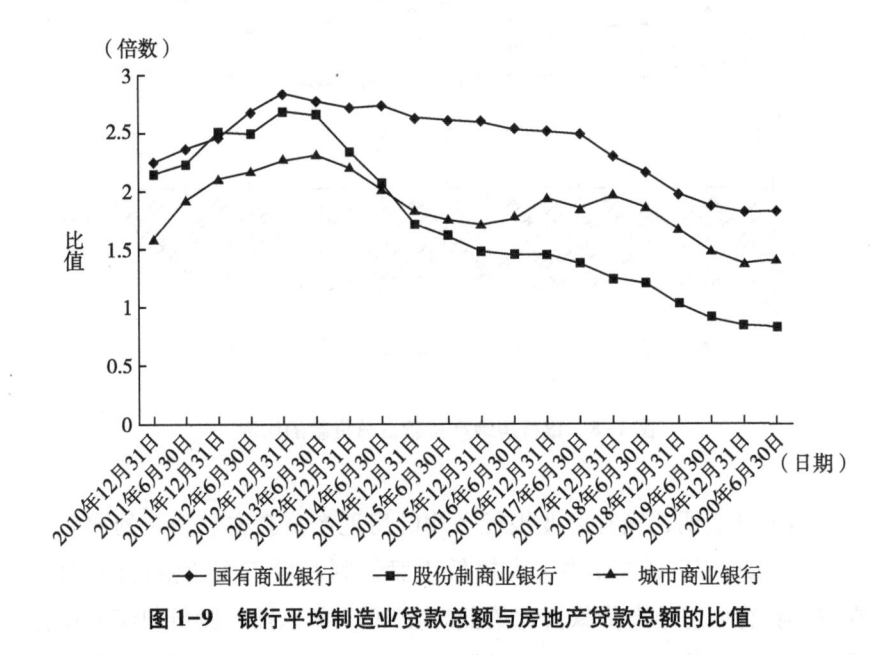

图1-9 银行平均制造业贷款总额与房地产贷款总额的比值

综合图1-8和图1-9可得，在房价大幅上涨的背景下，国有商业银行没有一味地追求商业利润，大幅增加房地产贷款，而是保持了房地产贷款占比在三类银行中最低且基本稳定，从而最好地发挥了服务实体经济的功能。股份制商业银行房地产贷款占比最高，且近年来呈快速上涨趋势。

二 国有商业银行服务实体经济对其风险承担的影响

（一）理论假设

国有商业银行因国有控股而面临着不同于股份制与城商银行的人事

任免与考核机制，进而不同产权银行存在着差异化的资产配置行为与风险偏好（魏琪，2019）。五大国有商业银行总行领导由中央政府委派，与行政级别挂钩，按公务员管理。相应的激励约束制度使国有商业银行有更强的动力为配合宏观经济调控与国家经济战略配置信贷资源。为国家重点扶持的项目或产业提供的信贷资金支持有些是出于政治目的的非营利或低营利性项目，这些信贷短期内回收难度大，增加了商业银行的不良贷款风险。例如，对短期营利性差、风险高的战略性新兴产业的信贷支持，对重资产、受国际市场冲击较大的能源行业的信贷支持，以及对国家经济社会发展薄弱环境的资金支持，都易导致国有商业银行付出更大的信用风险代价（程茂勇、赵红，2013；孙会霞等，2019）。

相比国有商业银行，股份制商业银行与城市商业银行更关注短期利润，使其资产配置更偏好盈利能力强、流动性强的资产。正如上述数据表明，国有商业银行对房地产贷款占比在三类银行中最低。在中国房价一路上行阶段，房地产贷款增加有助于降低商业银行的不良贷款率。商品房销售价格的上涨表明房地产市场繁荣，开发商盈利能力增强，违约可能性降低，商业银行的不良贷款率下降（汤婷婷、方兆本，2011；孙玉莹、闫妍，2014）。大部分地区的商业银行房地产贷款规模与经营风险之间呈正"U"形曲线的特征，并存在临界点（马理等，2021）。商业银行信贷的行业结构受经济环境的影响，存在着最优的结构（颜廷峰，2010）。脱离实体经济的金融化积累至一定程度会增加金融体系的风险和脆弱性（谢富胜、匡晓璐，2019）。基于此，本节提出如下假设：

H1-1：在国有商业银行信贷更多地支持以制造业代表的实体经济而非投机性房地产时，相比股份制银行与城市商业银行要承担更高的信贷风险。

由于不同类型商业银行的资产配置与风险偏好差异，以及最佳贷款行业结构的存在，使不同类型商业银行房地产占比与不良贷款率之间可能存在不同的非线性关系。

（二）实证研究设计

1. 变量选择

所使用的被解释变量是商业银行的信用风险。在已有文献中，一般采用不良贷款率和 Z 值两个指标分析商业银行风险。由于简单易算，不良贷款率在研究实践中被广泛采用。故本书采用不良贷款率作为被解释变量。一般情况下，不良贷款率越高代表着商业银行承担的信用风险也就越高。将被解释变量不良贷款率记为 NPL。

对于房地产业贷款的选择，银行信贷的非理性扩张是房地产过度投机的原因之一。房地产开发投资增长过快是中国房地产市场中的投机表现之一。因此，可以得出商业银行的房地产贷款具有投机性色彩。制造业是中国经济发展的基本盘，制造业的发展离不开金融的支持。制造业是实体经济的重要组成部分，而中国的金融体系是以商业银行为中心的。因此本书认为，商业银行的制造业贷款可以反映其对实体经济的支持力度。此外，根据制造业贷款总额与房地产贷款总额的比值（以下简称制房比）与不良贷款率间的散点图，发现其可能存在"U"形关系，因此本书选择使用制房比（ZF）及其平方项（ZF^2）作为衡量商业银行信贷倾向的核心指标。

本节控制了商业银行个体特征的经济变量。借鉴 Hassan（1993）的研究，选取了银行规模（$SIZE$）、资本充足率（CAR）、资产收益率（ROA）、总贷款占总资产的比重（RLA）四个指标来作为控制变量。$SIZE$ 取值为银行总资产的对数。银行规模越大，则会增加信贷资产但同时具有更强的风险管理能力，因此既有可能增加信贷风险，也有可能降低信贷风险，故预期系数符号可能为正或为负。银行的资本充足率 CAR。Car 由一级资本+二级资本与风险加权资产的比率衡量。CAR 越高意味着银行安全资产较多，则相应的信贷风险越低，故预期系数为负。ROA，是用银行净利润与平均总资产的比值得到的，衡量了银行的盈利能力。ROA 提高表明银行有较强的盈利能力，并会促使银行有更多的流动性资产，从而可以更好地预防信贷风险，故预期系数为负。RLA，这一指标反映了银行总资产中有多少用于贷款。RLA 越高则反映总资产中贷款占比越大，从而银行面临的信贷风险越高，因此预期系数为正。

本节选取 25 家中国上市商业银行的不良贷款率为研究对象，其中国有商业银行 5 家，非国家商业银行 20 家。非国有商业银行由 9 家股份制商业银行、11 家城市商业银行组成，为获得平衡面板，根据数据的可得性选择样本期为 2010 年 12 月到 2020 年 6 月。相关数据来自 Wind 数据库，并对空缺数据进行了简单插补与 AR 插补。

2. 实证模型及描述性统计

$$NPL_{it} = \lambda_0 + \lambda_1 ZF_{it} + \lambda_2 ZF_{it}^2 + \lambda_2 SIZE_{it} + \lambda_2 CAR_{it} + \lambda_2 ROA_{it} + \varepsilon_{it} \quad (1-1)$$

式中：i 为样本银行；t 为时间；NPL_{it} 为被解释变量；ZF_{it} 为核心解释变量；ZF_{it}^2 为核心解释变量的二次项；$SIZE_{it}$、CAR_{it} 和 ROA_{it} 均为控制变量；ε_{it} 为随机误差项。数据的描述性统计如表1-2所示。

表1-2 分类型描述性统计

变量	全样本银行 平均值	全样本银行 标准差	国有商业银行 平均值	非国有商业银行 平均值	股份制商业银行 平均值	城市商业银行 平均值
ZF	5.311	19.690	2.494	6.015	1.937	9.352
ZF^2	415.000	4447.000	6.422	517.200	7.637	934.100
NPL	1.247	0.503	1.352	1.220	1.189	1.245
$SIZE$	18.700	1.813	21.130	18.090	19.120	17.250
CAR	12.940	1.562	13.910	12.700	11.940	13.320
ROA	1.079	0.272	1.193	1.051	1.006	1.088
RLA	46.960	9.354	53.870	45.240	48.990	42.160

描述性统计表明，ZF 有较大的标准差，说明各银行之间存在较大差异。对比各类银行 ZF 的平均值可知，股份制商业银行最小，仅为1.937，国有商业银行为2.494，城市商业银行为9.352。从各类银行的 NPL 平均值可知，国有商业银行的不良贷款均值最高，为1.352，城市商业银行为1.245，股份制商业银行为1.189。这表明国有商业银行贷款中房地产贷款占比较低，但其承担的信用风险也更大。

（三）实证结果分析

根据 Hausman 检验结果，本节选择了固定效应模型，全样本银行以及根据银行类型进行的分样本回归结果如表1-3所示。

表1-3 固定效应实证结果

变量	全样本银行 NPL	国有商业银行 NPL	非国有商业银行 NPL	股份制商业银行 NPL	城市商业银行 NPL
ZF	0.0020 (0.51)	0.8330* (2.20)	0.0010 (0.35)	−0.1540*** (−4.55)	0.0040 (1.12)

续表

变量	全样本银行 NPL	国有商业银行 NPL	非国有商业银行 NPL	股份制商业银行 NPL	城市商业银行 NPL
ZF^2	0.0001 (0.20)	-0.1550* (-2.29)	0.0001 (0.29)	0.0050*** (3.90)	-0.0001 (-0.46)
$SIZE$	0.4290*** (11.31)	0.6250*** (4.70)	0.4360*** (10.60)	0.7260*** (12.29)	0.1600*** (3.11)
CAR	0.0330*** (2.70)	-0.0940 (-1.24)	0.0490*** (3.52)	0.0090 (0.46)	0.0210 (1.27)
ROA	-0.5950*** (-6.22)	-1.0020* (-2.25)	-0.6070*** (-5.64)	-0.3930*** (-2.73)	-0.8140*** (-6.46)
常数项	-6.5730*** (-8.33)	-10.4360** (-4.40)	-6.6600*** (-7.97)	-12.1390*** (-9.90)	-0.9420 (-0.92)
变量数量	500	100	400	180	220
银行数量（个）	25	5	20	9	11
R^2	0.481	0.525	0.492	0.786	0.402

注：*、**和***分别代表在10%、5%和1%的水平上显著，下同。

从表1-3可以看出，国有商业银行制造业贷款总额与房地产贷款总额的比值和其不良贷款存在着倒"U"形关系，股份制商业银行制造业贷款总额与房地产贷款总额的比值和其不良贷款存在着"U"形关系。而在全样本银行及非国有商业银行与城市商业银行的分样本回归中，制造业贷款总额与房地产贷款总额的比值和与银行不良贷款无显著相关性。国有商业银行制造业贷款总额与房地产贷款总额的比值的一次项与不良贷款率呈显著的正相关关系，ZF每增加1%，不良贷款率就提高0.8330%，表明国有商业银行在增大实业贷款比重时承担了更大的风险。ZF的平方项与不良贷款率显著为负，表明制造业贷款总额与房地产贷款总额的比值和增加对不良贷款率的正向作用存在着边际递减效应。但股份制商业银行制造业贷款总额与房地产贷款总额的比值和与不良贷款率呈现显著负相关关系，制造业贷款总额与房地产贷款总额的比值和每增加1%，不良贷款率就降低0.154%，ZF的平方项与不良贷款率显著为正，表明制造业贷款总额与房地产贷款总额的比值和增加对不良贷款率的负向作用，存在着边际递增效应。

进一步计算"U"形的顶点可知①，国有商业银行与股份制商业银行的制造业贷款占房地产贷款之比的均值都低于各自的顶点。国有商业银行的"U"形顶点是 2.697，而其均值为 2.494。股份制商业银行的"U"形顶点是 14.42，而其均值仅为 1.937。可见，国有商业银行制造业贷款总额占房地产贷款总额的比值的均值虽然在顶点左侧，但已经接近顶点。这表明国有商业银行在服务实体经济中发挥着突出作用，也为此承担了更大的信用风险，但进一步增大国有商业银行服务实体经济的水平，使其处于倒"U"形曲线的右侧将有助于降低信用风险。股份制商业银行制造业贷款总额占房地产贷款总额的比值的均值不仅在其正"U"形顶点左侧，而且离顶点非常远。这表明股份制商业银行增加对实体经济的支持力度有利于降低其不良贷款率，而且有非常大的发展空间。这也进一步说明，推动金融服务实体经济、控制房地产金融化，监管的主要对象应该是股份制商业银行。

（四）稳健性检验

通过更换控制变量进行稳健性检验。将资产收益率更换为总贷款占总资产之比再一次进行上述固定效应回归，结果如表 1-4 所示。

表 1-4　　　　　　　　更换控制变量的稳健性检验

变量	全样本银行	国有商业银行	非国有银行	股份制商业银行	城市商业银行
	NPL	NPL	NPL	NPL	NPL
ZF	0.0060 (1.61)	1.0610* (1.68)	0.0060 (1.49)	−0.1480** (−3.08)	0.0100** (2.24)
ZF^2	−0.0001 (−0.54)	−0.2220* (−1.75)	−0.0001 (−0.48)	0.0050** (2.71)	−0.0001 (−1.25)

---

① 从表 1-3 的回归结果可知，国有商业银行制造业贷款占房地产贷款之比与其不良贷款存在着倒"U"形关系，而股份制商业银行制造业贷款占房地产贷款之比与其不良贷款存在着正"U"形关系。解释变量对被解释变量的一阶导数为零时达到各自的顶点（极点），据此可以计算顶点对应的解释变量值，并根据解释变量的大小判断所处曲线的位置。

续表

变量	全样本银行 NPL	国有商业银行 NPL	非国有银行 NPL	股份制商业银行 NPL	城市商业银行 NPL
SIZE	0.5710*** (17.82)	0.7980*** (4.72)	0.5750*** (16.61)	0.7890*** (5.87)	0.3530*** (7.61)
CAR	0.0320** (2.41)	−0.0400 (−0.97)	0.0420*** (2.70)	−0.0060 (−0.21)	0.0300 (1.56)
RLA	0.0070** (2.43)	−0.0010 (−0.08)	0.0080** (2.52)	0.0100 (0.99)	−0.0010 (−0.30)
常数项	−10.2080*** (−16.90)	−16.1290*** (−5.09)	−10.1130*** (−15.59)	−14.0560*** (−5.28)	−5.2600*** (−5.89)
变量数量	500	100	400	180	220
银行数量（个）	25	5	20	9	11
R^2	0.445	0.415	0.458	0.787	0.281

表1-4显示，固定效应的核心解释变量 ZF 和 ZF^2 的结果与前文的实证结果完全一致，表明实证结果是稳健的。

三 结论与政策建议

本节定量刻画了国有商业银行服务实体经济的主导作用，并指出国有商业银行在服务实体经济过程中承担了更高的信用风险。股份制商业银行更偏好房地产信贷，应该将投资重心由房地产业向代表实业的制造业转移以达到降低不良贷款率的目的。

因此，为更好地服务实体经济，遏制房地产业过度金融化，应采取多种措施限制商业银行房地产信贷占比过高，引导资源流向实体经济。在对违规发放房地产贷款的银行予以严厉处罚的同时，加大政策优惠力度，鼓励银行向制造业企业放贷，将银行服务实体经济的水平纳入银行评价体系；完善相关法律法规，调控信贷资源配置，为制造业企业提供融资便利，引导信贷资源流向实体经济；合理控制房地产贷款的比重。同时，应辩证地看待国有商业银行的不良贷款率高于股份制与城市商业银行的现象，继续发挥国有商业银行在服务实体经济发展中的带头作用，对其不良贷款率给予更宽容的政策环境。

第二章

国有商业银行信贷增速的逆周期性效应

自2008年国际金融危机爆发以来,中国国有商业银行是否发挥了经济的压舱石作用引发广泛关注。在中国金融体系以银行为主体的背景下,实体经济还主要依赖银行贷款,商业银行的信贷行为对实体经济发展有重要影响。国有商业银行服务中国实体经济的作用,主要体现在是否可以通过调整信贷行为发挥逆周期性的效应,从而平抑宏观经济波动。美国在次贷危机的爆发前后,其商业银行信贷行为的顺周期性加剧了经济的波动。危机前,商业银行放松住房抵押贷款的标准引发了房地产泡沫。在危机后,虽然美国以量化宽松货币政策激励商业银行扩大流动性刺激经济的复苏,但是美国商业银行仍存在惜贷行为导致了非常规货币政策信贷传导路径失效(王倩、李文,2013)。与之相比,在面临百年一遇的国际金融危机冲击时,中国商业银行快速反应,迅速扩大了信贷规模,仅在2008年11月至2009年底中国新增贷款就超过了10万亿元。可以说,中国商业银行在国际金融危机期间的信贷扩张的实践突破了西方的信贷顺周期性理论。中国商业银行与西方国家商业银行有相似的业务内容与盈利压力,但中国的商业银行体系有更高的国有股权,特别是中国的五大国有商业银行作为系统关键性银行发挥着引领与主导作用。因此,有必要深入研究国有商业银行的信贷逆周期行为及其对中国商业银行信贷逆周期行为的引领作用。

本章从文献综述入手,在剖析相关理论的基础上,重点考察中国商业银行信贷增速的逆周期特征,并对比分析国有商业银行与其他商业银行在信贷逆周期性的差异,为研究中国国有商业银行通过信贷逆周期性平抑经济波动、服务实体经济提供经验证据。

第一节 文献综述

一 信贷顺周期相关文献综述

学者研究发现商业银行信贷顺周期行为在西方国家较为普遍。Jacob 和 Haixia (2002) 发现,在 26 个经济合作与发展组织(OECD)国家经济上行时商业银行的信贷数量增加,在经济下行时信贷总数下降。Stolz 等 (2011) 发现,商业银行的信贷投放与宏观经济波动高度相关,信贷投放具有顺周期性。在新兴市场及发展中国家的银行体系中,伴随经济全球化的快速发展,其商业银行的信贷投放也呈现较为显著的顺周期性 (Leila et al., 2011; Zied, 2014; Aniruddha and Ankur, 2018)。伴随中国经济奇迹,特别是中国商业银行体系的稳健发展有力支持了经济发展,学者对中国商业银行信贷行为的关注逐渐增加。李育峰和李仲飞等 (2015) 运用时变 Copula-GARCH 模型发现中国商业银行的信贷行为存在着不对称的顺周期性。作为特殊的金融企业,商业银行以实现利润最大化为经营目标,在经济繁荣时商业银行面临的好的投资项目多、信贷市场扩大且放贷意愿增强,而在经济衰退时期商业银行为规避不良贷款风险会收缩信贷,从而使其信贷行为具有顺周期效应(周擎,2006)。李志辉等 (2018) 在四部门 DSGE 模型中加入企业违约和金融摩擦因素,并通过数理推导与模拟证明商业银行信贷决策与企业违约之间存在着互动,这使商业银行的信贷行为内生于宏观经济的周期性波动,并呈现显著的顺周期性 (潘敏、张依茹,2013;李嵩然,2016;潘敏等, 2016)。

学者从银行自身角度剖析商业银行信贷行为顺周期性影响因素,主要从非理性行为、信息不对称问题和薪酬激励机制等方面展开。商业银行的"灾难短视"非理性行为会强化商业银行信贷的顺周期特性。距离上一次金融危机的时间间隔拉长,商业银行会逐渐降低对危机的感知程度,低估外部冲击事件发生的概率,从而承担高于资本实力的风险 (Guttentag and Herring, 1984)。"制度记忆假说"强调信贷工作人员非理性行为导致的判断能力有限引发的风险。商业银行信贷员的信贷决策通常基于以往经验。危机过后，信贷工作人员防范风险的敏感度随着时间推移下降，时代变迁下新老员工的交替也会弱化银行应对危机的能力（Berger and Udell，2004）。"灾难短视""制度记忆假说"都表明商业银行在经济繁荣时的信贷会存在非理性的扩张，从而存在着顺周期性。行为金融学理论指出，商业银行高管的认知偏差和有限理性，会出现"羊群行为"，导致群体性多贷或惜贷，从而伴随经济繁荣和衰退造成银行家情绪和"羊群行为"导致的信贷扩张和信贷紧缩（Rajan，1994；向新民，2006）。

信息不对称问题也是造成商业银行信贷行为具有顺周期性的重要因素。Bernanke 和 Gertler（1989）基于信息不对称提出信贷亲周期理论，即由于信息不对称银行在经济繁荣时期并不能完全了解企业的经营状况与还款能力，因繁荣下的乐观情绪和业务扩张导致银行放宽贷款限制，给一些不符合贷款资格的企业放贷款，形成了造成潜在风险的累积；而在经济衰退时期，由于信息不对称在银行悲观情绪及更谨慎的贷款决策的影响下，会对符合贷款标准的企业惜贷，从而使商业银行的信贷行为随着经济周期而同向变动。Panayiotis 等（2014）则将商业银行信贷行为的顺周期性归因于市场的不完善和与有效市场假说的背离。

不对称的薪酬激励机制也是商业银行信贷投放呈现顺周期性的原因（Williamson，1963）。在当前商业银行多是股份制银行的制度背景下，所有权和经营权的分离使银行股东追求资本收益的最大化，而银行管理层追求的是在银行中的地位和薪酬。委托代理问题使银行管理层更注重短期利益而忽视长期利益，在经济繁荣阶段，会降低信贷标准低估信贷风险，通过扩张信贷投放的方式扩大业务规模，从而提高自己在银行中的地位和薪酬水平，使信贷投放随着宏观经济扩张而扩张。而在经济衰退时期为了避免不良资产及银行亏损导致的降职与降薪，银行管理层会收紧信贷标准、收缩信贷，这会使信贷投放随着宏观经济的收缩而收缩。

还有一些学者从宏观经济与制度的角度，剖析银行信贷行为顺周期性的成因。一些文献从贷款损失准备、公允价值估计和资本监管等外部因素入手，研究其强化商业银行信贷投放顺周期性的作用。

商业银行为吸收贷款的预期损失而计提的贷款损失准备，是金融监管部门要求商业银行按一定规则设立的拨备缓冲机制。Laeven 和 Majnoni（2003）指出贷款损失准备是引发商业银行信贷投放行为顺周期性的原因之一。商业银行信贷组合的风险会在宏观经济下行期增加，这使商业银行大幅计提贷款损失准备金，从而导致信贷紧缩，而商业银行信贷收缩进一步加剧宏观经济下滑（Bikker and Metzemakers，2004）。贷款损失准备也会通过监管行为而影响信贷行为的顺周期性（Wheeler，2019）。Steffen 等（2018）指出贷款损失准备准则进一步增强了资本要求的顺周期性，从而强化了商业银行信贷行为的顺周期性。陈旭东等（2014）、周晔等（2015）运用中国商业银行微观数据进行的计量分析证实，贷款损失准备强化了信贷增速的顺周期性。中国商业银行计提贷款损失准备的行为存在显著的顺周期性（袁鲲、王娇 2014；丁友刚、严艳，2019）。

公允价值法也被认为是强化商业银行信贷行为周期性的因素之一。作为一种新的资产评估方式，公允价值虽然能够较好地反映资产与负债的市场价值，但也加剧了资产与负债的价值波动。在经济繁荣期会加速资产泡沫化，而在经济衰退期会引发资产价格暴跌。黄世忠（2009）指出公允价值通过资本监管、风险管理及心理反应导致商业银行信贷行为具有顺周期性。国际货币基金组织（ZMF）2008 年运用美国及欧洲大型金融机构资产负债表的数据进行的实证研究，证实了公允价值准则的顺周期性及其对商业银行信贷行为的顺周期性的强化作用。然而，部分学者指出没有证据表明在过去两个商业周期中公允价值影响了银行信贷款行为的顺周期性。

资本充足率监管规则影响银行信贷投放，也影响银行最大限度承担风险的能力。Hellwig 和 Martin（1995）指出商业银行资本监管影响了银行信贷和宏观经济。在经济繁荣期监管部门放松资本充足率的要求会扩张信贷投放规模，而在经济衰退期监管部门提高对资本充足率的要求会收缩信贷投放规模。资本充足率的顺周期性本质上就是信贷增速的顺周期性，会扩大宏观经济波动（Goodhart，2004；Ayuso et al.，2004；Stolz and Wedow，2009）。Gauvin（2014）发现金融危机会使商业银行增加资本，而资本的增加会挤压贷款，增强商业银行信贷行为的顺周期性，银行的资本越少其信贷行为的顺周期性越强。中国商业银行微观层面数据也证实了中国商业银行的资本充足率存在强化信贷顺周期性的效应（高国华、潘英丽，2010；李文泓、罗猛，2010）。

二 信贷逆周期相关文献综述

虽然上述文献表明大多数学者认为发达国家商业银行的信贷增速呈现明显的顺周期性，但也有学者通过实证研究发现政府持有的商业银行股权具有天然的逆周期效应，国有股权有助于平滑宏观经济波动、促进了商业银行的平稳运行，维护金融系统的稳定（Bertay et al.，2015）。Micco 等（2007）发现国有商业银行的政治功能会弱化信贷行为的顺周期性，国有股份占比较高的银行其信贷增速的顺周期性要显著弱于国有股份占比较低的银行。Brei 和 Schclarek（2013）发现私有银行倾向顺周期贷放，而国有商业银行的信贷投放更为稳健有助于平抑经济周期。

中国商业银行体系中较大的国有股权占比及独特的政治环境和经济环境使其具有独特的信贷增速周期性特征。陈昆亭等（2011）发现以次贷金融危机为节点，中国商业银行信贷投放呈现出阶段顺周期和阶段逆周期的特征，信贷约束机制的周期模型在中国并不适用。刘辛元（2015）发现中国上市银行信贷增速表现出顺周期性和逆周期性的阶段性，银行规模显著影响其信贷增速的周期性，银行规模越小其信贷的逆周期特征越显著。新兴市场国家也呈现不同于发达国家的特点。隋建利和龚凯林（2018）运用非线性 MS 模型研究发现新兴市场国家商业银行的信贷并未在整体上表现出显著的顺周期性，而是呈现阶段顺周期和阶段逆周期的特征。

一些学者从银行异质性角度研究中国银行信贷行为的周期性特征，但从贷款损失准备角度切入的文献十分有限。许友传（2011）发现贷款损失准备计提较多的银行信贷投放能力被显著削弱，中国商业银行的贷款损失准备是逆周期的。动态贷款损失准备管理能够在一定程度上缓释中国商业银行信贷的顺周期性（王晓枫、熊海芳，2011）。李嵩然和马德功（2015）发现大型国有商业银行与农村商业银行的信贷增速具有逆周期性，而股份制商业银行和城市商业银行的信贷增速具有顺周期性，而从贷款损失准备角度看中国商业银行的信贷增速整体呈现逆周期特征。

国际金融危机后，各国金融监管机构纷纷实施《巴塞尔协议Ⅲ》以加强对商业银行的资本监管。一些学者从资本监管的角度检验中国银行信贷增速的周期性特征，并达成了中国商业银行信贷增速并无顺周期性的共识。张宗新和徐冰玉（2011）发现中国金融监管部门的监管政策使上市商业银行的信贷投放并未呈现显著的顺周期效应。黄宪和熊启跃（2013）的研究则证实中国商业银行的信贷增速具有逆周期效应，且这一逆周期性因金融监管部门的逆周期资本缓冲调节而被强化。蒋海等（2018）也通过研究证实中国金融监管的资本缓冲规则具有逆周期性并强化了商业银行信贷行为的逆周期性，而利率市场化弱化了商业银行信贷行为的逆周期性。

中国商业银行独特的股权结构，推动一些学者从商业银行股权异质性入手研究商业银行信贷与经济周期的关系。储著贞等（2012）发现2003—2010年，信贷扩张冲动较强的银行是民营化程度低及大股东持股比例高的银行。邓健和张玉新（2013）发现中国商业银行信贷增速存在逆周期性，且国有占股比例越高的银行这种逆周期效应越高，国有股有助于强化银行信贷增速的逆周期性。李嵩然（2016）的研究结论也证实中国商业银行的信贷投放整体上呈现逆周期性。政府直接持有商业银行股权通过对商业银行信贷投放的干预增强了信贷增速的逆周期性。在中国，商业银行的信贷投放不仅受中央政府统一调控及金融监管政策的影响，总分行制下的各层级分支行还会受到来自地方各级政府的影响。潘敏等（2016）研究结论也证实中国城市商业银行的信贷增速是逆周期变动的，地方政府持股比例越高的银行其信贷行为的逆周期性越强。

基于学者对商业银行信贷总量顺周期或逆周期性的研究，一些学者进一步从商业银行信贷的期限结构的角度研究中国商业银行信贷增速的周期性。伴随中国近年来中长期贷款比例增加，不同期限的信贷与经济波动呈现不同的关系。中长期贷款的投放对中国经济发展的长期支持作用更加显著且起到了抑制通货膨胀的作用，然而短期贷款虽对经济增长有短期的促进作用，但形成通货膨胀压力（林江鹏、熊启跃，2011；范从来等，2012）。金雯雯和杜亚斌（2013）对期限结构进行的时变参数研究发现，中国商业银行的信贷投放不是持续顺周期的，在部分时段信贷量呈逆经济周期变化。潘敏和张依茹（2013）发现中国商业银行信贷增速和中长期贷款占比变化是逆周期的，而短期贷款占比变化是顺周期的。因此，控制商业银行信贷行为的顺周期性的重点应该是控制短期贷款占比。

三 文献述评

对信贷顺周期与逆周期的文献梳理表明，学者大致对在西方发达国家与新兴市场国家存在信贷顺周期性达成了共识，并从银行自身与外部环境两个层面剖析了信贷顺周期性的成因。从银行自身来看，非理性行为因素、信息不对称问题和薪酬激励机制等是引发信贷顺周期的主要因素；从外部环境看，贷款损失准备、公允价值计量和资本监管等因素是引发或者强化信贷顺周期性的主要原因。然而，中国独特的银行体系及在金融危机后信贷逆周期的表现，使学者得出了中国商业银行信贷行为不存在顺周期效应甚至存在逆周期效应的结论。学者从贷款损失准备、资本监管充足率监管及股权结构等银行异质性角度给出理论解释。虽然现有文献为从信贷行为角度研究中国国有商业银行平抑宏观经济波动的作用奠定了重要的基础，但还有以下几个问题值得进一步深入研究。国有商业银行在中国银行业信贷行为顺周期性中发挥了什么作用？伴随中国城市商业银行的迅速发展，国有商业银行信贷行为与其他类型相比有什么特点？不同类型银行信贷增速是否有同样的周期性特征？其原因是什么？

本章运用中国商业银行微观层面的数据，研究中国国有商业银行信贷增速与宏观经济波动的关系，对比分析其与其他类型商业银行的异同，试图为中国国有商业银行通过信贷增速的逆周期性平抑宏观经济波动、服务中国经济平衡发展的论点提供新的经验证据。

第二节 信贷周期性的理论分析

一 信贷的顺周期性理论

（一）信息不对称理论

信息不对称是指在经济活动中的交易双方对交易相关信息的了解与掌握程度存在明显差异。经济交易中充分掌握交易过程中信息的一方具有信息优势,并使其在交易中占有优势,另一方会因信息不对称而处于劣势地位。信息不对称会引发道德风险与逆向选择,甚至会因影响交易双方的信任而导致交易中止,从而降低经济活动的效率。借款客户对自身经营状况明显具有信息优势,而商业银行只能通过尽职调查与流水等信息分析尽量降低信息不对称问题。商业银行与借款客户间的信息不对称,使商业银行的信贷行为随着宏观经济周期变化。在经济繁荣期,虽然商业银行因信息不对称对借款人的还款能力与真实经营情况并不了解,但因各类经济项目均有较好的市场前景与预期收益,商业银行为获取更多的利润并在同业间激烈的竞争中获得市场份额,会低估项目风险,降低信贷投放标准,放宽对借款人的信用审查及贷款利率等的限制。因此,经济繁荣期商业银行因信息不对称会作出错误的信贷决策,对很多信用等级低和经营状况差的企业发放贷款,虽然扩大了信贷量但也增加了潜在风险。而在经济衰退阶段,商业银行因前期积累的高风险贷款无法按期收回而导致不良贷款率和资本充足率等监管指标承压,并使银行的盈利能力下降。商业银行逐渐收紧信用以满足监管标准,并且由于经济下行期,有稳定盈利前景的投资项目大幅减少,商业银行也会为降低风险而惜贷。由于信息不对称,商业银行会提高信贷审核标准,即使是对经营状况良好且具备偿债能力的企业,银行也会出于风险的考虑而拒绝放贷,因此信贷量缩减。在经济衰退期,企业经营环境恶化,急需流动性以确保资金链不断裂,然而商业银行因信息不对称而做出的惜贷甚至抽贷行为会使企业经营雪上加霜,使原本非常脆弱的信用链断裂从而引发更多的不良贷款,并以此形成恶性循环,将宏观经济推入更深的低谷。因此,商业银行与借款人间的信息不对称,会使商业银行的信贷行为具有顺周期性。

(二) 灾难短视假说

灾难短视假说是指人们往往忽视一些发生概率很低,而一旦发生影响力很大的灾难性事件,或者上一次灾难过去很长一段时间之后,由于代际更迭等原因会使人们忘记之前的灾难教训。频繁发生的事件比偶然发生的事件更容易让人们产生记忆,记忆的深刻程度取决于同一事件发生的时间间隔。周期性爆发的金融危机说明,灾难短视假说可用于解释周期性的金融行为。随着危机后的经济复苏,距离上一次金融危机的时间间隔拉长，商业银行会逐渐降低对危机的敏感程度，低估信贷风险，大规模扩张信贷以谋取更高的利润，而对下一次危机到来准备不足。经济上行期，信贷规模的扩张不仅会导致风险累积，也会降低商业银行应对外部冲突的承压力。商业银行管理者的短视行为使其更注重任期内的短期利益而忽略长期风险，更关注当期的经济形势而忽视过去的金融危机。这使商业银行在经济复苏与繁荣阶段乐观短视、忽略上一次金融危机的惨痛教训、商业银行管理者的灾难短视行为使其在繁荣期存在着信用扩张行为，并为经济下行期埋下隐患，导致信贷呈现顺周期性。

(三)"羊群效应"假说

"羊群效应"是行为金融学中的重要理论，指决策者没有形成良好的自我预期，在对某个事件作出决策时，盲目追随别人的行为。金融市场往往无法达到信息充分且交易者具有充分理性的理想状态，因此投资者行为往往存在"羊群效应"。在信贷市场中，商业银行的管理层也存在"羊群效应"，其根源于银行管理层的有限理性与信息不对称，使其在进行决策时受情绪影响与从众心理的影响。从需求角度看，在经济繁荣期，订单的增加使企业对生产经营形成了良好的预期、并会高估本企业产品竞争力，为了追求利润最大化，企业会扩大生产和经营规模，增加信贷需求量。为了形成规模效应在竞争中获得优势，其他企业也会向银行增加借款以扩大生产经营规模。从供给角度看，经济繁荣期盈利的项目多，这使商业银行有较为乐观的市场预期，面对增加的信贷需求，商业银行乐于增加信贷供给以获得更多的利差收入和更高的市场份额，当一家商业银行通过信贷扩张快速增加利润后，其他商业银行为了维护自己的市场份额，有跟随其他银行扩张信贷的倾向，从而使得信贷市场在经济繁荣期出现群体性加大信贷投放的"羊群行为"。在经济衰退期，一方面企业产能过剩降低了信贷需求，另一方面资产价格的暴跌降低了企业的抵押物价值和偿债能力。这使商业银行的信贷规模收缩。而商业银行对风险敏感性的增强，使其更谨慎地放贷，信贷供给进一步降低。而某家银行的信贷收缩及对某领域信贷风险的高度重视会引发同业竞争者纷纷效仿，这会引发群体性惜贷的"羊群行为"，惜贷导致的流动性紧缩则会加剧经济衰退程度，致使企业信用状况进一步恶化，形成恶性循环。因此，银行家存在的"羊群效应"，会导致群体性多贷或惜贷行为，使商业银行的信贷行为具有顺周期性。

（四）制度记忆假说

与其他信贷顺周期理论强调信息不完善、行为非理性等因素不同，制度记忆假说强调银行贷款行为自身存在周期性。制度记忆假说认为银行信贷工作人员的工作惯性使其往往按照惯例和以往的经验做信贷决策。在经济繁荣期，企业的经营状态好，各项财务指标容易达到银行的信贷审批标准，且良好的经营状态也使贷款按期偿还率较高。当信贷工作人员发现次级贷款①也有很好的收益且能安全回款时，就会增加次级贷款的发放。这导致有部分资质较差且不符合贷款标准的企业或个人也能获得贷款，整个银行系统的信贷投放增多。而在经济衰退期，由于企业经营状况恶化、财务指标恶化不仅使其难以达到银行的信贷标准，更因不良贷款的增加使信贷员的风险意识增强。当正常审批标准下的贷款都可能会因经济衰退而出现无法按时还款的情况，信贷工作人员就会提高标准以审核信贷。这可能导致一些资质较好且有成长潜力的企业也无法获得贷款支持，银行系统的信贷投放减少。制度记忆假说意味着银行信贷员工作的惯例性操作使信贷投放与经济增长状况显著正相关，在经济繁荣期存在信贷扩张行为而在经济衰退期存在惜贷行为，使得信贷具有顺周期性。

（五）薪酬激励制度

在股权所有制背景下，所有权和经营权是分离的，从而引发了委托代理问题。股东委托代理人管理经营企业并给予代理人一定的决策权及与绩效对应的薪酬。企业股东的目标是追求最大化的资本收益，而企业管理层即代理人的目标是追求更高的薪酬及在企业中的地位。股东与企业管理层之间的目标差异引发了委托代理问题。委托代理下的薪酬激励机制使得商业银行的行为被严重扭曲。对银行管理者来说，在任期内企业的利润越高其获得的薪酬越高，反之若利润降低或破产则会导致薪酬降低甚至可能会失去工作的岗位。这致使商业银行管理层只会关心任期内的业务与盈利水平，而忽视可能潜在的长期风险。商业银行薪酬激励制度的短视性，使其无法与商业银行的长期发展有机结合。在经济繁荣

---

① 次级抵押贷款是指一些贷款机构向信用程度较差和收入不高的借款人提供的贷款。

期，商业银行管理层面对市场扩张及更高的获利机会，为了提高其在银行中的地位和薪酬水平，会低估信贷风险而积极扩大业务规模增加信贷投放，这使银行的信贷增速具有顺周期性。然而，在经济衰退期，经营环境恶化后出现的大量不良资产，银行经理人为避免银行亏损带来的惩罚，会出现惜贷行为，加剧信贷的顺周期性。

二 信贷逆周期理论

文献综述与信贷顺周期理论表明，中国的商业银行也会受信息不对称、短视行为、"羊群效应"、薪酬激励机制等内部因素的制约，存在信贷顺周期性的风险。然而，从中国商业银行信贷与宏观经济波动的数据对比分析中可以看出，中国商业银行的信贷行为并不具有顺周期性，且学者研究得出中国商业银行信贷增速逆周期性的结论越来越多。基于信贷逆周期相关文献，结合中国商业银行体系特殊的制度环境与股权结构，从下述因素剖析中国商业银行信贷逆周期的成因。

（一）资本充足率监管

国际金融危机爆发后，银行体系为快速解决信贷顺周期性问题而采取了资本充足率监管措施。巴塞尔委员会与各国金融监管机构提出逆周期资本监管有助于防范银行信贷的顺周期性。

中国自 2004 年开始正式施行《商业银行资本充足率管理办法》。这使中国商业银行的资本充足率有了很大程度的提升，这不仅标志着中国用规范对商业银行的资本充足率进行监管，也增强了商业银行的风险意识与信贷逆周期性行为。资本充足率监管规则的强化，使得商业银行信贷规模的变化对资金需求更加敏感。降低了商业银行的信贷风险偏好，也就随之改变了其信贷投放行为。商业银行的资本缓冲，使其有能力应对外部冲击及市场不确定性带来的流动性风险，也可避免因资本充足率未达到监管要求而受到处罚。商业银行持有资本缓冲有利于其稳健运营，使其在经济繁荣期，商业银行保持较高的资本充足率，从而压缩了信贷扩张的空间，抑制顺周期的信贷扩张行为；在经济衰退时期，商业银行可以用资本缓冲应对危机冲击，平抑经济周期的波动。可以说，中国逆周期资本监管有助于防止银行过度承担风险、缓释信贷周期的正反馈机制。

2013 年，《商业银行资本管理办法（试行）》替代了《商业银行资本充足率管理办法》。中国商业银行资本管理规则不仅对核心一级资本充足率、一级资本充足率及总资本充足率提出了最低要求，还规定当信贷过度增长时，商业银行需要再提取 2.5% 的资本缓冲。中国商业银行出于预防动机考虑及银行较低的风险偏好，其保持的资本缓冲一般会高于银监会的要求。商业银行预防动机越强、风险偏好越低，其持有的资本缓冲更多。此外，由于中国商业银行基于存贷利差积累的高利润而保有较高的留存收益，使其有较高的资本缓冲，能够较易主动建立逆周期资本缓冲调节机制以满足监管机构提出的资本监管要求。商业银行也可通过减少风险加权资产以满足资本监管的要求，鉴于贷款在风险加权资产中占比很高，较高的资本充足率水平意味着商业银行资产紧缩和被抑制的信贷扩张行为。

（二）股权结构独特性与政府干预

中国商业银行有着不同于其他国家商业银行的独特的股权结构，主要表现为国有股权占比较高。不仅五大国有商业银行始终是国有股且是第一大股东，中国的股份制商业银行与城市商业银行也多有国有股权。中国商业银行的国有股权是使其信贷增速呈现逆周期性的重要原因。伴随中国工、农、中、建四大商业银行的股权改革及在 2005 年后纷纷上市，四大商业银行从国有独资变为国有控股，战略投资者的引进推动了股权结构逐渐多元化。与此同时，中国积极推动城市商业银行的改制与股权变革，中国的商业银行体系已经普遍实施了股份制。在商业银行普遍采取股份制的背景下，其股权结构会影响股东大会的决策，而不同的股权结构对应不同的经营政策和业务目标，进而也影响了商业银行选择不同的经营行为，其中就包括信贷行为。中国商业银行信贷增速的周期性特征与其他国家存在显著差异也许与其国有股占比高、股权集中的股权结构有关。从商业银行的股权性质来看，不同性质的股东有不同的持股动机和经营目标，参与经营管理的决策偏好也有差异，因此对商业银行的信贷行为的影响也不同。国有股东作为政府的代表，其首要目标并不是利润最大化而是配合国家政策，将信贷投向政府倡导的关键性投资领域，并希望商业银行能服务国家经济发展战略，成为支持实体经济发展的金融工具；而外资股东和民营资本的股东以利润最大化为目标，更关注商业银行的收益和风险。从商业银行的股权集中程度来看，国有商业银行的股权结构是以国有股为主的高度集中的类型，股份制商业银行的股权结构是比国有商业银行股权性质更多元化的相对集中类型，城市商业银行的股权结构是分散类型的，高度集中的股权结构与相对分散的股权结构对信贷行为的影响是不同的。股权不仅是投入的资本金，也代表着在股东大会上的投票权及对公司决策的影响力。商业银行的大股东比小股东有更多的投票权，因此也更能影响商业银行的经营决策。国有商业银行、股份制商业银行与城市商业银行不同的股权性质与股权集中程度，使其面临经济周期变化时而采取的信贷行为并不一致。中国的五大国有商业银行是系统重要性银行，有着不同于股份制商业银行与城市商业银行的监管规则。再考虑不同类型银行从政府部门获得资源的机会不同，也使不同类型的商业银行其信贷行为的逆周期特征可能存在差异。

中国特色社会主义市场经济的体制机制，使中国商业银行具有独特性的经营环境，很多开发项目都是由政府或者国有企业主导或者承担的，因而商业银行的信贷业务往往与政府或者国有企业有密切的联系。作为国有商业银行股东，政府的目标一方面是实现国有资产的保值增值，另一方面是使国有商业银行的金融资源服务于国家的经济发展战略。因此，政府发布经济规划引导着商业银行的信贷行为、为商业银行提供项目资源，鼓励并支持商业银行发展。政府也可作为银行体系的金融监管者与货币政策的制定者，通过金融规则的变化对商业银行的信贷投资总额与进入的行业领域进行引导与规制。例如，通过差异化的再贴现率引导商业银行的资金流向芯片等高科技领域，从而限制资金流向高碳行业。政府作为国有股股东，可对商业银行的经营策略进行干预。大型国有商业银行，需要根据国家的经济规划与政府调控政策调整包括信贷在内的经营决策，城市商业银行受制于不可跨区域经营也与地方政府有密切的联系、需要地方政府的支持。在经济发展的特殊时期，商业银行的国有股东会促进其在一定程度上舍弃利润最大化的经济目标，而追求其他的政策目标。

中国独特的经济体制及商业银行国有股权的独特地位，使商业银行的信贷业务受到各级政府的影响。在经济繁荣期，政府主导的投资会放慢增长速度，这会放缓银行信贷增速；在经济衰退期，为了促进经济复苏，政府会鼓励进行大量的基础设施投资或以一些大的投资项目保障经济增速，这会增加对商业银行信贷的需求，促进信贷投放规模的扩张。正如在2008年国际金融危机后，中国的4万亿元投资在商业银行信贷的支持下，避免了经济进一步探底。可见，中国商业银行的国有股权使得政府对商业银行的信贷投放有较强的干预能力。宏观调控政策与逆周期的金融监管措施则会进一步抑制商业银行信贷投放的顺周期性，甚至使其呈现逆周期的特征。

第三节　国有商业银行与其他银行信贷增速逆周期性数据对比

商业银行的信贷业务是指贷款业务，即商业银行作为债权人向贷款人提供其需要的资金。"信贷增速"就是"贷款增速"。信贷周期性是商业银行信贷行为与宏观经济周期的同步性即正负反馈机制，若是正反馈机制即为顺周期，负反馈机制则为逆周期。本节将对中国商业银行的信贷余额、信贷增速与宏观经济增速波动的数据进行描述性统计分析。

一　中国商业银行的信贷行为

(一) 中国商业银行信贷总额的趋势分析

从图2-1所示的2005—2018年中国商业银行人民币贷款余额趋势可以看出，金融机构人民币贷款余额呈现单边上升趋势，14年增长了近6倍，平均年增长速度为14.53%。具体来看，2006年相比2005年贷款增速快速提升，中国紧缩性的货币政策与逆周期措施抑制了2007—2008年的贷款余额增速快速提升的趋势，而国际金融危机爆发后为促进经济复苏的"四万亿计划"推动2009年贷款增速显著提高。2009年的信贷增速几乎是2008年的贷款增速的两倍，也是样本期内贷款增长率的年平均水平的两倍。在2010年贷款增速开始下降，到2011年时大致下降到危机前时水平，此后至2018年贷款余额增长率的变化幅度不是很明显。可见，中国商业银行2009年的贷款增速最快，其源于为应对2008年国际金融危机而采取的"四万亿计划"刺激政策及宽松的货币政策。而在整个样本期内，中国商业银行的信贷总体扩张的原因在于扩张信贷可增加利润，在存贷利差不断收窄以及利率市场化的背景下，商业银行也会倾向扩张信贷规模以在同业竞争中取得领先优势地位。中国以投资拉动经济增长的方式导致了高投资与高信贷，而为应对金融危机的宽松货币政策进一步激发了信贷扩张行为（潘敏等，2011）。

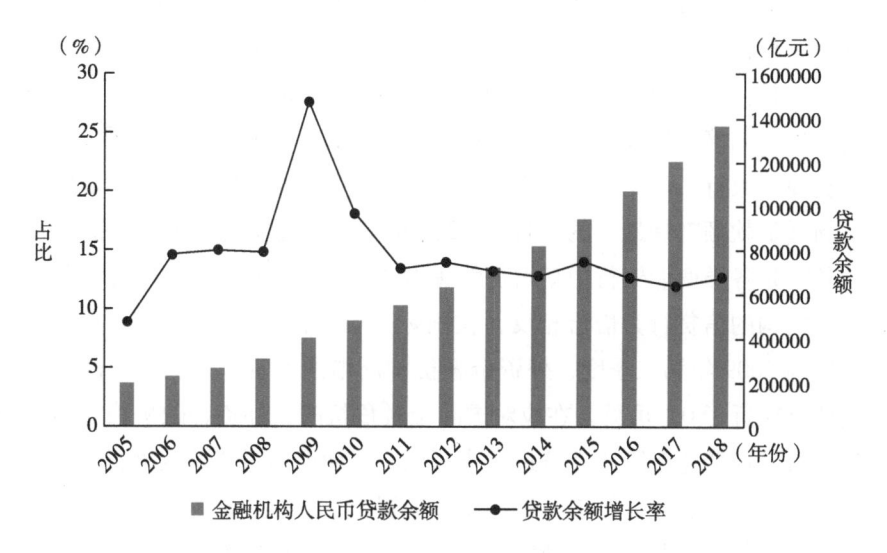

图 2-1　2005—2018 年中国金融机构人民币贷款余额趋势

资料来源：Wind 数据库和国家统计局网站。

（二）国有商业银行在应对危机的逆周期信贷扩张中的主体作用

从上述分析可以看出中国商业银行信贷增速在次贷危机期间有显著的增加。而对 2008 年国际金融危机，中国政府迅速应对，不仅迅速将之前紧缩性的货币政策转向稳健的货币政策，还采取了结构性减税、扶持十大行业等"四万亿计划"救市政策以缓解金融危机对中国经济的冲击。在"四万亿计划"刺激政策与宽松货币政策的支持下，中国商业银行的信贷资金投放大规模扩张。在 2008 年第四季度及 2009 年四个季度期间，中国银行业金融机构的新增人民币贷款超过了 10 万亿元。尤其是在 2009 年第一季度，仅一个季度新增贷款就超过了 4 万亿元。[①] 新增贷款不仅有效支持了中央政府提出的"四万亿计划"，且绝大部分投入了基础设施领域。可见为了应对此次国际金融危机，中国国有商

---

① 数据和政策依据源于 2008 年和 2009 年的《中国货币政策执行报告》。

业银行超常的信贷扩张行为已经体现了其逆周期的作用，中国商业银行发挥了部门准财政的作用。

在积极扩张信贷以避免经济进一步探底的过程中，各类商业银行信贷逆周期性也有细微差异。2008—2009年中国不同类型金融机构分季度新增贷款情况如图2-2所示，除外资金融机构外其他各类商业银行的新增贷款额自2008年第四季度开始均有所增加，并在2009年第一季度实现了翻倍的增长，达到了新增贷款额的高峰，此后增速放缓。对比各类商业银行，可见五大国有商业银行在2008—2009年的每一个季度的新增贷款额都是最高的，且在2009年第一季度实现了近5倍的环比增长，是各类商业银行中新增贷款额增速最快的银行。与之相比，外资金融机构的信贷行为恰恰相反，在国际金融危机爆发后的2008年第四季度与2009年第二季度，外资金融机构新增的信贷额是负的，此后新增贷款额近于0。可见，在应对国际金融危机时，外资金融机构非但无法通过其信贷业务阻止经济进一步探底，反而会通过贷款收缩行为使经济衰退进一步恶化。第二是股份制商业银行，其为应对国际金融危机也有显著的信贷扩张行为，新增贷款额在各类银行中仅次于五大国有商业银行，2009年第一季度的信贷增速也实现了翻倍，环比增速超过了两倍；在2009年第二季度，股份制商业银行新增贷款额几乎与国有商业银行新增贷款额相近。第三是农村金融机构，其2009年第一季度至第三季度的新增贷款额中，2009年第一季度的环比增速超过了3倍。第四是政策性银行，其新增贷款在国际金融危机后也快速增加，但在2019年第一季度的增速显著小于除外资金融机构外的其他商业银行。第五是城市商业银行，其新增贷款额在2009年第一至第四季度中，2009年第一季度的环比增速也超过了两倍。由此可见，除外资金融机构外中国的商业银行都为应对国际金融危机采取了扩张性的信贷行为，通过信贷的逆周期性发挥了稳定经济的作用。其中，国有商业银行、股份商业制银行、农村金融机构的信贷扩张程度甚至超过了政策性银行。可见，除外资金融机构外，中国所有的商业银行在2009年第一季度就迅速地对国际金融危机做出了扩张信贷的反应，且国有商业银行的新增贷款额最大，国有商业银行的信贷成为应对危机而新增流动性的主体。

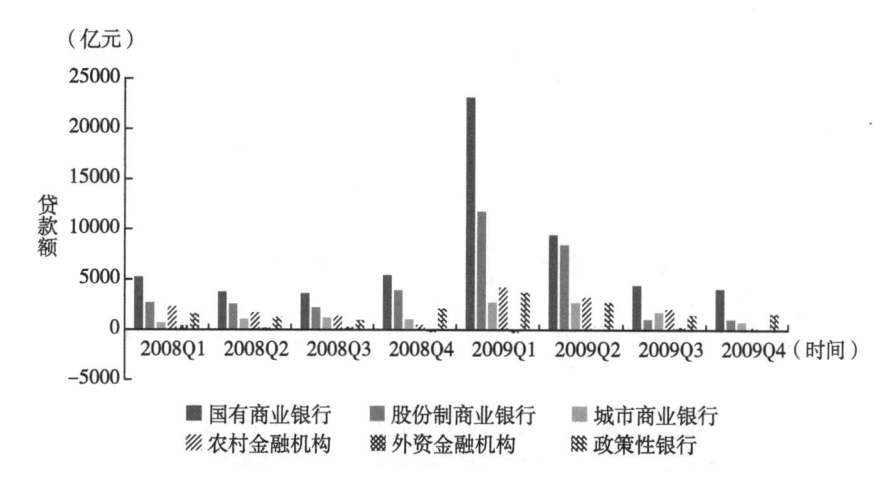

图 2-2　2008—2009 年中国不同类型金融机构分季度新增贷款情况
资料来源：Wind 数据库和国家统计局网站。

　　进一步分析 2008—2009 年中国不同类型金融机构分季度新增贷款占比情况。如图 2-3 所示，国有商业银行的新增贷款占整个银行业金融机构新增贷款的比例最高，信贷扩张的幅度最大，可见其在国际金融危机期间的新增信贷投放中发挥了主渠道作用。在 2009 年的第一季度和第四季度，五大国有商业银行的新增贷款占比都超过了 50%，其他季度也在 40% 上下，可见其信贷投放在金融危机期间具有最强的逆周期性，甚至可以说国有商业银行在应对危机的冲击而采取的信贷扩张中起到了主导作用。股份制商业银行亦在国际金融危机后扩张了信贷，在 2008 年第四季度和 2009 年第二季度，股份制商业银行新增贷款占比超过 30%，而且在 2009 年第二季度的新增贷款占比与国有商业银行几乎一致，但在 2009 年第三季度的新增贷款占比下降到了 10% 左右。可见，股份制商业银行在应对危机冲击时也通过信贷扩张发挥了稳定器的作用，助力了经济复苏。城市商业银行和政策性银行在危机期间的新增贷款占比较小，在 10%—20% 波动。农村金融机构的新增贷款占比则在 0—20% 波动。外资金融机构新增贷款占比最低，甚至在 2008 年第四季度至 2009 年第二季度，连续三个季度出现了负增长的情况，可见在国际金融危机爆发时外资金融机构的信贷收缩效应显著，外资金融机构的信贷投放行为在金融危机时期大致上是顺周期的。

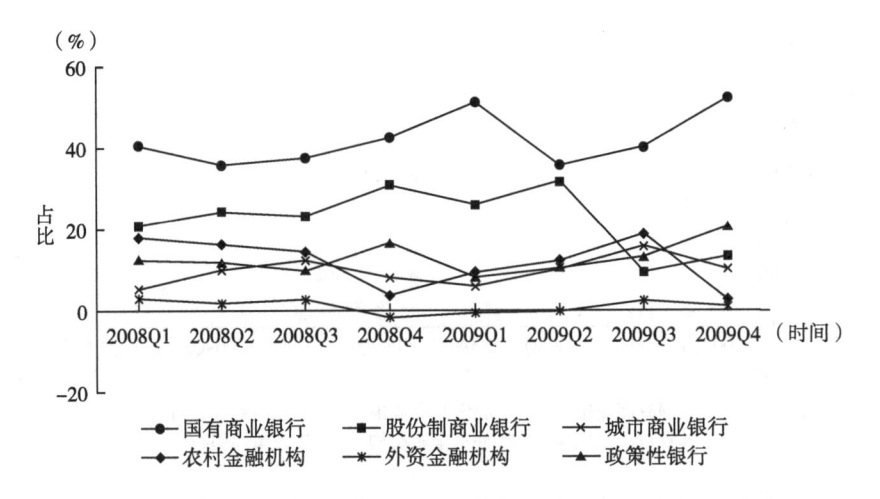

图 2-3 2008—2009 年中国不同类型金融机构分季度新增贷款占比情况
资料来源：Wind 数据库和国家统计局网站。

二 国有商业银行资产规模的趋势分析

商业银行的资产在一定程度上代表了其在银行业体系中的地位。由于贷款额是商业银行资产的重要部分，资产额在一定程度上反映了银行的业务扩张能力。伴随着商业银行逆周期的信贷扩张行为，中国银行业的资产规模在国际金融危机后大幅扩张。中国商业银行的资产总额在 2016 年突破了 200 万亿元大关，截至 2018 年底资产总额达到了 268 万亿元，是 2005 年资产总额的 7 倍多。中国银行业金融机构资产份额如图 2-4 所示，虽然国有商业银行的占比呈下降趋势，从 2005 年的 52.50%下降至 2018 年的 36.67%，但仍然是各类银行中资产规模占比最大的类型。其次是股份制商业银行的资产占比，但其占比呈增加趋势。特别需要强调的是在 2009 年，国有商业银行新增信贷的占比快速增加，但从资产规模占比看，与 2008 年相比无显著变化。这表明国有商业银行是通过提高贷款占资产的比例，即扩张贷款从而扩张资产以支持实体经济复苏的。

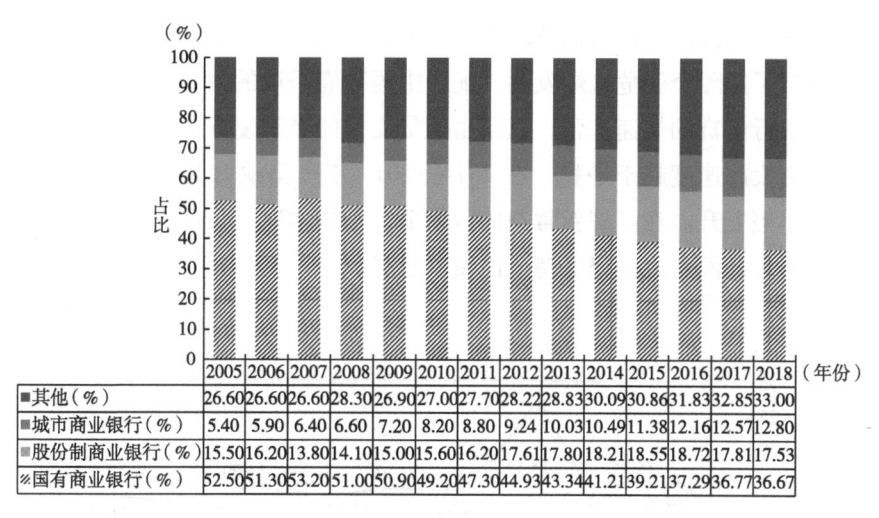

(年份)	2005	2006	2007	2008	2009	2010	2011	2012	2013	2014	2015	2016	2017	2018
■其他（%）	26.60	26.60	26.60	28.30	26.90	27.00	27.70	28.22	28.83	30.09	30.86	31.83	32.85	33.00
■城市商业银行（%）	5.40	5.90	6.40	6.60	7.20	8.20	8.80	9.24	10.03	10.49	11.38	12.16	12.57	12.80
▨股份制商业银行（%）	15.50	16.20	13.80	14.10	15.00	15.60	16.20	17.61	17.80	18.21	18.55	18.72	17.81	17.53
▨国有商业银行（%）	52.50	51.30	53.20	51.00	50.90	49.20	47.30	44.93	43.34	41.21	39.21	37.29	36.77	36.67

图 2-4　中国银行业金融机构资产份额

资料来源：Wind 数据库和国家统计局网站。

三　中国商业银行信贷增速与宏观经济波动的对比分析

（一）总的商业银行信贷增速与宏观经济波动对比分析

从上述描述性统计可知，与国际金融危机爆发后美国等国出现的商业银行惜贷不同，中国的商业银行在积极地扩张信贷规模。通过将商业银行贷款增速与宏观经济波动的趋势进行对比分析，可以更清楚地判断商业银行贷款的周期性。以金融机构各项贷款年末余额的对数增长率（$loan$）代表信贷增速，以产出缺口（GAP）即通过 HP 滤波法去除名义产出趋势性成分得到的周期性成分来衡量宏观经济波动①。图 2-5 给出了 2005—2018 年中国金融机构贷款增速的变动与宏观经济波动的趋势对比。可以看出，商业银行信贷增速与宏观经济波动之间总体上呈现反向变动关系，表明商业银行信贷投放具有逆周期性。且这种逆周期性在 2008 年国际金融危机后特别显著。在 2009 年中国 GAP 达到了峰谷，在 2010—2011 年形成了经济的正"V"形反转。而 $Dloan$ 在 2008—2011 年呈倒"V"形，在 2009 年达到了峰顶。可见，在国际金融危机

---

① 估计产出缺口的方法主要有状态性分解方法（如 HP 滤波法）、结构性方法（如生产函数法）及混合型方法（如 SVAR 法），因为状态性分解方法的操作方法更简便，所以被广泛使用，本节使用 HP 滤波法得到产出缺口。

冲击下，中国商业银行信贷增速与宏观经济波动呈现大幅反向背离。这正契合了国际金融危机爆发后，配合中国政府采取的系列政策而形成的商业银行信贷的快速扩张，以及由信贷支持的经济复苏。随后商业银行的信贷投放速度趋于平稳，在2014—2017年产出缺口为负时，信贷增速有小幅上升。在经济新常态的背景下，信贷增速与经济产出缺口的波动都不大，两者之间仍保持反向发展趋势。

(年份)	2005	2006	2007	2008	2009	2010	2011	2012	2013	2014	2015	2016	2017	2018
Loan	8.85	14.62	14.95	14.79	27.56	18.14	13.41	13.94	13.22	12.75	14.00	12.63	11.95	12.62
GAP	-1.55	-2.36	1.91	2.81	-3.29	0.64	3.20	1.58	1.14	0.04	-1.53	-2.14	-0.17	0.61

——贷款增速（Loan）　　·····产出缺口（GAP）

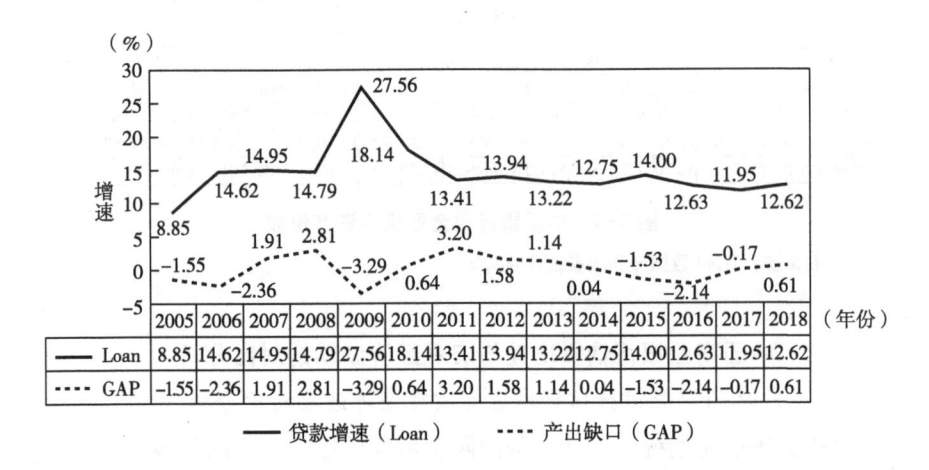

图 2-5　2005—2018年中国金融机构贷款增速的变动与宏观经济波动

资料来源：中国人民银行网站和国家统计局网站。

（二）各类商业银行信贷增速与宏观经济波动对比分析

将金融机构进一步分解为国有商业银行、股份制商业银行和城市商业银行，形成国有商业银行（*State*）、股份制商业银行（*Stock*）和城市商业银行（*City*）三个分样本年度贷款增速的均值。如图2-6所示，国有商业银行、股份制商业银行和城市商业银行的信贷增速变化趋势均与金融机构贷款增速的变化趋势大致相同，然而不同类型商业银行的贷款增速的大小存在差异。在2010年之前，股份制商业银行的贷款增速最高，城市商业银行次之；在2010年之后，城市商业银行的贷款增速超过了股份制商业银行。国有商业银行的贷款增速，低于股份制商业银行和城市商业银行。三类银行在2009年均经历了贷款增速的大幅提升。

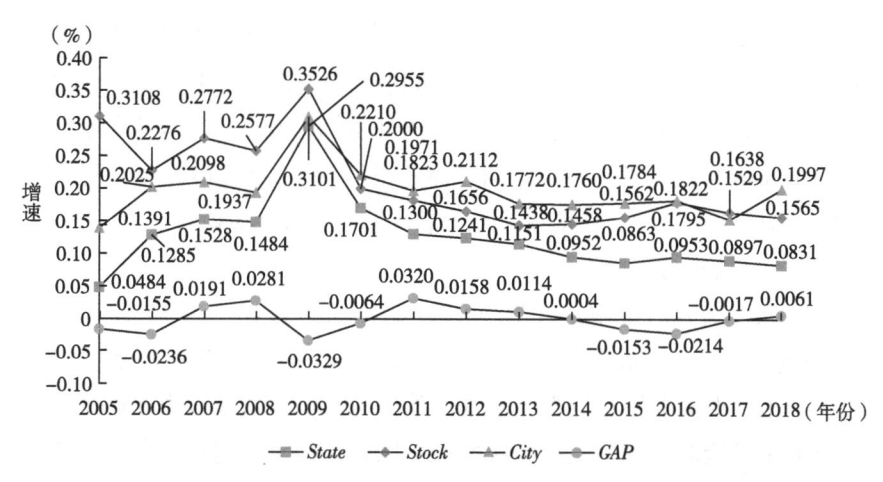

图 2-6　2005—2018 年中国不同类型商业银行贷款增速的变动与宏观经济波动
资料来源：Wind 数据库和国家统计局网站。

第四节　国有商业银行信贷增速逆周期性的实证研究

一　模型、变量与数据

（一）静态面板模型

考虑要对比分析国有商业银行信贷增速逆周期性与其他类型商业银行信贷增速逆周期性的差异，因此将不同类型的银行作为样本。考虑到国有商业银行只有 5 家，样本较少，不适于动态系统 GMM 估计方法，GMM 模型适用于大样本特别是大截面的面板数据。参考王倩和赵铮（2018）的做法，对三类银行的回归分析均采用静态面板模型，再根据 Hausman 检验结果选择固定效应或者随机效应模型。静态面板模型如下：

$$Loan_{i,t} = \beta_0 + \beta_1 GAP_t + \sum_{j}^{n} \beta_j Control_{i,t} + \varepsilon_{i,t} \qquad (2-1)$$

式中：i 为银行；t 为时间（年）；因变量 $Loan_{i,t}$ 为银行 i 在 t 年的贷款增速；自变量 GAP_t 为该年的产出缺口，即宏观经济波动；$Control$ 为控制变量，是影响银行信贷行为的 5 个特征变量。控制变量分别是银行资产（$Asset_{i,t}$），用银行 i 在 t 年总资产的自然对数代表；不良贷款率（$Npl_{i,t}$），即银行 i 在 t 年的不良贷款占总贷款额的比率；资本充足率

（$Car_{i,t}$），即银行 i 在 t 年的资本总额对其风险加权资产的比率；净资产收益率（$Roe_{i,t}$），即银行 i 在 t 年的净利润与净资产的比。流动性比率（$Liq_{i,t}$），即银行 i 在 t 年流动资产与流动负债的比。$\varepsilon_{i,t}$ 为误差项。根据 Hausman 检验结果，对 5 家国有商业银行及 31 家城市商业银行采用固定效应模型，对 11 家股份制商业银行采用随机效应模型。

（二）选择的变量

1. 因变量：信贷增速（Loan）

Loan 是银行年末贷款余额的对数增长率，即对本期商业银行贷款余额与上一期商业银行贷款余额的比值取对数。商业银行主要通过其信贷行为引导资源配置，支持经济发展。因此，信贷增速越大表明商业银行的信贷扩张越大，为经济发展提供的流动性越多。

2. 自变量：经济周期（GAP）

曾经学者多用 GDP 增长率代表经济周期。然而，GDP 增长率包含了趋势性，并不适用于衡量宏观经济增长相对于长期趋势的偏离。因此，学者开始采用 HP 滤波剥离 GDP 增长率的趋势项，用实际产出与潜在产出的差值，即产出缺口（GAP）代表产出的周期性成分（刘金全、范剑青，2001）。产出缺口如果为正数，则说明宏观经济处于上行期；如果为负数，则说明宏观经济处于下行期。

3. 控制变量

商业银行的信贷行为除受宏观经济周期影响外，更受其经营状况的影响，因此通过控制变量控制了商业银行的微观经营状况。

（1）总资产。以总资产的自然对数（Asset）反映商业银行的资产规模。Asset 大的银行，往往是系统重要性银行，存在"大而不能倒"的潜在可能性，面临更严格的监管规则。这使大银行的经营通常更稳健。且其资产规模大，信贷规模就大，较大的贷款基数让提高信贷增速需要的新增贷款额更多。因此，总资产与信贷增速呈负相关关系。

（2）不良贷款率。不良贷款率（Npl）是商业银行的不良贷款占贷款总规模的比率，通常不良贷款率越高商业银行的贷款质量越差、面临的风险越高。为控制风险，当不良贷款率较高时，商业银行就会加强贷款质量管理，提高贷款审核标准。这会降低贷款增速，因此不良贷款率与信贷增速呈负相关。

(3) 资本充足率。资本充足率（Car）是商业银行的资本与银行持有的风险资产之比，用于衡量商业银行以自身资本承担损失的能力。设定商业银行资本充足率的最低要求是各国金融监管的通用指标。商业银行的资本充足率较高时，用于承担损失的资本额也高，使信贷规模缩减。另外，商业银行的资本充足率较高表明其风险较低，充足的资本会支持商业银行扩大其信贷规模。因此，商业银行的资本充足率对信贷增速的影响可能是混合的，既可以是正也可以是负。

(4) 净资产收益率。净资产收益率（Roe）是商业银行的净利润与净资产之比，用于衡量商业银行的盈利能力。净资产收益率越高，商业银行的盈利能力越强，越有能力扩大信贷规模，信贷增速也会相应提高。但也有可能商业银行的高盈利源于中间业务而非信贷业务。中间业务不用商业银行的本金而是依托商业银行的专业能力与客户资源，因此风险低。盈利能力高的商业银行可能会通过降低信贷增速来降低风险。因此，商业银行的净资产收益率与信贷增速的关系既可能是正向的也可能是负向的。

(5) 流动性比率。流动性比率（Liq）是商业银行流动性资产与流动性负债之比，用于衡量商业银行的流动性水平。商业银行的流动性越高，其提供贷款的能力越强。因此，商业银行的净资产收益率与信贷增速呈正相关关系。相关变量的定义与参考来源如表 2-1 所示。

表 2-1　　　　　　　　　　变量的说明

变量标识	变量名称	定义	参考来源
$Loan$	贷款增速	ln（当期贷款余额/前一期贷款余额）	代军勋等（2009）、黄宪和熊启跃（2013）、辛兵海和陶江（2015）、王连军（2019）
$Asset$	总资产	ln（总资产）	黄宪和熊启跃（2013）、潘敏和张依茹（2013）、Albertazzi 和 Bottero（2014）、李嵩然和马德功（2015）
Npl	不良贷款率	不良贷款/总贷款	黄宪和熊启跃（2013）、李嵩然和马德功（2015）、刘辛元（2015）、魏巍等（2016）
Car	资本充足率	资本总额/风险加权资产	代军勋等（2009）、潘敏和张依茹（2013）、邓健和张玉新（2016）、魏巍等（2016）

续表

变量标识	变量名称	定义	参考来源
Roe	净资产收益率	净利润/净资产	刘辛元（2015）、熊启跃和曾刚（2015）
Liq	流动性比率	流动资产/流动负债	熊启跃和黄宪（2015）、潘敏等（2016）、邓健和张玉新（2016）、徐长生和艾希（2018）
GAP	产出缺口	GDP增速的HP滤波	张宗新和徐冰玉（2011）、黄宪和熊启跃（2013）、潘敏等（2017）、王倩和赵铮（2018）

（三）数据来源与筛选

基于数据的可得性以中国47家商业银行为研究样本，其中有5家大型国有商业银行、11家全国性股份制商业银行及31家城市商业银行，用于对比分析国有商业银行信贷行为周期性与其他商业银行的异同。样本期为2005—2018年，以2005年作为样本的开始期是因为该年启动了国有商业银行的股权改革，按照上市银行的方式公开相关数据。商业银行的微观数据来自Wind数据库，并从各家商业银行披露的年度报告中补充了Wind数据库缺失的部分数据。GDP增速的数据源于《中国统计年鉴》。

二 描述性统计

从表2-2所示的全样本及分样本主要变量的描述性统计可以看出，国有商业银行的信贷增速与其他类型的商业银行有较大的差异，样本期内信贷增速最小值-0.1197是工商银行在2005年的 $Loan$，最大值0.9600则是浙商银行在2009年的 $Loan$。从均值看，国有商业银行的 $Loan$ 仅为0.1263；股份制商业银行为0.2061；城市商业银行与股份制商业银行很相近，为0.2000。从 $Asset$ 的均值看，国有商业银行的 $Asset$ 为20.7489；股份制商业银行为18.7283；城市商业银行为16.5010。从 Npl 看，国有商业银行的 Npl 为0.0178；城市商业银行为0.0149；股份制商业银行为0.0138。从 Car 的均值看，国有商业银行的 Car 为0.1330；城市商业银行为0.1301；股份制商业银行为0.1110。从 Roe 的均值看，国有商业银行的 Roe 为0.1603；城市商业银行为0.1560；股份制商业银行为0.1542。

表 2-2　　　　　　　　　变量的描述性统计

样本	变量	变量含义	均值	标准差	最小值	最大值
国有商业银行	Loan	贷款增速	0.1263	0.0686	-0.1197	0.3986
	Asset	总资产的自然对数	20.7489	0.6787	18.7721	21.7421
	Npl	不良贷款率	0.0178	0.0090	0.0085	0.0469
	Car	资本充足率	0.1330	0.0140	0.0989	0.1719
	Roe	净资产收益率	0.1603	0.0305	0.1053	0.2179
股份制商业银行	Loan	贷款增速	0.2061	0.1290	0.0862	0.9600
	Asset	总资产的自然对数	18.7283	1.1525	14.5970	20.3296
	Npl	不良贷款率	0.0138	0.0119	0	0.0933
	Car	资本充足率	0.1110	0.0223	0.0370	0.2703
	Roe	净资产收益率	0.1542	0.0463	0.0094	0.3003
城市商业银行	Loan	贷款增速	0.2000	0.0918	-0.0756	0.6655
	Asset	总资产的自然对数	16.5010	1.1933	13.6674	19.3657
	Npl	不良贷款率	0.0149	0.0158	0.0012	0.1980
	Car	资本充足率	0.1301	0.0236	0.0711	0.3067
	Roe	净资产收益率	0.1560	0.0574	0.0372	0.3695

三　平稳性检验

实证中用到的商业银行微观数据为非平衡面板数据，因此采用 IPS 检验数据的平稳性。通过 HP 滤波获得的产出缺口选用 ADF 检验法。表 2-3 所示的平稳性检验结果表明，国有商业银行、股份制商业银行和城市商业银行的各个样本的所有变量都拒绝了原假设，即所有变量都是平稳的。

表 2-3　　　　　　　　　各变量平稳性检验结果

样本	变量名称	统计量	P 值
国有商业银行	Loan	-3.6946*** (Z-t-tilde-bar)	0.0001
	Asset	-3.9596*** (Z-t-tilde-bar)	0
	Npl	-2.7558*** (Z-t-tilde-bar)	0.0029
	Car	-3.9224*** (Z-t-tilde-bar)	0
	Roe	-1.6558** (Z-t-tilde-bar)	0.0489
	GAP	-4.4320*** (ADF)	0.0008

续表

样本	变量名称	统计量	P 值
股份制商业银行	Loan	-5.3296*** (Z-t-tilde-bar)	0
	Asset	-2.1663** (Z-t-tilde-bar)	0.0151
	Npl	-4.1992*** (Z-t-tilde-bar)	0
	Car	-4.4197*** (Z-t-tilde-bar)	0
	Roe	-3.1989*** (Z-t-tilde-bar)	0.0007
	GAP	-4.4320*** (ADF)	0.0008
城市商业银行	Loan	-5.0484*** (Z-t-tilde-bar)	0
	Asset	-2.2951** (Z-t-tilde-bar)	0.0109
	Npl	-5.8231*** (Z-t-tilde-bar)	0
	Car	-6.1501*** (Z-t-tilde-bar)	0
	Roe	-5.2380*** (Z-t-tilde-bar)	0
	GAP	-4.4320*** (ADF)	0.0008

注：Z-t-tilde-bar 表示 IPS 平稳性检验的统计量，ADF 表示 ADF 检验的统计量。*、**、*** 分别代表在 10%、5%、1% 的水平上显著；下同。

四 实证结果分析

表 2-4 给出了各类商业银行进行回归的结果。从全样本商业银行的回归结果可以看出，GAP 对 Loan 的系数显著为负，说明两者之间呈显著的负向相关关系。这表明，中国商业银行信贷增速整体上有显著的逆周期特征。模型（3）的实证结果表明，国有商业银行的 GAP 对 Loan 的系数为-1.6778 且在 1% 的水平上显著。模型（4）和模型（5）的实证结果表明，股份制商业银行与城市商业银行的 GAP 对 Loan 的系数分别为-1.3590 和-0.7784，且均在 1% 的水平上显著。这表明三类银行的信贷行为均存在着逆周期性，且国有商业银行的逆周期性显著高于股份制商业银行与城市商业银行。这进一步证明了国有商业银行在中国商业银行通过信贷逆周期熨平经济波动、助力宏观经济平稳发展中发挥了主导作用。

表 2-4 不同类型商业银行信贷增速周期性的回归结果

变量	全样本商业银行		国有商业银行	股份制商业银行	城市商业银行
	模型（1）	模型（2）	模型（3）	模型（4）	模型（5）
GAP	-0.7560***	-0.8254***	-1.6778***	-1.3590***	-0.7784***
	(-4.05)	(-5.22)	(-5.33)	(-3.78)	(-3.47)
Asset		-0.0529***	-0.1243*	-0.0843***	-0.0353***
		(-5.27)	(-2.51)	(-11.93)	(-4.60)
Npl		-1.3979**	-6.1593**	-1.7947**	-0.8516*
		(-2.34)	(-2.04)	(-2.46)	(-1.79)
Car		0.1316	0.9346	1.3836**	0.0747
		(0.44)	(0.90)	(2.50)	(0.35)
Roe		-0.4405**	0.4638	-0.3516	-0.2992**
		(-2.58)	(0.64)	(-1.31)	(-2.44)
Constant	0.1938***	1.1949***	2.6148*	1.7097***	0.8331***
	(942.88)	(6.29)	(2.21)	(11.92)	(5.83)
R-squared	0.0291	0.2530	0.5435	0.5835	0.1402
个体效应	是	是	是	是	是
时间效应	否	否	否	否	否
样本量	583	583	66	148	369
银行数（个）	47	47	5	11	31

注：变量系数下括号中的值为 t 值，标准误差经过了银行层面的聚类调整。

从控制变量看，Asset 对 Loan 的系数在模型（3）、模型（4）和模型（5）中都显著为负。国有商业银行 Asset 对 Loan 的系数为 -0.1243，股份制商业银行为 -0.0843，城市商业银行为 -0.0353。这表明资产规模越大的银行信贷增速度越低。国有商业银行的资产规模对信贷规模的负面影响最大，股份制商业银行次之，城市商业银行最低，这也正与三类银行资产规模的排序相同。

Npl 对 Loan 的系数在三类商业银行的回归模型中均显著为负。国有商业银行 Npl 对 Loan 的系数是 -6.1593，股份制商业银行为 -1.7947，城市商业银行 -0.8516。这表明不良贷款率高会降低信贷增速。不良贷款率抑制信贷增速的作用，在国有商业银行最大，股份制商业银行次之，城市商业银行最低。再考虑到国有商业银行的不良贷款率最高，这表明国有商业银行较高的不良贷款率会降低其信贷增速。

Car 对 Loan 的系数在三类商业银行的回归模型中虽然都是正数,但仅在股份制商业银行的回归中是显著的,在国有商业银行与城市商业银行的回归中则不显著。这表明只有股份制商业银行的资本充足率提高会提高贷款增速。这可能是因为股份制商业银行有更多补充资本的渠道,而更多的资本会促进其扩大信贷规模。描述性统计表明,股份制商业银行的平均资本充足率水平低于国有商业银行及城市商业银行。这也从另一侧面表明,股份制商业银行未保留过多的资本用于防范风险,增加的资本用于扩大了信贷。

Roe 对 Loan 的系数在三类商业银行的回归模型中仅在城市商业银行的回归中是显著的,且显著为负。这表明只有城市商业银行的净资产收益率的提高会降低贷款增速。而国有商业银行的盈利能力与其信贷增速间无相关性。这进一步说明,国有商业银行偏重在政策导向下投放贷款,而不受其盈利能力的影响。

五 稳健性检验

为确保研究结论的稳健性,借鉴邓健和张玉新(2016)的方法,以工业总产值的产出缺口($IGAP$)替代 GDP 产出缺口(GAP)作为经济周期的代理变量,对所有的模型进行稳健性检验。稳健性检验结果如表 2-5 所示。

表 2-5　不同类型商业银行信贷增速周期性特征的稳健性检验

变量	全样本商业银行		国有商业银行	股份制商业银行	城市商业银行
	模型(6)	模型(7)	模型(8)	模型(9)	模型(10)
$IGAP$	-0.4642*** (-4.20)	-0.4875*** (-5.06)	-1.0158*** (-6.79)	-0.9353*** (-4.03)	-0.4029*** (-3.09)
$Asset$		-0.0526*** (-5.26)	-0.1345* (-2.69)	-0.0847*** (-12.54)	-0.0346*** (-4.46)
Npl		-1.4149** (-2.37)	-6.7263* (-2.28)	-1.7876** (-2.43)	-0.8833* (-1.85)
Car		0.1074 (0.35)	0.8326 (0.92)	1.3758*** (2.65)	0.0449 (0.20)

续表

变量	全样本商业银行		国有商业银行	股份制商业银行	城市商业银行
	模型（6）	模型（7）	模型（8）	模型（9）	模型（10）
Roe		-0.4542*** (-2.70)	0.2345 (0.35)	-0.3588 (-1.39)	-0.3137** (-2.57)
Constant	0.1936*** (7.02)	1.1954*** (6.30)	2.8889* (2.45)	1.7197*** (12.21)	0.8271*** (5.69)
R-squared	0.0297	0.2521	0.5498	0.5981	0.1328
个体效应	是	是	是	是	是
时间效应	否	否	否	否	否
样本量	583	583	66	148	369
银行数（个）	47	47	5	11	31

注：变量系数下括号中的值为 t 值，标准误差经过了银行层面的聚类调整。

表2-5的回归结果表明，在各类分样本中，自变量对因变量的回归系数的显著性与符号和表2-4相同，表明研究结论是稳健的。例如，IGAP 与三类商业银行的 Loan 的系数分别是-1.0158、-0.9353、-0.4029，且均在1%的水平上显著。进一步印证了，国有商业银行的信贷逆周期性显著高于股份制商业银行和城市商业银行。可见，国有商业银行逆周期性信贷行为不仅有助于降低 GDP 增速的波动，也有助于降低工业增加值的波动，且国有商业银行的作用显著大于股份制商业银行和城市商业银行。这进一步证实，国有商业银行通过逆周期的信贷行为服务中国经济，特别是实体经济的发展，并在中国商业银行的逆周期信贷行为中发挥了主导作用。

从控制变量看，Asset 对 Loan 的系数在模型（8）、模型（9）和模型（10）中都显著为负。国有商业银行 Asset 对 Loan 的系数为-0.1345，股份制商业银行为-0.0847，城市商业银行为-0.0346。这也印证了国有商业银行的资产规模对信贷规模的负面影响最大，股份制商业银行次之，城市商业银行最低。

Npl 对 Loan 的系数在三类商业银行的回归模型均显著为负。国有商业银行 Npl 对 Loan 的系数是-6.7263，股份制商业银行为-1.7876，城市商业银行为-0.8833。这也进一步印证了国有商业银行不良贷款率抑制信贷增速的作用最大,股份制商业银行次之,城市商业银行最低。

Car 对 $Loan$ 的系数在三类商业银行的回归模型中虽然都是正数,但仅在股份制商业银行的回归中是显著的,在国有商业银行与城市商业银行的回归中则不显著。这也印证了国有商业银行的资产充足率不影响其信贷增速,但股份制商业银行的资本充足率有助于提高其扩大信贷规模。国有商业银行作为系统重要性银行,其较高的资产充足率监管规则并不会影响其信贷增速。

Roe 对 $Loan$ 的系数仅在城市商业银行的回归中是显著的,且显著为负。这也进一步印证国有商业银行的盈利能力与其信贷增速间无相关性。可见,有关国有商业银行信贷行为的实证结果均是稳健的。

六 研究结论

中国以银行为主的金融体系使银行业信贷对经济发展具有重要作用,而国有商业银行又在银行体系中占据主导地位,因此国有商业银行通过信贷业务的逆周期性发挥了抑制宏观经济波动,以及促进中国经济稳定发展的作用。基于47家商业银行2005—2018年数据的面板模型,对比分析国有商业银行与其他商业银行信贷逆周期性,进一步证实国有商业银行信贷的逆周期性显著高于股份制商业银行和城市商业银行。实证结果也印证了国有商业银行较大的资产规模与较高的不良贷款率会抑制商业银行的信贷扩张,有助于促进其信贷行为的逆周期性。而国有商业银行作为系统重要性银行,因更高的资本充足率的监管措施及其自身的盈利能力,而对其信贷行为无影响。研究结论进一步证实了中国的经济稳定有赖于以国有商业银行为主体的银行体系。因此,重视国有商业银行并继续保持国有商业银行在银行体系的主导作用,使国有商业银行能落实国家政策是符合中国国情的。

为了加大商业银行信贷对实体经济的支持力度,特别是为了实现平缓经济周期波动的调控目标,无论是金融监管规则还是货币政策操作,都应该充分考虑商业银行信贷行为的逆周期性及各种不同类型商业银行信贷行为逆周期性的差异。一方面,继续通过逆周期性监管规则与货币政策操作支持和引导商业银行信贷行为的逆周期性;另一方面,应重视国有商业银行信贷逆周期性高于股份制商业银行与城市商业银行的现象,积极发挥国有商业银行信贷逆周期的主导作用。

第三章

商业银行杠杆行为的周期性与非线性

国有商业银行服务实体经济的稳健发展不仅体现在其信贷行为上，也体现在其杠杆行为上，因为经济与金融危机本身就是增杠杆和去杠杆的过程。故有必要关注商业银行杠杆的周期性，剖析其成因，并对比分析国有商业银行杠杆行为同期性与其他银行的差异。本章基于2003—2017年中证内地金融指数成分股的面板数据，采用固定效应模型分析了中国商业银行杠杆的顺周期性及形成机理。实证结果表明，中国商业银行杠杆倍数与经济波动呈显著正相关，商业银行有顺周期杠杆，且股份制商业银行和城市商业银行的顺周期性比国有商业银行更强。顺周期杠杆主要源于债权融资的顺周期性。国有商业银行主要通过传统同业业务（拆入资金和同业存放）调节杠杆，而新兴同业业务（卖出回购）对股份制商业银行和城商行的杠杆顺周期性贡献更大。研究表明，去杠杆的重点是股份制商业银行和城市商业银行，重心是控制同业业务，需加强对股份制商业银行和城市商业银行的逆周期杠杆率监管，并采取结构性的货币政策。在对比分析国有商业银行与其他商业银行逆周期杠杆行为的基础上，本章进一步分析了中国商业银行杠杆周期的非线性。

第一节 国有商业银行杠杆的周期及结构性特征

一 引言与文献回顾

金融机构在危机前后"加杠杆""去杠杆"的动态过程表明，金融杠杆的顺周期性不仅是金融体系脆弱性的源头，也是经济复苏的阻力（Repullo et al.，2011；Acharya et al.，2012）。基于对国际金融危机的反思，为缓解金融活动的顺周期性，《巴塞尔协议Ⅲ》将杠杆率列为监管指标。中国也于2011年确立了逆周期杠杆率监管框架。[①] 虽然近年来中国银行业的总杠杆率仍在审慎监管要求之内，但一些中小银行杠杆率增长过快，潜在风险不断累积（曾刚，2017）。隐性存保则扩大了资本充足银行的"顺周期"杠杆调整效应，增加了银行的风险水平（汪莉，2017）。因此，刻画中国不同类型银行的杠杆顺周期性，以结构化的视角明确银行杠杆顺周期的形成机理，有助于缓解宏观经济波动，同时也是减少金融体系脆弱性，守住不发生系统性金融危机底线的重要问题。

商业银行杠杆有顺周期性在学术界基本成为普遍共识。Adrian 和 Shin（2010）、Kalemli-Ozcan 等（2012）证实了美国投资银行及其大型商业银行的杠杆均存在顺周期行为，Baglioni 等（2013）、Giordana（2013）对欧洲商业银行的研究也得出了杠杆顺周期的结论。Binici 和 Köksal（2012）详细阐述了土耳其的银行杠杆顺周期行为。Geanakoplos（2010）建立了拓展至抵押品市场的一般均衡模型，指出市场均衡状态会同时决定资产价格与杠杆水平。Adrian 和 Shin（2010）利用1997—2008年美国主要投资银行的数据，发现金融机构的资产增速与杠杆率增速高度正相关，而宏观经济波动又能解释大部分资产增速的变化。因此，杠杆率的顺周期取决于资产价格的顺周期，顺周期性的强弱主要与资产暴露于市场风险的比例有关。Adrian 和 Shin（2013）强调了金融机构主动调节资产负债表的影响，金融机构通过计算风险价值规避违约风险，就会导致杠杆率与宏观经济周期的同步升降。Baglioni 等（2013）的研究则拓展了 Bernanke 等（1999）提出的金融加速器模型，指出杠杆率上升会产生对资产的更多需求，导致资产价格上升，但资产价格的上升会导致抵押品价格上升，金融机构可以增加杠杆，发行更多的债务，产生杠杆周期。Levy 和 Hennessy（2007）构建了纳入不对称

---

① 2010年颁布的《巴塞尔协议Ⅲ》要求银行的杠杆率不得低于3%（约33倍的杠杆倍数）以缓解资本充足率的顺周期性。2011年，银监会发布了《商业银行杠杆率管理办法》，要求商业银行的核心一级资本充足率均不得低于4%（杠杆倍数须在25倍以下）。

信息的逆向选择模型，从融资模式随经济波动变化的角度解释杠杆率的顺周期变化。Damar等（2013）发现加拿大依赖批发融资的金融机构，其杠杆顺周期程度更大，且回购、银行承兑票据和商业票据市场流动性增强时，杠杆的顺周期性也有所增强。Dewally和Shao（2013）基于49个国家的金融机构的资产负债表发现，金融机构杠杆的顺周期程度均与批发融资显著正相关。

国内的研究主要集中证实中国银行的杠杆率存在顺周期性。王飞等（2013）指出，中国商业银行有杠杆顺周期行为，且上市银行的顺周期性更明显。李泽广和杨钦（2013）证实商业银行的杠杆顺周期性高于非银行类金融机构。项后军等（2015）指出，中国商业银行杠杆存在顺周期性，且与流动性呈反方向变化，贷款占比对杠杆的顺周期性有正向激励，而存款占比有负向激励。方先明等（2017）证实中国信贷型影子银行存在顺周期行为且顺周期行为具有时滞性和时变性。可见，现有文献缺乏对中国商业银行杠杆顺周期形成机理的研究，均未能对不同类型银行融资行为的顺周期性进行考察。虽然已有国外学者尝试从融资角度对银行杠杆周期的形成机制作出解释，但中国国有商业银行占主导的市场结构无法反映中国不同类型商业银行差异化的融资行为及杠杆周期驱动因素。

本章考察了中国三大类银行——国有商业银行、股份制商业银行和城市商业银行在2003—2017年杠杆与经济波动的关系。研究发现总体上中国商业银行的杠杆倍数与经济波动呈显著正相关，股份制商业银行和城市商业银行杠杆的顺周期性强于国有商业银行。在经济波动中，商业银行会同向增减债权融资和权益融资，但是债权融资对宏观经济波动的敏感性更强。积极的债权融资是导致杠杆顺周期的主因。不同类型银行的同业融资结构及其顺周期性差异较大。国有商业银行主要通过拆入资金和同业存放等传统同业业务调整杠杆，而股份制商业银行和城市商业银行更偏向卖出回购等新兴同业业务。相较于已有文献，本章的"边际贡献"可能体现在：一是基于国有商业银行、股份制商业银行和城市商业银行的数据对不同类型银行杠杆率的顺周期性进行检验，有助于弥补现有文献的不足；二是从差异化的融资方式，剖析不同类型银行杠杆顺周期的驱动机制，有助于我们加深对问题的理解。此外，考虑到近年来中国经济的高杠杆问题和对金融机构"去杠杆"的讨论，本章的研究结果也对宏观审慎管理与风险防控有一定帮助。

二 杠杆周期性的实证分析

（一）模型、变量和数据

为了检验经济波动对银行杠杆的影响，构建实证模型如下：

$$lev_{it} = \alpha_0 + \alpha_1 gdpgc_{it} + \sum_{j=2}^{T} \alpha_j control_{it}^{j} + v_i + \varepsilon_{it} \tag{3-1}$$

式中：i、t 分别为银行、时间（季度）；被解释变量 lev 为银行杠杆；解释变量 $gdpgc$ 为名义 GDP 增速中的周期部分；控制变量 $control$ 包括宏观和微观两个层面，宏观变量为广义货币增速（M_2）和消费物价指数（CPI），微观层面包括反映银行盈利状况的净息差（NIM）、反映银行风险水平的不良贷款比率（$subprime$）、反映银行成长机会的主营业务增速（$growth$）和反映银行流动性的贷存比（lts）；v_i 为固定效应；ε_{it} 为随机扰动项。

本章所有变量的数据均来自 Wind 数据库中相关银行的年度财务报表和中国宏观经济数据库。为了减小极端值对估计结果稳健性的影响，都进行了 1% 的 Winsorize 处理。由于银行上市时间不同，本章选择了 20 家中证内地金融成分股上市商业银行 2003—2017 年的非平衡面板数据作为研究样本，其中包括 5 家国有商业银行、8 家股份制商业银行和 7 家城市商业银行[①]。变量详细的计算方法如表 3-1 所示。表 3-2 给出了各变量的基本统计描述。

表 3-1　　　　　　　　　本章各变量的符号与含义

类型	符号	变量	具体说明
被解释变量	lev	杠杆倍数	以杠杆倍数表示，即商业银行持有资产相对于权益（自有资本）的倍数。该指标越大，表示银行杠杆越高

---

① 根据中证内地金融指数，中证内地金融成分股上市商业银行包括：5 家国有商业银行，分别为中国银行、工商银行、交通银行、建设银行、农业银行；8 家股份制商业银行，分别为平安银行（原深圳发展银行）、浦发银行、民生银行、招商银行、华夏银行、兴业银行、中信银行、光大银行；7 家城市商业银行，分别为南京银行、宁波银行、北京银行、江苏银行、贵阳银行、杭州银行、上海银行。

续表

类型	符号	变量	具体说明
核心解释变量	$gdpgc$	经济波动	以 HP 滤波方法得到名义产出周期成分，衡量经济波动。该指标越高，表示宏观经济形势越好
宏观控制变量	M_2	货币政策	以名义广义货币增速表示，衡量货币政策环境。该指标越高，表明货币政策越宽松
宏观控制变量	CPI	通货膨胀	以消费物价指数表示，衡量通胀水平。该指标越高，表明通胀水平越高
微观控制变量	NIM	收益性	以净息差表示，衡量银行生息资产的收益率。该指标越高，表明银行的收益性越好
微观控制变量	$subprime$	风险性	以不良贷款占总贷款余额的比重表示，衡量银行的风险程度。该指标越大，表明银行面临的风险性越高
微观控制变量	$growth$	成长性	以主营业务收入增速表示，衡量银行的成长能力。该指标越高，表明银行成长性越强
微观控制变量	lts	流动性	以贷存比表示，衡量银行的流动性。该指标越高，表明银行的流动性越紧张

表 3-2　　　　　　　　主要变量统计性表述　　　　　　单位:%、倍

样本	符号	变量	均值	标准差	最小值	最大值
全部银行	lev	杠杆倍数	22.1349	9.0807	10.9427	65.0682
全部银行	$growth$	成长性	0.2019	0.1713	-0.2535	0.6494
全部银行	lts	流动性	0.6800	0.0840	0.4743	0.9203
全部银行	$subprime$	风险性	0.0229	0.0343	0.0038	0.2357
全部银行	NIM	收益性	0.0257	0.0044	0.0158	0.0405
国有商业银行	lev	杠杆倍数	18.2785	9.9112	10.9427	63.7985
国有商业银行	$growth$	成长性	0.1509	0.1235	-0.0562	0.5441
国有商业银行	lts	流动性	0.6616	0.0742	0.4950	0.9040
国有商业银行	$subprime$	风险性	0.0371	0.5742	0.0085	0.2357
国有商业银行	NIM	收益性	0.0249	0.0033	0.0158	0.0324
股份制商业银行	lev	杠杆倍数	22.6698	9.3012	11.8033	57.0505
股份制商业银行	$growth$	成长性	0.2047	0.1896	-0.2535	0.6494
股份制商业银行	lts	流动性	0.7310	0.0656	0.5891	0.9203
股份制商业银行	$subprime$	风险性	0.0191	0.0198	0.0038	0.1141
股份制商业银行	NIM	收益性	0.0250	0.0039	0.0158	0.0342

续表

样本	符号	变量	均值	标准差	最小值	最大值
城市商业银行	lev	杠杆倍数	24.5501	6.9517	12.2305	65.0682
	$growth$	成长性	0.2395	0.1716	-0.1798	0.6494
	lts	流动性	0.6278	0.0749	0.4743	0.7819
	$subprime$	风险性	0.0162	0.0153	0.0038	0.0981
	NIM	收益性	0.0274	0.0054	0.0170	0.0405

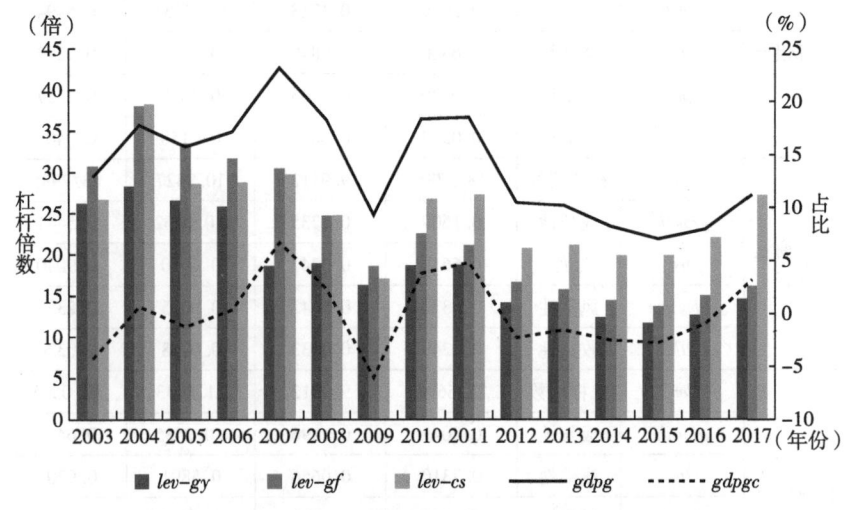

图3-1展示了2003—2017年国有商业银行、股份制商业银行和城市商业银行杠杆倍数在经济波动中的变化情况。$lev\text{-}gy$、$lev\text{-}gf$、$lev\text{-}cs$分别为国有商业银行、股份制商业银行和城市商业银行的权益倍数，$gdpg$和$gdpgc$为名义gdp增速和名义gdp增速中的周期成分。总体上，2003—2014年，三类银行杠杆率呈现整体下降趋势，2015年后逐渐回升。其中，国有商业银行的杠杆倍数相对稳定，但股份制商业银行和城市商业银行的杠杆波动幅度较大，呈现和宏观经济波动的高度同步性。在2008—2009年国际金融危机爆发时探底，在2010—2011年大幅上升（可能源于危机中的大规模刺激政策）。值得指出的是，2003—2009年，城市商业银行杠杆率略低于股份制商业银行，但2010年后城市商业银

图3-1　2003—2017年国有商业银行、股份制商业银行和城市商业银行杠杆倍数在经济波动中的变化情况

行杠杆率逐渐高于股份制商业银行。[①]

(二) 实证估计与结果分析

基于 Hausman 检验，选用固定效应模型。考虑到模型中已经包含了时序变量，故不再控制时间效应。表 3-3 给出了以杠杆倍数为被解释变量和以经济波动为核心解释变量的回归结果。模型（1）至模型（3）采用了总体样本，模型 1 中仅包含了核心解释变量，模型（2）至模型（3）则在基本回归的基础上，逐步加入了宏观层面和微观层面控制变量。模型（1）至模型（3）的回归结果表明，经济波动的系数在 1% 的置信水平下一直显著为正，表明经济波动对银行杠杆产生明显的正向效应，即中国商业银行杠杆总体上呈现顺周期特性，在经济景气时，商业银行会主动调节资产负债"加杠杆"，而在经济衰退时，商业银行的杠杆也随之下降。在逐步纳入多个控制因素的过程中，经济波动系数均显著为正，表明相关结论是稳定的。控制变量的系数表明，M_2 增速在 5% 的显著水平持续为正，这表明宽松的货币环境会激励商业银行"加杠杆"。这解释了中国大规模刺激政策后金融机构的高杠杆现象。subprime 的系数为正，且在 1% 的水平上显著，这意味着高杠杆带来了更高比例的不良贷款。而 NIM 的系数为负，lts 的系数为正，分别在 10% 的水平上显著。这表明流动性充裕的银行更偏好高杠杆，但此策略并不一定能获得高收益。

表 3-3　　　　　　　　经济波动对银行杠杆的影响

变量	全样本商业银行			国有商业银行	股份制商业银行	城市商业银行
	模型（1）	模型（2）	模型（3）	模型（4）	模型（5）	模型（6）
gdpgc	65.4916***	70.5044***	67.6354***	15.3347	76.8141**	112.1957***
	(5.77)	(3.95)	(4.34)	(1.27)	(3.37)	(5.65)
M_2		38.1906***	31.3081***	31.3294***	58.3061***	-4.7468
		(4.26)	(3.77)	(10.11)	(9.17)	(-0.48)
CPI		0.1270	0.5044	0.6953**	0.7684	-0.5618
		(0.50)	(1.65)	(3.31)	(1.58)	(-1.86)

① 本章的杠杆倍数是权益乘数，而《巴塞尔协议Ⅲ》中的杠杆率为一级资本比表内外总资产风险暴露。

续表

变量	全样本商业银行			国有商业银行	股份制商业银行	城市商业银行
	模型（1）	模型（2）	模型（3）	模型（4）	模型（5）	模型（6）
NIM			−339.8908* (−1.97)	−311.6278 (−2.02)	−529.4457* (−2.01)	3.6537 (0.05)
$subprime$			242.5840*** (5.78)	139.5336*** (4.74)	329.3008*** (4.16)	182.4400*** (5.80)
lts			15.8118* (−1.96)	2.8223 (0.62)	−21.2061** (−2.86)	18.3158* (−2.00)
$growth$			1.3783 (0.31)	8.5823 (1.74)	3.2412 (0.48)	−0.5759 (−0.17)
c	22.1508*** (8063.76)	2.9730 (0.11)	−20.8779 (−0.61)	−58.3825* (−2.70)	−43.7357 (−0.85)	90.7716** (2.94)
个体效应	是	是	是	是	是	是
时间效应	否	否	否	否	否	否
调整 R^2	0.0762	0.1184	0.5605	0.7587	0.6347	0.7176
样本数	275	275	248	65	106	77
银行数（个）	20	20	20	5	8	7

注：表中模型（1）至模型（3）为全样本估计结果，模型（4）至模型（6）分别为国有商业银行、股份制商业银行和城市商业银行的估计结果；括号内数值为纠正了异方差后的 t 统计量。*、**、***分别代表在10%、5%、1%的水平上显著；下同。

表3-3中的模型（4）至模型（5）是针对不同类型的银行样本进行回归的结果。模型（4）国有商业银行样本回归中，核心解释变量 $gdpgc$ 虽然仍为正数，但不显著，而在模型（5）至模型（6）股份制商业银行和城市商业银行样本回归中，$gdpgc$ 均至少在5%的水平上显著为正。这表明虽然国有商业银行也有顺周期杠杆，但其顺周期性弱于股份制商业银行和城市商业银行。这进一步印证了描述性统计和折线图反映的情况。控制变量的系数表明，M_2 的增加会显著（1%的显著性水平）增加国有商业银行和股份制商业银行的杠杆率，但城市商业银行杠杆率对货币供应的敏感性不高。这表明国有商业银行和大型股份制商业银行的流动性来源更多来自央行的货币投放。NIM 系数在模型（4）

至模型（5）中为负，模型（6）中为正，但仅在模型（5）中通过了10%的显著性检验。这意味着，城市商业银行高杠杆可能与更高收益能力相关，但此关系不显著。*subprime* 的系数为正，且在模型（4）至模型（6）中都高度显著（1%的显著性水平），这表明高杠杆推高不良率是所有类型银行都需警惕的问题。*lts* 的系数在模型（4）和模型（6）中为正，在模型（5）中为负，但仅在模型（5）中通过了显著性检验。这表明流动性紧张只会显著降低股份制商业银行的杠杆率，对国有商业银行和城市商业银行虽然有正向冲击，但是并不显著。可见，股份制商业银行面临的流动性约束最弱。总之，宏观层面紧缩性的货币政策有助于国有商业银行和股份制商业银行"去杠杆"。从微观层面看，三类银行"去杠杆"都能降低不良率。其中，使股份制商业银行"去杠杆"的因素是收益能力提高和流动性收缩，但对城市商业银行而言，流动性压力反而会提高杠杆率。

（三）稳健性检验

为探知商业银行采用不同杠杆策略时，其杠杆顺周期的程度差异，本章采用样本分位检验。估计结果见表3-4中的模型（1）至模型（5）。可见，核心解释变量 *gdpgc* 系数均为正，且都通过了显著性水平检验。验证了银行有顺周期杠杆结论的稳健性。在10%、25%、50%、75%和90%五个分位数上，*gdpgc* 的系数均为正且基本依次递增。这表明高杠杆策略的银行其杠杆受经济波动影响的程度更高，即杠杆越高银行的投融资策略越激进，其杠杆的顺周期性越强。分位数回归中控制变量的系数也无变化，表明研究结果是稳健的。

为了分析经济波动对银行杠杆的长期影响，检验顺周期杠杆是否长期存在，本章借鉴景光正（2017）的样本分期方法，采用3年和5年平均值的方式构造变量，进行样本分期检验。三年平均模型中，2003年、2004年和2005年的数据平均记为2003年，2006年、2007年和2008年的数据平均记为2006年，以此类推至2012年、2013年、2014年和2015年记为2012年，共计4期。再用相同的方法得到五年期平均数据，共计3期。检验结果如表3-4中的模型（6）和模型（7）所示。*gdpgc* 的系数仍在1%的水平上显著为正。这表明从长期看，中国银行业顺周期杠杆仍然存在，且主要结论仍然稳健。

表 3-4 稳健性检验

变量	分位数检验					分期检验	
	10%	25%	50%	75%	90%	3 年	5 年
	模型（1）	模型（2）	模型（3）	模型（4）	模型（5）	模型（6）	模型（7）
$gdpgc$	57.0680*** (4.15)	50.9859** (3.48)	48.5980** (3.76)	74.8094** (3.27)	92.7692** (3.82)	75.3604** (4.40)	75.5163*** (7.03)
M_2	21.9425** (3.30)	37.8507* (2.35)	26.4562** (3.07)	26.6762* (2.28)	38.2829* (2.55)	21.8597** (3.15)	37.2090** (3.14)
CPI	0.4397 (0.71)	0.5021 (0.81)	0.4925 (0.97)	0.6175 (1.14)	0.3903 (1.18)	0.5999 (0.96)	0.5081 (0.99)
NIM	270.3999* (2.56)	241.3028 (1.78)	249.1847 (1.74)	316.1248 (1.95)	236.4674* (2.47)	282.2483 (1.71)	241.6556* (2.20)
$subprime$	206.7500*** (5.08)	206.6700*** (4.79)	253.6400*** (5.63)	203.0800*** (5.56)	201.7100*** (6.32)	161.6500*** (4.87)	172.1500*** (6.17)
lts	14.3469 (1.90)	13.1467 (1.43)	14.7701 (1.31)	11.3384 (1.36)	10.0161 (1.14)	10.0805 (1.49)	9.9037 (1.08)
$growth$	3.5682 (0.46)	2.8743 (0.49)	2.5908 (0.78)	2.6417 (0.52)	3.4901 (0.76)	3.8899 (0.76)	3.1667 (0.51)
c	35.8466 (0.86)	19.7979 (1.21)	28.4017 (0.78)	30.4748 (1.08)	23.4551 (1.29)	28.6627 (1.30)	32.0630 (0.99)
个体效应	是	是	是	是	是	是	是
时间效应	否	否	否	否	否	否	否
调整 R^2	0.6753	0.8962	0.6302	0.9072	0.8102	0.8802	0.7904
样本数	248	248	248	248	248	82	49
银行数（个）	20	20	20	20	20	20	20

注：表中模型（1）至模型（5）分别给出了样本分位数回归结果，模型（6）为三年平均样本估计结果，模型（7）为五年平均样本估计结果；括号内数值为纠正了异方差后的 t 统计量。

三　经济波动影响商业银行杠杆的融资路径

（一）影响路径的模型设定

银行顺应经济波动调整其融资模式，引发了杠杆的顺周期性。在银行的权益相对稳定的情况下，当银行扩大负债融资以支持经济繁荣期的资产扩张时杠杆就会扩大。而当经济衰退时，金融机构不得不收缩负债规模，抛售风险资产以修补过去的过度负债，实现"去杠杆"。然而，银行的权益也有周期性，经济繁荣时银行的资产价格上涨、盈利能力上升，权益增加；当经济衰退时银行的不良资产增加，盈利能力下降，甚至需用利润抵扣不良，所有者权益会下降。可见，宏观经济波动中负债与权益会同向变动，使我们不能直观预测杠杆的变化。然而，当负债融资行为在经济波动中变化幅度大于权益融资时，银行的杠杆就会具有顺周期性。为了明确负债和权益融资行为在银行杠杆动态调整过程中的作用，本部分继续采用固定效应模型，构建如下方程：

$$financing_{it} = \alpha_0 + \alpha_1 gdpgc_{it} + \sum_{j=2}^{T} \alpha_j control_{it}^j + v_i + \varepsilon_{it} \quad (3-2)$$

式中：被解释变量 $financing$ 为商业银行融资，可分为债权融资（debt）和权益融资（equity）。近年来，中国银行的同业业务迅速发展，已成为银行调整杠杆的重要融资渠道和银行的风险源（黄小英等，2016；周再清等，2017）。因此，模型中还将存款（saving）、同业存放（interbank deposit）、拆入资金（placements）和卖出回购（repurchase）等同业融资作为被解释变量。数据均从 Wind 数据库获得。

（二）同业融资结构的分析

图 3-2 报告了中证内地金融成分股 20 家上市银行 2012—2017 年同业负债总额及结构，首先，从同业负债总额看，自 2012 年以来银行的同业规模均大幅上升。其次，从传统同业业务占比看，国有商业银行和股份制商业银行的同业存放占比略有上升，拆入资金占比下降；但城市商业银行的同业存放占比逐年下降，拆入资金占比保持相对稳定。最后，从新兴同业业务占比看，国有商业银行在 2013 年后逐渐缩减了卖出回购规模，股份制商业银行略有回调后比例保持相对稳定，而城市商业银行的回购业务在回调后继续快速上升。鉴于同业业务发展的乱象，2014 年，《关于规范金融机构同业业务的通知》《中国银行业监督管理委员会办公厅关于规范商业银行同业业务治理的通知》发布，以规范同业经营，控制同业风险。可能的推测是国有商业银行受到监管约束更大，因此快速缩减了风险更大的新兴同业业务比重。

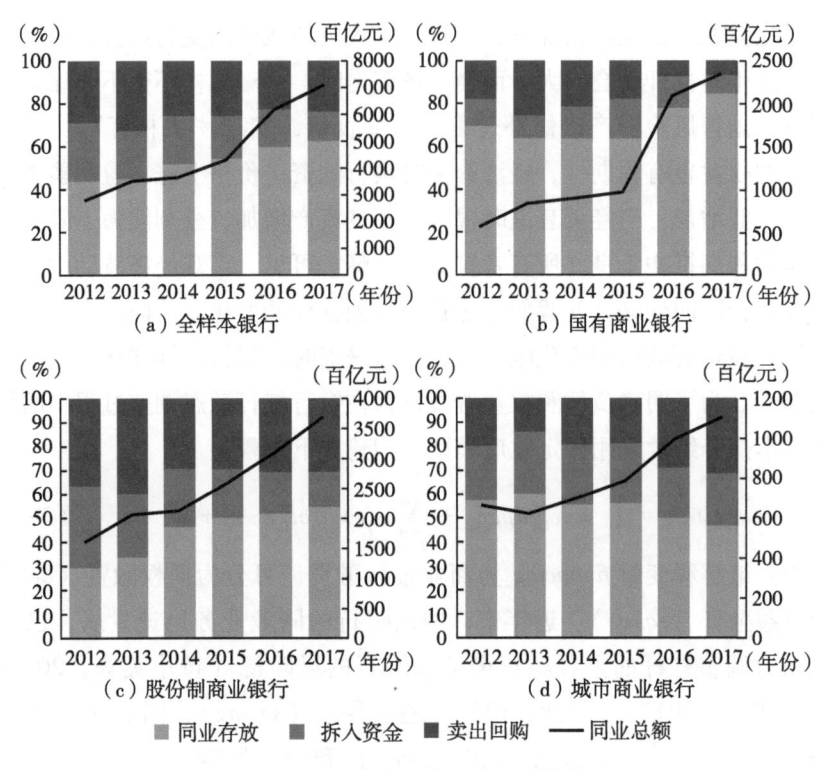

图 3-2　同业负债总额及组成结构

注：左轴为2012—2017年同业融资结构占比，右轴为2012—2017年同业负债总额。

（三）估计结果与分析

1. 全样本分析

表3-5给出了以各类融资为被解释变量，以经济波动为核心解释变量的回归结果。在模型（1）和模型（2）中，经济波动与权益和债务融资在10%和5%的显著水平上正相关。这表明经济景气时，资产价格上升，银行的利润增加，所有者权益增速加快；经济萧条时，资产价格下降，所有者权益增速减缓。同时，商业银行债权融资也有在景气时扩张，在萧条时收缩的特点。模型（1）和模型（2）中 $gdpgc$ 的系数分别为2.8966和2.9563。可见，虽然权益和债权融资行为均顺周期，但债权融资行为对经济波动更敏感，而权益融资相对稳定，导致银行杠杆具有顺周期性。控制变量的系数表明，NIM 与债权有显著的正相关关系，对权益融资的影响不显著。$growth$ 与权益融资有显著正相关关

系，与债权融资的关系不显著。这表明，银行的股价波动幅度增大时会促进银行扩大债权融资，而当流动性增大时会增加权益融资。*subprime* 对权益和债权融资系数都为负，*lts* 对权益和债权融资系数都为正。这意味着，不良率的提高速度可能低于融资增速，面临较高流动性压力的银行将快速提高融资规模。

表 3-5　　　　　　　经济波动对银行融资行为的影响

变量	*equity* 模型（1）	*liability* 模型（2）	*saving* 模型（3）	*inter-depo* 模型（4）	*placements* 模型（5）	*repo* 模型（6）
gdpgc	2.8966* (1.81)	2.9563** (2.74)	-1.1737 (-0.17)	2.6882 (0.48)	12.5198** (2.75)	12.0837*** (3.04)
M_2	-8.4995*** (-8.79)	-6.9642*** (-7.74)	-5.8587*** (-7.76)	-9.5860*** (-4.22)	-12.222*** (-5.54)	-8.1610*** (-4.23)
CPI	-0.0103 (-0.24)	0.0102 (0.31)	0.0411 (1.34)	0.1734 (1.71)	0.2144** (2.36)	0.1035 (0.83)
NIM	-30.7194 (-1.14)	-50.8793** (-2.32)	-44.6499** (-2.30)	-130.9690*** (-2.84)	-82.2021 (-1.42)	-117.5854*** (-4.12)
subprime	-35.5706*** (-6.19)	-11.9150*** (-3.17)	-10.0437*** (-2.72)	-16.4068** (-2.03)	-20.3945** (-2.27)	-18.1648*** (-3.00)
lts	3.7495*** (3.54)	3.6939*** (5.14)	2.2225*** (3.64)	5.5850*** (2.60)	8.4965*** (4.33)	9.0512*** (4.14)
growth	0.1833 (0.41)	0.9430** (2.74)	0.1537 (0.38)	1.8491* (1.79)	-0.4599 (-0.42)	1.8623* (1.82)
c	8.1415* (1.92)	8.4703** (2.55)	5.8599* (1.93)	-9.6102 (-0.89)	-18.1603** (-2.10)	-7.1574 (-0.57)
个体效应	是	是	是	是	是	是
时间效应	否	否	否	否	否	否
调整 R^2	0.6315	0.5489	0.5233	0.3774	0.5001	0.4544
样本数	248	250	243	242	230	235
银行数（个）	20	20	20	20	20	20

注：括号内数值为纠正了异方差后的 *t* 统计量。

模型（3）至模型（6）报告了经济波动对不同类型同业融资的影响。*gdpgc* 对存款的系数不显著，但对同业存放、拆入资金和卖出回购的系数皆显示为正。这表明同业存放、拆入资金和卖出回购这三种融资方式有较强顺周期性，而存款业务相对稳定。gdpgc 对同业存款的系数虽然也为正，但是不显著。这可能是因为同业存款是指银行间调剂资金的短期融资行为，为无抵押的信用方式。而卖出回购都以有价证券作为抵押，资产价格随着经济波动的同周期变化，使抵押品价值顺周期，从而使相关的同业业务也具有顺周期特性。拆入资金则因资金清算额随着经济波动同期变化而具有顺周期性。

值得指出的是，广义货币增量（M_2）对四种融资的系数均在 1% 的显著性水平上为负。这可能与影子银行挤出商业银行投融资有关。货币投放上升，模型（3）显示商业银行存款减少，这表明影子银行在货币政策宽松时吸收了更多存款。同时，影子银行对社会的贷款上升，人们向商业银行的贷款需求减少，因此商业银行整体融资需求下降。权益融资投资者风险偏好程度更高，影子银行吸纳的原本权益融资投资者的资金规模更大，因此广义货币上升使商业银行权益融资下降比债务融资更多，整体杠杆率反而上升。

2. 银行的分类分析

中国国有商业银行、股份制商业银行和城市商业银行在资产规模、经营策略和所受监管方面都存在较大差异。为探知不同类型的银行融资行为周期性特点，表 3-6 报告了存款、同业存放、拆入资金和卖出回购以不同类型银行样本进行面板回归的结果。

表 3-6 经济波动对国有商业银行、股份制商业银行和城市商业银行负债融资的影响

变量	saving			interbank deposit		
	模型（1）	模型（2）	模型（3）	模型（4）	模型（5）	模型（6）
	国有商业银行	股份制商业银行	城市商业银行	国有商业银行	股份制商业银行	城市商业银行
gdpgc	3.9198 (1.70)	2.1070 (1.36)	-0.8919 (-0.56)	37.8056*** (5.86)	4.4071 (1.40)	-6.3995 (-0.75)
调整 R^2	0.7937	0.6965	0.6719	0.8750	0.6300	0.6222
样本数	67	101	75	64	101	77
银行数（个）	5	8	7	5	8	7

续表

变量	placements			repo		
	模型（7）	模型（8）	模型（9）	模型（10）	模型（11）	模型（12）
	国有商业银行	股份制商业银行	城市商业银行	国有商业银行	股份制商业银行	城市商业银行
gdpgc	34.3705*** (6.33)	7.7585 (1.69)	9.7972 (1.53)	3.9316 (0.62)	12.7690* (1.98)	20.5915*** (4.40)
调整 R^2	0.9040	0.6574	0.5583	0.4171	0.5819	0.6927
样本数	63	97	70	62	99	74
银行数（个）	5	8	7	5	8	7
控制变量	是	是	是	是	是	是
个体效应	是	是	是	是	是	是
时间效应	否	否	否	否	否	否

注：模型（1）至模型（12）分别给出了以存款、同业存放、拆入资金和卖出回购作为被解释变量，以经济波动为核心解释变量的回归结果；为控制篇幅，没有列出其他控制变量。括号内数值为纠正了异方差后的 t 统计量。

表3-6模型（1）至模型（3）中，经济波动的系数均不显著，这表明三类银行的存款业务都具有相对稳定性。模型（4）和模型（7）中经济波动的系数显著为正，在模型（10）中却不显著。这表明国有商业银行的同业存放和拆入资金等传统的业务对经济波动的敏感度较高，具有显著的顺周期性，而卖出回购业务的顺周期性不显著。模型（11）和模型（12）中经济波动的系数显著为正，在模型（5）和模型（6）及模型（8）和模型（9）中则不显著。这表明股份制商业银行和城市商业银行的卖出回购对经济波动的敏感度较高，而同业存放和拆入资金业务的顺周期性不显著。即国有商业银行以传统融资业务为主，流动性管理意图明显，风险承担行为相对保守。而股份制商业银行和城市商业银行的卖出回购业务顺周期性较强，盈利性意图较强，风险承担行为更加激进。考虑到卖出回购业务的一部分资金最终投入地方政府融资平台、房地产行业等高风险领域，并且涉及的交易主体相较传统同业业务更多，融资链条更长，在股份制商业银行和城市商业银行中新兴同业业务和杠杆的高协同可能暗含了较高金融风险。

四 结论

本章基于中证内地金融成分股 20 家上市商业银行 2003—2017 年数据，采用面板固定效应模型，研究了经济波动对商业银行杠杆的影响，并从银行的融资行为探析了顺周期杠杆的生成机理。结果表明，中国商业银行杠杆总体呈现顺周期，杠杆策略越高的银行，其杠杆的顺周期性越强。银行权益融资对经济波动的敏感性弱于债权融资，债权融资支持资产调整的顺周期性，导致整体杠杆出现顺周期。在宽松的货币环境下，银行发展状况差（营业收入增速下滑）且流动性差的银行有偏向激进经营的加杠杆行为。从银行类型看，国有商业银行的杠杆稳定且有"去杠杆"趋势，杠杆波动大且近期杠杆进一步提高的是股份制商业银行和城市商业银行。从宏观看，宽松的货币环境推高了各类商业银行的杠杆。从微观融资行为看，国有商业银行更倾向通过债券融资、同业存放和拆入资金等传统业务调节杠杆，而股份制商业银行和城市商业银行的卖出回购等新兴同业业务对杠杆顺周期性的贡献更大。

上述结论对"去杠杆"、防风险管理中的货币政策、逆周期资本管理和同业监管等政策操作具有启示意义。首先，以结构性货币政策促进股份制商业银行和城市商业银行"去杠杆"，避免紧缩性的一般货币政策压低国有商业银行的杠杆，减少杠杆顺周期性在"去杠杆"过程中对经济和金融稳定的负面冲击。其次，强化对股份制商业银行和城市商业银行的逆周期杠杆监管，重点防范实施高杠杆策略银行的金融风险，通过加强股份制商业银行和城市商业银行的经营收入和流动性管理，促进其主动"去杠杆"。最后，控制股份制商业银行和城市商业银行以卖出回购为代表的新兴同业业务是"去杠杆"的重心之一，应充分考虑国有商业银行、股份制商业银行和城市商业银行在同业结构上的差异，采取有针对性的差异化监管措施，维护金融的稳定发展。

第二节 商业银行杠杆周期的非线性

本章第一节关于中国商业银行杠杆顺周期性的分析说明，虽然国有商业银行的杠杆顺周期性弱于其他类型商业银行，但这也意味着商业银行的杠杆行为未有发挥平抑经济波动的作用。而国际金融危机后，中国商业银行以信贷行为助力经济复苏的实践有效发挥了助力经济稳定发展的作用。因此,本节进一步剖析不同经济增速下中国商业银行的杠杆行为的非线性。基于2008—2018年16家中国上市商业银行的半年期面板数据,本节以经济增长率为门限变量,采用面板门限模型证实中国商业银行杠杆周期的非线性。实证结果表明,商业银行杠杆存在非线性的经济增长率门限效应,门限值为8.2076%。当经济增长率高于门限值时,商业银行杠杆为顺周期;反之,杠杆为逆周期。这也回应了本书第二章所述国际金融危机期间,中国商业银行以信贷扩张支持经济稳定发展的功能。

一 引言与文献回顾

缺乏对商业银行杠杆的有效监管,被视为引发国际金融危机爆发的原因之一。国际金融危机后,商业银行的高杠杆特性被严格监管。2010年12月颁布的《巴塞尔协议Ⅲ》将无风险敏感性的杠杆率监管指标作为资本充足率的补充,设定商业银行杠杆率不低于3%。次年,中国颁布的《商业银行杠杆率管理办法》(以下简称《办法》),要求商业银行杠杆率下限为4%。然而,在当前全球经济面临下行压力的背景下,相较于商业银行的高杠杆,杠杆的顺周期与"去杠杆"导致的复苏乏力问题更值得关注。

学者的实证研究对商业银行杠杆顺周期性的结论存在分歧,并从不同的视角剖析了顺周期的成因。Damar(2013)认为,加拿大商业银行的杠杆顺周期性显著,且短期融资流动性显著影响其杠杆顺周期。Adrian 和 Shin(2010),分析得出美国商业银行、投行杠杆均具有顺周期性。Baglioni 等(2013)对欧洲商业银行研究表明欧洲商业银行杠杆具有顺周期性,此外,投行的顺周期性更强。Mahir 和 Bulent(2012)对土耳其的商业银行杠杆及经济波动的关系进行研究发现,其杠杆具有顺周期性,并指出不同类型的银行杠杆周期性不同。此外,小部分实证研究得出杠杆呈逆周期性或顺周期性不显著的结论。Brei 等(2016)认为,发达国家的杠杆具有逆周期效应,且在非金融危机期间逆周期性强于金融危机期间。Mimir(2010)对美国商业银行分析得出,美国商业银行杠杆周期性不显著,杠杆波动大于经济增长的波动性。Kalemli-Ozcan 等(2012)、Baglioni 等(2013)认为,欧洲商业银行杠杆顺周期性不显著。Adrian 等(2013)认为,商业银行顺周期程度与该银行的资产负债规模成正比，但投资者的投资偏好为对数时，即经济下行期有更大的动力扩大杠杆，此时杠杆为逆周期。

关于中国商业银行杠杆的研究，学者普遍认为存在顺周期性，但影响顺周期的视角不同。

项后军等（2015）分别在普通杠杆定义及监管使用的杠杆率定义下，得出杠杆具有顺周期性的结论，且在监管使用杠杆定义下顺周期性更强。此外，不同类型商业银行杠杆顺周期程度不同。国有商业银行杠杆无顺周期效应，外资银行杠杆顺周期性最强。郑庆寰和牛玮璐（2014）分别对经济危机之前及之后进行研究，发现危机后的经济下行期商业银行倾向调整内部变量如提高流动比率、扩大贷存比以降低杠杆；在危机前，则是银行间债券回购利率、同业拆借利率对银行杠杆产生影响。吴国平（2015）认为，商业银行的杠杆率具有顺周期性，且在金融危机时期杠杆率的顺周期效应更强，并指出银行主动对杠杆的调整是杠杆放大经济波动的原因。李泽广和杨钦（2013）使用双重差分方法对2008年国际金融危机前后银行业金融机构及非银行金融机构进行了对比，发现危机时期杠杆倍数低于非危机时期，且由于银行业采取风险资本约束模式，其杠杆高于非银行业，但其亲宏观性较非银行业低。项后军和陈简豪（2016）认为，商业银行杠杆率具有顺周期效应，且市场波动小时顺周期效应小于市场波动大时。王倩和赵铮（2018）认为杠杆具有顺周期性，且高杠杆的商业银行顺周期性更强，从长期看，顺周期性依然存在。王飞等（2013）认为，杠杆具有顺周期性，且根据前一期的杠杆率对当期动态调整，即存在修正机制。上市商业银行的周期性程度高于非上市商业银行。

在国内的研究中，大体上从不同杠杆率定义、不同类型银行、金融危机前后、不同市场波动情况、不同杠杆率、商业银行是否上市等角度切入研究，得到杠杆率顺周期的结论。除实证研究外，部分国内外学者从理论上对杠杆顺周期的形成机制进行了分析阐述。王飞等（2013）、郑庆寰和牛玮璐（2014）推导得出，在不对杠杆率主动管理时，杠杆呈逆周期。若主动管理，在经济上升期，资产价格上升，商业银行扩展资产业务，扩大杠杆，且该行为进一步提高了资产价格，形成自强化。而遇到冲击后，会使"加杠杆"导致的金融泡沫破灭，资产价格与杠杆螺旋下降。刘青云（2015）同样对形成机制进行推导，得出不同结论，认为无论是否进行主动的杠杆率监管，杠杆率均呈顺周期。

国外在商业银行杠杆周期性影响因素的研究中，Adrian 等（2010）研究得出商业银行杠杆周期性行为主要由银行主动管理其资产负债导致，资产价格上升，若保持杠杆率稳定，银行扩大负债，进而导致资产增长率与杠杆增长率的同向变动，则杠杆呈顺周期。Dewally 和 Shao（2013）认为，批发融资市场促进了杠杆的顺周期性。

在国内研究中，吴国平（2015）将杠杆率分子分母分别进行回归，认为杠杆率的周期效应是由其分子（一级资本净额）与分母（调整后的表内外资产净额）二者受 GDP 缺口的影响共同决定的。GDP 缺口对商业银行资产与资本均产生正向影响，且对资产的影响大于资本。因此杠杆率与 GDP 缺口呈反向变动。项后军等（2015）分析了商业银行存贷款对商业银行杠杆及对杠杆周期性的影响，发现存款占比提高对杠杆的影响是负向的，而贷款占比相反；贷款占比与存款占比对杠杆顺周期效应存在非对称性，贷款占比扩大顺周期，存款占比对顺周期有减缓作用。此外，商业银行杠杆与流动性呈反向关系。刘青云（2015）认为，资产负债率对商业银行杠杆有正向作用，资本充足率、净资产收益率抑制杠杆。王倩和赵铮（2018）从同业融资角度研究杠杆的顺周期性，即同业融资加强经济波动对银行杠杆的正向作用。项后军和陈简豪（2016）认为，无论市场波动率高低，公允价值计量对杠杆顺周期效应均无显著影响，不过在市场波动率较低时，其他会计计量方法对杠杆顺周期效应有促进作用。影响公允价值计量对杠杆顺周期的作用的因素是公允价值运用程度和资本充足率，利润结构对其无影响。

2008 年国际金融危机的最主要原因是房地产信贷业务的过度扩张。由于商业银行系统的特殊性，危机逐渐由美国蔓延至全球，影响着全球经济。综观中国房地产行业，从 1998 年取消分房制度等政策以来，房地产行业迎来快速发展阶段。作为资金密集型产业，需要大量资金支持，催生了商业银行房地产信贷业务并带动其迅速增长，抬高了银行杠杆（吕炜等，2018），使潜在系统性金融风险逐渐累积。2016 年以来，"去杠杆"政策不断提出并落实，逐步降低房地产行业杠杆，然而房地产信贷业务量仍然巨大。房地产信贷作为商业银行重要的资产业务之一,仍是金融稳定的风险源,去房地产信贷杠杆依旧是近年中国商业银行监管的重中之重。

在此背景下,商业银行资产业务中房地产信贷业务的风险得到广泛关注。张澄和沈悦(2019)认为,房价上涨会导致商业银行风险承担行为受宏观经济波动的影响程度增加。项后军等(2015)使用国房景气指数作为影响商业银行杠杆的控制变量,发现国房景气指数对商业银行杠杆有一定正向影响,认为其原因一是房地产市场繁荣,房价上涨,作为房地产抵押贷款的标的担保物市场价值上升,贷款规模扩大,杠杆上升;二是房地产市场的繁荣带动了其他行业发展,因此商业银行降低放贷门槛。况伟大(2011)认为房地产信贷对经济增长的影响显著,大于经济增长对房地产信贷的促进作用,另外,将房地产信贷分为个人住房抵押贷款及房地产开发贷款,发现个人住房抵押贷款对经济增长的推动作用小于房地产开发贷款的促进作用。房价对房贷的作用大于利率及经济增长。目前国内研究大多从微观层面围绕房地产市场价格进行分析,缺少对房地产信贷周期性及其如何影响杠杆周期性的实证研究。

对现有研究进行梳理后发现,当前研究依然存在以下不足:一是国内外对商业银行杠杆周期性的研究,多采用线性方法分析经济波动与杠杆的关系得出杠杆顺周期或逆周期的结论,较少考虑二者之间可能存在非线性关系;二是在对杠杆周期性的影响因素研究中,较少涉及房地产信贷业务对商业银行杠杆周期性效应的影响。

因此,本节运用2008年12月至2018年中国上市商业银行半年期面板数据,参考 Hansen(1999)的研究,基于面板数据的门限效应模型,从房地产信贷角度研究商业银行杠杆周期性的门限效应。研究得出以下结论:一是中国商业银行杠杆的周期性具有非线性的经济增长率门限效应,经济中高速发展时期(经济增长率高于8.2076%)商业银行杠杆为顺周期,经济低速发展时期(经济增长率低于8.2076%)杠杆为逆周期。二是影响杠杆的银行个体差异会改变门限和区间与区间内杠杆周期的强弱,但不影响其杠杆周期的方向。

本节研究结论对有针对性地提出减弱商业银行杠杆周期性的政策建议,对维护金融稳定、促进经济复苏具有极其重要的现实意义。

二 中国商业银行杠杆周期的非线性

巴塞尔银行管理委员会在 2008 年国际金融危机后提出杠杆率作为监管指标。在研究杠杆与经济波动关系时，部分国内外学者（Adrian and Shin，2010；项后军等，2015；王倩、赵铮，2018）选用杠杆倍数即杠杆率的倒数为杠杆变量。杠杆倍数越大，杠杆越高，则杠杆与经济波动呈正相关时即表示杠杆为顺周期。本节选用杠杆倍数表示商业银行杠杆。

在经济增长率处于较高水平时，在利润刺激及风险约束下，商业银行往往会根据经济环境主动调整资产和负债行为，从而导致杠杆顺周期。在经济周期上行时，预期风险低，为了获得更高的回报，银行会主动承担更多风险，扩张资产负债表进行高杠杆经营；而在经济周期下行时，为防范高风险银行又会出售资产弥补不良资产、收缩信贷和杠杆（王倩、赵铮，2018）。经济增长率处于较低水平时，实体经济恶化，导致杠杆呈逆周期性，是经济大环境恶化在金融层面的必然反映，而非银行主动的杠杆调节。在经济复苏阶段，商业银行利润空间增加，权益上升，杠杆下降；经济周期下行即经济继续恶化时，商业银行利润进一步降低，权益收缩，杠杆上升。即商业银行杠杆与经济波动之间存在非线性关系。总体上看，自 2008 年国际金融危机起至 2011 年 12 月，杠杆处于顺周期阶段，其余时间为逆周期阶段。2008 年 9 月，国际金融危机全面爆发后，经济面临硬着陆风险，为扩大内需，促进经济平稳较快增长，2008 年 11 月推出了"四万亿计划"，并逐步落实完善。在政策影响下，中国经济经历了 2009—2011 年的高速发展，且商业银行杠杆在该时期与经济波动呈正相关。自 2012 年中国进入经济新常态后，经济增速持续放缓，经济存在下行压力，商业银行杠杆与经济波动呈负相关。

从政策角度，2008 年国际金融危机开启了中国金融改革的新阶段，建立健全宏观审慎监管框架成为该时期金融领域改革的重要内容之一，并将逆周期监管作为金融监管的重点。2010 年《巴塞尔协议Ⅲ》引入杠杆率指标，并规定了逆周期资本缓冲等逆周期工具的实施细则。银行业的逆周期监管具体表现为经济繁荣时抑制信贷规模"去杠杆"，经济衰退时放松监管标准"加杠杆"。2012 年后，商业银行杠杆的逆周期表现体现了宏观审慎监管框架下银行业逆周期政策取得一定成效。

此外，样本期内商业银行杠杆与经济波动幅度随时间推移逐渐趋同。2011年6月银监会公布了《商业银行杠杆率管理办法》（以下简称《办法》）标志着中国正式开启了对商业银行杠杆率的监管；2015年，根据巴塞尔委员会对国际杠杆率规则的修订，并考虑《办法》在中国的具体实施情况，银监会对其进行了修订。《办法》要求系统重要性银行自该办法实施之日起达到规定的最低监管要求，其他商业银行于2016年底前达到规定的最低监管要求，使中国商业银行杠杆不断降低并逐渐走向平稳。而经济波动经"四万亿计划"政策激励2009—2011年的高波动后，自2012年起进入持续的低增速、低波动的稳增长"新常态"。因此，商业银行杠杆与经济波动在样本期内形成趋同态势。基于此，提出如下假设：

H3-1：中国商业银行杠杆与经济波动之间存在非线性关系。

三 模型、变量和数据

（一）模型设定

由理论及数据分析可知，中国商业银行杠杆周期性存在非线性。一般而言，处理非线性的主要方法是人为划分样本区间，设置虚拟变量，但其结果难免受人为设定门限值的影响，可信度较低。因此，本节采用Hansen（1999）提出的面板门限模型（Threshold Panel Regression Model），通过计算得到样本门限值及区间情况，以分析房地产信贷视角下商业银行杠杆周期性的非线性。

对中国商业银行杠杆受经济周期的影响是否存在门限效应进行检验与估计。以实际当季GDP同比增长率（gdp）作为门限变量，设定经济波动（$gdpgc$）与商业银行杠杆（lev）的面板门限模型为

$$lev_{i,t} = \alpha_i + \beta_1 cpi_{i,t} + \beta_2 shibor_{i,t} + \beta_3 ld_{i,t} + \beta_4 npl_{i,t} + \beta_5 roa_{i,t} + \beta_6 growth_{i,t} +$$
$$\beta_7 gdpgc_{i,t} I(gdp_{i,t} \leq \gamma_1) + \beta_8 gdpgc_{i,t} I(\gamma_1 < gdp_{i,t} \leq \gamma_2) +$$
$$\beta_9 gdpgc_{i,t} I(gdp_{i,t} > \gamma_2) + \varepsilon_{i,t} \tag{3-3}$$

式中：i、t分别为银行、时间（半年度）；α_i为不随时间变化的商业银行个体差异，即个体固定效应；$\varepsilon_{i,t}$为残差项，并假设$\varepsilon_{i,t}$服从零均值和有限方差σ^2的独立同分布；被解释变量lev为银行杠杆倍数；$gdpgc$为受门限变量影响的核心解释变量使用HP滤波得到的含义产出周期成

分，以衡量经济波动；门限变量为实际当季 GDP 同比增长率（$gdp_{i,t}$）；γ_1、γ_2 为二重待估的门限值；$I(\cdot)$ 为指标函数，其值取决于门限变量（gdp）和门限值（γ），括号内表达式成立时，指标函数值为 1，否则为 0；β_7、β_8 和 β_9 则分别为门限变量在不同区制时核心解释变量 gap 对被解释变量 lev 的影响系数。

控制变量包括宏观及微观两层面，宏观变量为反映通胀水平的物价消费指数（cpi）和反映货币市场违约风险与流动性风险的银行间同业拆借利率（$shibor$），微观变量为反映银行流动性的贷存比（ld）、反映资产质量的不良贷款率（npl）、反映银行盈利状况的资产收益率（roa）及反映银行成长机会的营业收入同比增长率（$growth$）。

（二）变量与数据

本节选取 16 家中证内地金融成分股上市商业银行为研究样本，包括 5 家国有商业银行、8 家股份制商业银行和 3 家城市商业银行。样本期间为 2008 年国际金融危机爆发至 2018 年 12 月。鉴于全部变量数据的可获得性，确定频率为半年。本节变量数据均来自 Wind 数据库，其中银行微观数据主要来自上市商业银行季报，宏观经济数据来自中国宏观经济数据库。

模型中具体变量选择如下。

1. 被解释变量

银行杠杆（lev）。《巴塞尔协议Ⅲ》及银监会的逆周期杠杆率监管框架提出使用杠杆率为银行杠杆的监管指标。2015 年银监会修订的《办法》中，杠杆率的计算公式：杠杆率 =（一级资本 − 一级资本扣减项）/ 调整后的表内外资产余额。由于中国对表外资产的披露不健全，国内研究多使用 D'Hulster（2009）提出的资产负债表杠杆率定义：杠杆率 = 权益/总资产。在实证研究中，国内外学者（Adrian and Shin，2010；项后军等，2015；王倩、赵铮，2018）多使用杠杆率的倒数，也即杠杆倍数定义杠杆研究杠杆的周期性，即杠杆 = 总资产/权益。本节也用杠杆倍数衡量银行杠杆水平，该指标越大，银行杠杆越高，且其与经济波动的同向或反向变动可直观体现杠杆的顺周期或逆周期性。

2. 重要解释变量

经济波动（$gdpgc$）。可以使用 GDP 增长率或经济周期成分衡量经济波动。经济波动是宏观经济变量相对于长期趋势的偏离，而 GDP 增速仍包含趋势性（刘金全、范剑青，2001）。因此，借鉴刘金全和刘志刚（2004）的研究，使用 HP 滤波方法分离实际当季 GDP 同比增长率中趋势成分及周期成分，剔除趋势成分，使用周期成分衡量 $gdpgc$。若 $gdpgc$ 系数为正，则商业银行杠杆为顺周期；若系数为负，则杠杆为逆周期。

3. 门限变量（gdp）

假设认为，商业银行杠杆在不同经济增速水平下呈不同周期性特征。因此，采用实际当季 GDP 同比增长率表示经济增速，作为门限变量，使用面板门限模型寻找划分经济增长率区间的门限值并检验其门限效应。

4. 控制变量

商业银行的杠杆水平受宏观经济状况及银行自身特征影响密切。因此，本节分别从宏观和微观两个角度选取控制变量。参考李泽广和杨钦（2013）的研究，宏观变量选取 cpi 和 $shibor$。cpi 衡量通胀水平，该值越大，表明通胀水平越高。$shibor$ 反映银行间市场贷款的风险调整价格。一方面，银行间债券回购市场是商业银行调节短期资金余缺的场所，且是无担保的，因此其利率变化反映该时期的货币市场违约风险和流动性风险变化；另一方面，央行通过银行间债券回购市场进行公开市场操作，体现了该时期的货币政策导向（郑庆寰、牛玮璐，2014）。该值越大，表明货币市场违约风险、流动性风险越高。

商业银行微观变量选取流动性（ld）、资产质量（npl）、盈利状况（roa）和成长性（$growth$）。流动性代表商业银行满足存款人提取现金、支付到期债务和借款人正常贷款需求的能力，借鉴郑庆寰和牛玮璐（2014）、吴国平（2015）的研究，以贷存比衡量流动性，即贷款总额/存款总额，该值越大，表明商业银行流动性越差。借鉴王飞等（2013）、王倩和赵铮（2018）的研究，商业银行资产质量以不良贷款率表示，即不良贷款/贷款总额，该值越大，表明商业银行资产质量越差，规避风险能力越差。借鉴王飞等（2013）、项后军等（2015）、吴国平（2015）的研究，盈利状况以商业银行资产收益率表示，即净利润/总资产，该值越大，表明商业银行效益越好。成长性代表商业银行的成长速度，借鉴王倩和赵铮（2018）的研究，以营业收入同比增长率表示，即（当期营业收入-上期营业收入）/上期营业收入，该值越大，表明商业银行成长速度越快。

表3-7给出了主要变量的描述性统计。

表3-7　　　　　　　　主要变量的描述性统计

样本	符号	变量	单位	均值	标准差	最小值	最大值
全部银行	lev	杠杆倍数	倍	16.6384	3.3666	11.3000	31.4000
	ld	流动性	%	70.8586	9.1855	47.4300	96.6700
	npl	资产质量	%	1.1915	0.4741	0.4000	4.3200
	roa	盈利状况	%	0.7869	0.2560	0.3200	1.3900
	growth	成长性	%	17.5884	14.9915	-14.1800	67.4000
国有商业银行	lev	杠杆倍数	倍	15.3834	2.7733	11.6600	27.3600
	ld	流动性	%	67.7154	7.5335	49.5000	90.4000
	npl	资产质量	%	1.4370	0.5029	0.8200	4.3200
	roa	盈利状况	%	0.8490	0.2676	0.4400	1.3900
	growth	成长性	%	10.8475	9.7442	-9.4200	35.7300
非国有商业银行	lev	杠杆倍数	倍	17.2089	3.4619	11.3000	31.4000
	ld	流动性	%	72.2874	9.5221	47.4300	96.6700
	npl	资产质量	%	1.0800	0.4159	0.4000	2.1400
	roa	盈利状况	%	0.7587	0.2460	0.3200	1.3400
	growth	成长性	%	20.6525	15.9449	-14.1800	67.4000

四　实证分析

（一）商业银行杠杆周期性的门限效应

1. 门限效应检验

首先，使用 gdp 为门限变量，检验商业银行杠杆对经济波动的门限效应（从模型（1）至模型（3）逐步加入宏观、微观控制变量）。由于受到样本量大小的限制，门限检验仅止于双重，本节其余部分同理。得到的 F 统计量和 p 值如表3-8所示。

表 3-8　　　　　　　　　面板门限效应检验结果

模型	单一门限检验	双重门限检验
模型（1）	166.7323*** (0)	9.0207*** (0.0035)
模型（2）	89.2870*** (0)	16.0400*** (0)
模型（3）	67.8218*** (0)	4.5278** (0.0325)

注：检验结果均为采用"自抽样法"（Bootstrap）反复抽样 2000 次得到的结果。括号内为 p 值。

表 3-8 结果显示，三个模型在单一门限检验中的 F 统计量均在 1% 的水平上显著，说明至少存在一个门限值，则有门限效应。进一步考察双重门限检验，除模型（3）在 5% 的水平上显著外，其余模型均在 1% 的水平上显著，因此存在双重门限效应，上文双重门限模型设定成立。这表明经济周期波动和房地产信贷占比对商业银行杠杆的影响在不同经济发展时期下存在非线性的双重门限效应。表 3-9 所示为双重门限效应的门限估计值和置信区间。

表 3-9　　　　　　　　双重门限模型门限值估计结果

模型	第一重门限 估计值	第一重门限值 95%置信区间	第二重门限 估计值	第二重门限值 95%置信区间
模型（1）	7.2024	[7.1054, 7.9872]	8.2076	[8.2076, 9.8918]
模型（2）	7.2024	[7.1054, 7.9872]	8.2076	[8.2076, 9.8918]
模型（3）	8.2076	[6.4000, 10.8000]	8.8072	[6.4000, 10.8000]

2. 模型参数估计结果分析

表 3-10 所示为全样本下双重门限模型的参数估计结果。其中模型（1）仅包含核心解释变量经济波动，模型（2）和模型（3）逐步加入宏观层面控制变量与微观层面控制变量。

表 3-10　　　　　商业银行杠杆周期性的门限效应

变量	杠杆的周期性		
	模型（1）	模型（2）	模型（3）
门限值	(7.2024, 8.2076)***	(7.2024, 8.2076)***	(8.2076, 8.8072)**
$gdpgc_{i,t}I$ ($gdp_{i,t} \leq \gamma_1$)	-1.7528*** (-7.2700)	-1.2807*** (-4.2250)	-1.9308*** (-7.1743)
$gdpgc_{i,t}I$ ($\gamma_1 < gdp_{i,t} \leq \gamma_2$)	-3.0841*** (-7.5500)	-3.2622*** (-7.6050)	15.0505** (2.4173)
$gdpgc_{i,t}I$ ($gdp_{i,t} > \gamma_2$)	2.3476*** (11.4310)	2.3833*** (9.3509)	1.8191*** (7.0080)
$cpi_{i,t}$		0.3052*** (2.6427)	0.2185* (1.6748)
$shibor_{i,t}$		-0.1386 (-0.7156)	-0.3982** (-2.1040)
$ld_{i,t}$			-0.0499** (-2.2779)
$npl_{i,t}$			-1.7432*** (-4.7309)
$roa_{i,t}$			-2.2601*** (-4.1067)
$growth_{i,t}$			-0.0256* (-1.8785)

注：括号内为 t 值。

结果显示，模型（3）的门限值分别为 8.2076 和 8.8072，当经济增长率小于 8.2076% 时，经济周期系数小于 0 且在 1% 的水平上显著，说明经济处于低速发展时期，商业银行杠杆为显著逆周期。当经济增长率处于 8.2076%—8.8072% 或大于 8.2076% 时，经济周期对银行杠杆影响系数为正，分别在 5%、1% 的水平上显著，表明经济处在中高速发展阶段，商业银行杠杆为显著顺周期。即商业银行杠杆周期性存在非线性的经济增长率门限效应。在不考虑门限效应情况下，cpi 系数显著为正，表明通胀水平越高，商业银行越倾向"加杠杆"。加入微观控制变量后，shibor 系数为负，且在 5% 的水平上显著，表明货币市场违约风险及流动性风险越小,商业银行越倾向"加杠杆"。npl 的系数在1%水平上显著为负,表明资产质量差的银行倾向"去杠杆"以保证安全性。roa 的系数在1%的水平上显著为负,说明更好的绩效水平或经营管理水平有利于降低杠杆,且绩效水平更低的商业银行倾向"加杠杆"经营。ld 与 $growth$ 系数分别在5%和10%的显著性水平上为负,表明流动性好的商业银行倾向"加杠杆",高成长性的商业银行倾向"去杠杆"。

此外,观察模型(1)、模型(2)和模型(3)的双重门限值可以发现,在加入微观控制变量后,门限值由7.2024和8.2076向右平移至8.2076和8.8072,改变了区间范围和区间内杠杆周期性强弱,但不改变各区间内经济波动对杠杆的影响方向。表明影响杠杆的银行个体差异因素不会改变其杠杆周期性方向。

(二)稳健性检验

为保证模型结果的有效性,使用变量 $gdpgc$ 替代原门限变量 gdp,对基准模型进行稳健性检验。结果表明,门限变量 $gdpgc$ 小于0.3208时,商业银行杠杆为逆周期;门限变量 $gdpgc$ 大于0.3208时,商业银行杠杆为顺周期,控制变量系数均显著,且方向与基准模型一致。结合现实情况,该模型与基准模型结论基本一致,商业银行杠杆非线性结论依然存在。

五 结论与政策建议

本节运用双重面板门限模型,实证检验了商业银行杠杆周期性的非线性经济增长率门限效应。结果表明,中国商业银行杠杆的周期性具有非线性的经济增长率门限效应:经济中高速发展时期(经济增长率高于8.2076%),商业银行杠杆为顺周期;经济低速发展时期(经济增长率低于8.2076%),杠杆为逆周期。银行发展状况差(绩效水平低、成长性差)但流动性宽松的商业银行倾向"加杠杆"激进经营。

上述结论对降低商业银行杠杆周期性行为导致风险累积或银行经营困难的影响具有重要启示意义。在经济中高速发展时期(经济增长率高于8.2076%),应强化对商业银行的逆周期杠杆监管,通过加强对商业银行的绩效水平、成长性和流动性管理,促使其主动"去杠杆";在经济低速发展时期(经济增长率低于8.2076%),商业银行杠杆随经济下行而被动上升是实体经济恶化在金融层面的必然反映,此时抑制杠杆使商业银行更难获得利润，权益收缩，杠杆进一步上升，形成恶性循环。当中国经济低迷并仍继续恶化时，建议监管机构给予商业银行一定的宽松的监管环境，重视银行系统自身的调节和修复功能，并给予政策支持，使其在经济恶化过程中维持生存并实现自我修复，促进经济复苏。

第四章

国有商业银行引领经济金融数字化转型

数字技术的快速发展与广泛应用，改变了社会生活，推动了数字经济的发展。因此，商业银行如何在加快数字化转型的同时，更好地促进经济的数字化转型？国有商业银行在服务数字经济发展中应该发挥什么作用？在经济数字化的大背景下，面临数字金融的挑战，国有商业银行又是如何加强创新功能与盈利能力的？对这些问题的剖析不仅有助于厘清国有商业银行在银行业与经济数字化转型中的主导作用，也有助于明确面临外部环境的变迁，国有商业银行应对数字化挑战的应变能力，从而进一步证实国有商业银行在中国银行体系中的重要作用，以及国有商业银行在面临变化的数字化挑战时具有更强的应变能力与创新能力。

数字技术变革改变了商业银行的业务模式，推动了商业银行的产品数字化与组织数字化。由于银行规模与产权属性的差异，不同类型银行数字化转型呈现不同的态势。本章从理论上论证国有商业银行在数字化转型中的主导作用，进而运用数据分析与计量模型证实：在数字化转型的进程中相较于其他商业银行，国有商业银行处于领先地位，并通过其信贷业务促进经济数字化转型。

第一节 数字技术变革推动商业银行数字化转型

一 数字技术变革推动了金融新业态

金融业本质是信息产业，特别是随着货币形式的电子化发展，金融业的信息化本质进一步得到加强。货币或资金已经成为金融信息系统中的数字与信息符号。金融交易也已经体现为银行 App 或者证券 App 中的交易指令。因此，金融业一直是信息数字科技使用最早和最广泛的行业。信息技术与金融业务的深度融合体现在技术与业务的界限模糊化，从以前的技术支撑业务发展到现在的技术改变业务，甚至是技术创造业务。而金融业务反向驱动技术创新，金融应用场景的使用成为新技术研发的重要驱动力。随着数字化信息技术与金融业务的融合，新兴的金融业态蓬勃发展。在实践中信息网络技术与金融业的融合，继网络银行、网络证券和网络保险后，催生出了第三方支付、网贷、P2P 和众筹等新的金融模式，而且这些模式仍在演进中。P2P 和众筹实现了点对点的投融资，投资者与融资者之间的直接融资活动使互联网金融平台不必再承担融资风险，亦无须为贷款计提风险准备金。因此，一些学者认为"数字金融"模式是既不同于商业银行间接融资又不同于资本市场直接融资的第三种金融融资模式，并指出数字金融作为一个谱系概念，实现了无金融中介或市场情形的金融交易。尽管 P2P 平台被视为信息中介而非金融中介，但其仍具有金融功能。数字金融的本质是利用互联网和信息技术，加工传递金融信息，办理金融业务，构建渠道，完成资金的融通。互联网为金融交易提供了营销的渠道、交易的平台及信息交互的路径，改变了传统金融行业的运营模式和服务范围。互联网通信技术的发展影响了金融业生态与金融发展格局，催生出了互联网金融的新模式（谢平、邹传伟，2012）。互联网金融又被称为网络金融、数字金融或数字普惠金融。虽然各金融新业态的名称不同，但在本质上均是信息数字技术与金融业务融合形成的金融新形态，仅是切入点有差异。网络金融强调新形态的金融业务依托数字化网络，数字金融强调新形态的金融业务运用数字化技术，而数字普惠金融强调数字金融新形态长尾效应体现出的普惠性。为统一表达，以下将金融新业态统称为数字金融。

二 数字金融新业态推动商业银行数字化转型

随着信息技术与金融业务的融合进入深水区，金融科技自主创新能力受到越来越多的关注，底层技术突破得到越来越多重视，并由此形成了科技公司进入金融领域，成为新金融主体的情况。新型金融科技公司在为商业银行的数字化转型提供新动力的同时，也对商业银行提出了挑战,推动商业银行加快数字化转型。

数字金融通过挑战传统商业银行业务,推动了商业银行的数字化转型。科技公司利用自身的技术优势以新的形式和业态开展金融业务。这不仅会侵占商业银行的客户来源,也会形成对商业银行的技术优势,而以技术为代表的创新能力一直是企业竞争力的代表。为了与科技公司竞争客户资源与技术优势,商业银行会积极地开展数字化转型(Philippon,2016)。花旗银行面临众多科技巨头引发的竞争格局的变化,加快了数字化转型的速度(Puschmann,2012)。数字金融的快速发展在实现T+0结算的同时,通过二维码支付和第三方支付,冲击了商业银行的支付服务。以余额宝为代表的互联网货币基金,以其远高于商业银行的存款利息吸引了资金,加速了商业银行的存款搬家,使余额宝在成立当年就成为最大的货币市场基金,并推动了商业银行主动应变,使其在推出了多种理财产品的同时,运用信息网络技术提升客户体验(丁蔚,2016)。以蚂蚁金服和京东金融为代表的互联网金融企业利用大数据和供应链金融的方式发放贷款,与传统商业银行贷款相比,可以缩短贷款审批时间、提高信用放款的比例,即可以基于整条电子商务产业链对上下游相关企业进行资金融通而无须抵押品,这会影响商业银行的贷款规模与收益。面对科技平台抢占商业银行的市场份额和贷款规模,银行自然会加快数字化转型(吴朝平,2020)。数字金融抢占市场份额,会削弱商业银行的盈利能力(谢治春,2016),影响商业银行的盈利结构(李璠,2017),并增加商业银行经营的不稳定性(韦颜秋等,2017)。这也会推动商业银行为了降低数字金融对其经营的负面冲击,积极通过数字化转型与科技金融公司竞争。

数字金融通过技术溢出及技术支持,推动商业银行的数字化转型。数字金融通过其先进的金融科技提高金融服务的效率,提升客户体验,也推动商业银行积极效仿加强信息数字化技术的应用。网上银行和手机银行迅速发展实现了商业银行的数字化转型与业务革新。在数字金融发展的初期阶段,金融科技公司通过为商业银行提供技术支持,提高了商业银行的信息收集与处理能力,以及商业银行的效率。商业银行通过银行与金融科技公司合作的模式,实现了线上与线下业务融合,形成了一站式直销的手机银行(程华、程伟波,2017)。

三 数字信息技术的应用加速了商业银行数字化转型

通信技术的快速发展，网络与手机的广泛应用，不仅改变了人们的生活方式与行为方式，也改变了金融业的运营方式。数字信息技术的应用有助于商业银行降低成本、提高效率、提升客户体验、扩大客户群与增强盈利能力。因此，商业银行有运用数字信息技术改造业务流程与进行产品创新的内在动力。传统商业银行依托物理网点开展业务，不仅有固定的营业时间限制也有交易地点的制约，而网上银行与手机银行业务依托信息网络技术突破时空限制，使客户可以通过网络实现24小时超越时空地开展业务。这不仅会提升客户的体验，也有助于降低商业银行的人工成本，商业银行对信息网络技术的应用加快了银行营业网点的数字化转型，从物理网点向电子银行、网上银行与手机银行的跨越（张德茂和蒋亮，2018）。以手机银行为代表的商业银行数字化转型有着数字网络化的独有规律，如其业务成本主要体现在系统构建与维护，增加用户的边际成本几乎为零。因此，商业银行数字化转型有助于扩展商业银行的服务对象，吸引长尾客户，支持零售金融的发展，也推动商业银行不再依赖物理网点的扩张增加盈利（王鹏虎，2018）。有研究发现，商业银行的数字化转型可以帮助自身节约成本，给客户提供更好的服务体验，并且可以帮助银行摆脱过去单纯依靠营业网点的扩张的模式。数字信息技术的应用促进了各产业的转型升级，各产业利用数字信息技术实现数字转型，从而使经济传统经济转型为数字经济。数字经济的发展推动了新兴产业与经营理念的颠覆式创新，也改变了商业银行面临的外部机会与压力，也加速了商业银行的数字化转型（谢治春等，2018；陈国红，2019）。

第二节 国有商业银行引领商业银行的数字变革

面对数字经济发展的挑战与机遇，商业银行主动加大了数字化创新资金投入，增加科技公司的合作，加快了组织结构的创新、金融产品的创新与获客模式的创新（曾刚，2015）。国有商业银行的规模效应和创新能力使其在数字化转型中通过同群效应引领商业银行的数字变革。

一 国有商业银行引领商业银行的组织数字化转型

（一）国有商业银行组织架构的数字化转型

1. 国有商业银行积极通过数字化战略完善金融科技组织架构

数字革命引发的区块链、智能合约、通证类资产等创新，改变了传统的金融资产运行模式，亦推动了组织形态离散化。数字化增加了虚拟空间中的连接，突破了传统商业银行的组织边界，增加银行组织活动的代码化、业务分散化。科技的创新及其在金融场景中的应用也推动了商业银行需要组织科技人员参与数字化系统的研发与创新，以及商业银行组建服务数字转型的机构。以工商银行为代表的国有商业银行主动应对数字经济的挑战，早在 2015 年就通过设立了"融 e 购"、"融 e 联"及"融 e 行"三大平台，构建了助力电商平台、通信社交和网上银行的组织架构，通过设立网络金融中心，形成了运用网络与大数据技术创新网络融资产品的组织体系。2019 年，工商银行形成了"一部、三中心、一公司、一研究院"的金融科技组织架构，即金融科技部、业务研发中心、数据中心、软件开发中心、工银科技有限公司和金融科技研究院，并通过人事调整进一步完善了发展金融科技的组织体系与人事布局。2020 年，工商银行成立了数据智能中心、信息安全中心等数字化部门，进一步完善了数字化组织框架。2021 年，工商银行提出建设"科技强行""数字工行"的战略规划，增加科技投入，提出在安全、场景、生态、开放、智慧五方面加速银行的数字化转型。2021 年，工商银行金融科技投入达到 259.87 亿元，金融科技人员数占全行员工总数的 8.1%，达到了 3.5 万人。① 2022 年，工商银行又发布了"数字工行"（D-ICBC），加快构建金融与产业、政府、社会、民生紧密融合的"数字共同体"。可以说，工商银行在金融科技创新与数字化转型方面一直处于前沿领域，不但通过系列战略规划，更是积极通过组织架构的调整持续为数字化转型提供人事保障。建设银行提出了"数字化转型"战略，实施了"科技自立自强"的具体战略，并推出了智慧政务、智慧工商联、"建行生活"等非金融平台，以通过非金融服务，形成各类

---

① 《37 万亿宇宙行中层密集换防！涉总行部门、分支机构，科技条线大洗牌》，中国产业经济信息网，2022 年 7 月 6 日，http://www.cinic.org.cn/cj/cjyh/1319204.html。

生态场景循环。农业银行提出推行数字金融"iABC"的规划，以"增加金融科技应用，加快数字化转型"，并加快构建了与数字化转型相适应的经营机构布局和内设部门体系。中国银行将原有的个人金融部、财富管理与私人银行部、网络金融部、银行卡中心4个部门调整为个人数字金融部、消费金融部、信用卡中心3个部门，并在个人数字金融部下设数字金融中心及私人银行中心两个二级部门。成立了金融数字化委员会，统筹推进集团数字化发展、金融科技、数据治理、信息科技风险管理体系建设等工作。2022年中国银行还推出了"数字中银+"系列产品，积极利用金融科技推动数字化转型升级，以加快自身数字化转型。邮政储蓄银行在2020年设立西安研发中心，从而基本形成了"1+4+N"（总行软件研发中心、4个分中心、N个分行研发中心）致力于金融科技创新与数字科技场景应用的组织框架。邮政储蓄银行提出新一轮"大数据五年"（2020—2024）的规划，"努力实现服务乡村振兴的科技银行"的目标，提出依托大数据加快自身平台的数字化。交通银行提出建设"数字化新交行"的战略，并通过了一系列促进数字化转型的文件如《交通银行2021—2022年数字化转型行动方案》《交通银行股份有限公司"十四五"时期（2021—2025年）数据治理规划》《交通银行股份有限公司"十四五"时期（2021—2025年）金融科技发展规划》，并通过《金融科技人才队伍建设规划（2020—2024年）》加快数字化人才梯队的建设。交通银行也积极推进组织层面的数字化框架变革，2020年11月，交通银行成立了交银金融科技子公司，交通银行正式形成了"一部、四中心、一公司、一研究院"的数字化组织框架。可以说，随着数字信息科技的发展，国有商业银行积极主动推动数字化转型，在组织架构方面均进行了积极地调整。

2. 国有商业银行以金融科技子公司支持商业银行的数字化转型

各大银行金融机构加快推进金融科技战略部署，在继续深化与外部科技企业合作的基础上，更注重利用自身力量提升金融科技核心竞争力，而成立金融科技子公司成为大中型银行达成这一目标的共识。截至2020年8月，国有五大行及大多数股份制商业银行均已拥有独立的金融科技子公司。

大中型商业银行成立金融科技子公司，以独立法人的灵活体制和市场化运作机制,在依托母公司优势基础上,探索新业态、新模式,建立自身产品优势,并从以下几方面推动金融科技发展与数字化转型。一是通过加强内部信息化基础设施建设、搭建应用系统及平台提升商业银行整体信息化水平。二是通过科技引领金融,在金融科技业务场景化、生态化、智能化等方面进行探索。三是利用金融科技子公司整合技术、业务、资源及经验优势,对外输出技术能力,从而加强金融科技的生态构建,形成科技与商业银行应用场景的深度融合。成立金融科技子公司的商业银行多为资产规模较大的大中型银行,从表4-1中可以看出,金融科技子公司成立的时间也较集中,说明金融科技子公司的成立存在同群效应。虽然国有商业银行成立金融科技子公司的时间晚于兴业银行和平安集团等大型股份制商业银行,但国有商业银行均已经建立了金融科技子公司。

表4-1 大中型商业银行成立金融科技子公司情况

金融机构	金融科技子公司	注册时间
兴业银行	兴业数金	2015年11月
平安集团	金融壹账通	2015年12月
招商银行	招银云创	2016年2月
光大银行	光大科技	2016年12月
民生银行	民生科技	2018年4月
建设银行	建信金科	2018年4月
华夏银行	龙盈智达	2018年5月
工商银行	工银科技	2019年3月
北京银行	北银金科	2019年5月
中国银行	中银金科	2019年6月
交通银行	交银金科	2020年1月
农业银行	农银金科	2020年7月

资料来源:笔者根据公开资料整理。

(二)国有商业银行引领组织架构数字化转型的定量分析

1. 国有商业银行组织架构数字化的平均水平高于非国有商业银行

为了对商业银行组织架构数字化转型水平进行定量分析,借鉴王诗卉和谢绚丽（2021）的做法对商业银行年报中的相关信息进行文本分析，若当年商业银行的年报对于商业银行组织数字化转型的描述中明确了成立相关的数字金融组织部门，则为相关部门赋值；否则为0。数字金融组织部门分为五类，即作为商业银行部门存在的数字金融业务部门、数字金融管理部门、软件开发中心、作为下属公司存在的金融科技子公司、作为下属研究院存在的金融科技研究院。其中，数字金融业务部门可以表述为数字金融部门、互联网金融部门、金融科技部门等；数字金融管理部门，如金融科技委员会或金融技术创新办公室等。因此，只要某商业银行在当年的年报中披露建立了上述五类数字金融组织部门的某一类，则赋值为1；否则为0。由于数字金融组织部门有五类，因此最高得分为5，最低为0。

基于商业银行年报披露信息的完整性与连续性，选取34家商业银行作为研究对象，包括工商银行、农业银行、中国银行、建设银行、交通银行与邮政储蓄银行，以及9家股份制商业银行与19家其他银行（城商行、农商行）。基于数据的可得性，学者有时以工商银行、农业银行、中国银行、建设银行与交通银行五家银行为国有商业银行，有时则加上邮政储蓄银行，以这六家国有商业银行作为代表。在此，分别以五大国有商业银行与六大国有商业银行为样本，取国有商业银行与非国有商业银行组织数字化水平的均值，并进行对比分析。如图4-1和图4-2所示，无论是以五家国有商业银行为样本还是以六家国有商业银行为样本，均能明显看出国有商业银行组织数字化水平的均值远高于非国有商业银行的均值。

如图4-1所示，无论是五大国有商业银行还是非国有商业银行的组织数字化水平均呈单调递增态势。2011年五大国有商业银行组织数字化水平的均值仅为0.2，2013年快速增加至1.2，至2020年增加至5，这表明五大国有商业银行在2020年已经实现了五类数字化金融组织部门的全覆盖。而相比较来看，虽然非国有商业银行的组织数字化水平亦呈增长趋势，但其增速远低于国有商业银行的均值水平。在2011年除五大国有商业银行以外的商业银行组织数字化均值为0.0690，但在2013年该值仅为0.6897远低于国有商业银行的均值，至2020年该值为3.379。这说明五大国有商业银行组织数字化水平一直高于非国有商业银行，并在互联网金融元年 2013 年快速发展，在 2020 年实现了全类型数字化组织的构建与布局。

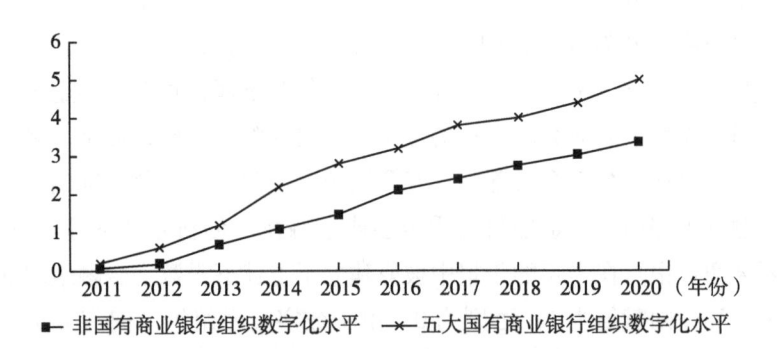

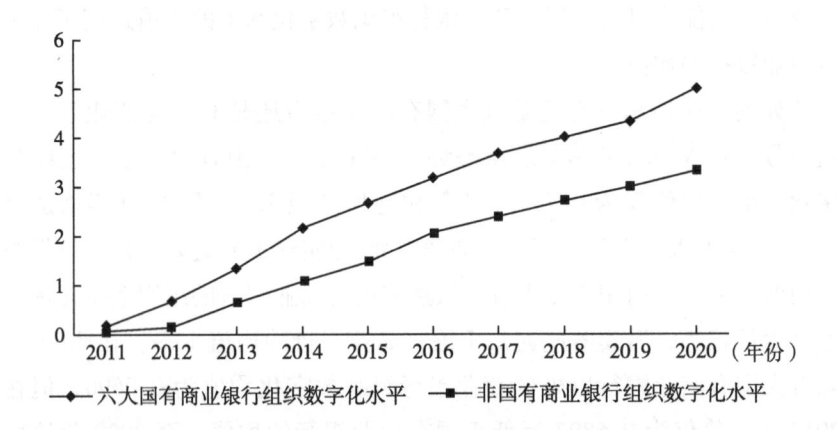

图 4-1　五大国有商业银行与非国有商业银行组织数字化水平

如图 4-2 所示，无论是六大国有商业银行还是非国有商业银行的组织数字化水平均呈单调递增态势。2011 年六大国有商业银行组织数字化水平的均值仅为 0.17，2013 年快速增加至 1.3，至 2020 年增加至 5，这表明六大国有商业银行在 2020 年已经实现了五类数字化金融组织部门的全覆盖。对比来看，虽然非国有商业银行的组织数字化水平也呈增长趋势，但其增速远低于国有商业银行的均值水平。在 2011 年除六大国有商业银行外的商业银行组织数字化均值为 0.0714，但在 2013 年

图 4-2　六大国有商业银行与非国有商业银行组织数字化水平

该值仅为 0.6429，远低于国有商业银行的均值，至 2020 年该值为 3.3314。结合图 4-1 和图 4-2 可知，无论是以五大国有商业银行还是以六大国有商业银行为代表，其组织数字化水平均一直高于非国有商业银行，在 2020 年已实现了全类型数字化组织的构建与布局，而非国有商业银行全类型数字化组织的布局还未完成。

2. 国有商业银行组织数字化水平的年度值

六大国有商业银行组织数字化水平的年度值如表 4-2 所示，在 2011 年建设银行只设立了 1 个数字化组织，而中国银行、交通银行、农业银行、工商银行与邮储银行的组织数字化水平均为 0，说明其还未设立任何一种类型的数字化组织。在 2013 年互联网金融元年，所有的国有商业银行均开始设立了数字化组织，建设银行和邮政储蓄银行较领先，均已设立了 2 个数字化组织，而相比之下，其他四家银行仅设立了 1 个数字化组织。2014 年，建设银行仍然保持领先，有 3 个数字化组织，而其他国有商业银行均仅有 2 个数字化组织。2015 年，中国银行、农业银行、工商银行和建设银行均有 3 个数字化组织，而交通银行和邮储银行仍保持为 2 个数字化组织。2016 年工商银行后来居上，设立了 4 个数字化组织，而其他国有商业银行的数字化组织数均为 3 个。2017 年，仅交通银行和邮储银行的数字化组织为 3 个，其他国有商业银行的数字化组织均为 4 个。2018 年，所有的国有商业银行的数字化组织均已达到了 4 个。2019 年，仅工商银行和建设银行实现了 5 个数字化组织的全覆盖。2020 年，所有的国有商业银行均实现了 5 个数字化组织的全覆盖。可见，国有商业银行的数字化组织水平在近年来出现了大幅提升，而工商银行和建设银行在其中更是处于领先地位。

表 4-2　　六大国有商业银行各年的组织数字化水平　　单位：个

年份	中国银行组织数字化水平	交通银行组织数字化水平	农业银行组织数字化水平	工商银行组织数字化水平	建设银行组织数字化水平	邮储银行组织数字化水平
2011	0	0	0	0	1	0
2012	0	1	0	1	1	1
2013	1	1	1	1	2	2
2014	2	2	2	2	3	2

续表

年份	中国银行组织数字化水平	交通银行组织数字化水平	农业银行组织数字化水平	工商银行组织数字化水平	建设银行组织数字化水平	邮储银行组织数字化水平
2015	3	2	3	3	3	2
2016	3	3	3	4	3	3
2017	4	3	4	4	4	3
2018	4	4	4	4	4	4
2019	4	4	4	5	5	4
2020	5	5	5	5	5	5

二 国有商业银行引领商业银行的产品数字化转型

（一）国有商业银行产品的数字化创新

面对数字金融的挑战，国有商业银行也积极地开展支付数字化变革、创新网络理财与网络融资等数字化产品。在第三方支付平台的冲击下，商业银行也在开启自身的电子支付创新，积极利用数字化技术优化支付流程，实现自动化、高效率和低成本的业务数字化（王炯，2018；王鹏虎，2019）。工商银行创新工行e支付，以新型电子支付方式满足客户便捷的小额支付需求；中国银行创新的"中银智慧付"系列产品，实现了线上收银台、线下智能收银设备和中银智慧商家App等产品服务的创新；建设银行的龙支付，依托建设银行手机银行，可以实现扫码支付、取款、转账等功能。农业银行通过实现同城双活、流量管控等重大技术架构创新，使其快捷支付系统占据领先地位。交通银行以融合二维码，实现了多种支付方式的融合，并通过参与"票付通"打造了票据支付的数字化新生态。

数字金融的发展还挑战商业银行的存款与贷款等业务，影响商业银行的市场份额与盈利水平，这也推动商业银行积极创新，生产更多的数字化产品以增加竞争力。国有商业银行通过手机App和网上银行，推出各类数字化融资与理财产品。工商银行网络融资中心推出了包括个人e贷、公司e贷、商e贷、小额信用贷款、金融资产质押贷款、网贷通六大类系列数字化融资产品，如易融通、网贷通、个人线上消费信贷与自助质押贷款等。工商银行的理财产品多达几十个，基本实现了现金管理类、增利类、封闭类、定期开放类、外币类和净值类各类理财产品的全覆盖。建设银行通过与蚂蚁金服合作，实现了以智慧数据为核心的系列数字化金融产品。交通银行则运用隐私计算、AI 与数据分析等金融科技，打造集信用、担保、抵押类于一体的普惠 e 贷产品和惠民、利民、便民的"交银 e 办事"等数字化产品。

（二）国有商业银行引领数字化产品创新的定量分析

1. 国有商业银行数字化产品的平均水平高于非国有商业银行

为了对商业银行产品数字化转型水平进行定量分析，借鉴谢绚丽和王诗卉（2021）的做法对商业银行年报中的相关信息进行文本分析，定量刻画商业银行的产品数字化的水平。若当年商业银行的年报中对于商业银行产品数字化转型的描述中明确提及数字化业务或产品，则为相关创新赋值；否则为 0。将数字化产品分为"手机银行""微信银行""网络理财""网络信贷""电子商务"五类。因此，只要某商业银行在当年的年报中提及相关类型的数字化产品内容，就赋值为 1；否则为 0。由于数字化产品分为五类，因此最高得分为 5，最低为 0。数字越大说明产品数字化水平越高。

在此，分别以五大国有商业银行与六大国有商业银行为样本，取国有商业银行与非国有商业银行产品数字化水平的均值，并进行对比分析。如图 4-3 和图 4-4 所示，无论是以五家国有商业银行为样本还是以六家国有商业银行为样本，均能明显看出国有商业银行的产品数字化水平均值远高于非国有商业银行的。

如图 4-3 所示，无论是五大国有商业银行还是非国有商业银行的产品数字化水平均在 2012 年后呈单调递增态势。2011 年五大国有商业银行的产品数字化水平值均为 0。2012 年五大国有商业银行的产品数字化水平均值仍为 0。2013 年五大国有商业银行的产品数字化水平均值快速增加至 1.2，至 2019 年增加至 5，这说明在 2019 年五大国有商业银行已经实现了五类数字化产品的全覆盖。而相比较来看，虽然非国有商业银行的产品数字化水平也在 2012 年后呈单调递增趋势，但其增速远低于国有商业银行的均值水平。2011 年除五大国有商业银行外的商业银行组织数字化均值为 0，2012 年除五大国有商业银行外的产品数字化水平均值为 0.03。这说明，2011 年无论是国有商业银行还是非国有商业银行还都没有数字化产品，2012 年非国有商业银行的数字化产品创新优于国有商业银行的。2013 年非国有商业银行的数字化产品的均值仅为 0.4483，远低于国有商业银行的均值，至 2020 年该值为 4。这说明在 2013 年互联网金融元年之前，五大国有商业银行产品数字化还未启动，在 2013 年互联网金融元年后五大国有商业银行产品数字化水平一直高于非国有商业银行，快速发展，并在 2020 年实现了全类型数字化产品的创新。

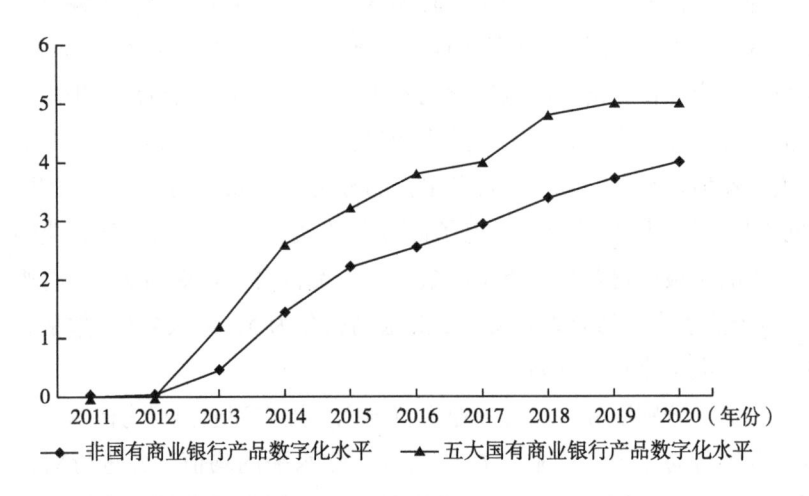

图 4-3　五大国有商业银行与非国有商业银行产品数字化水平

如图 4-4 所示，无论是六大国有商业银行还是非国有商业银行的组织数字化水平在 2012 年后均呈单调递增态势。2011 年和 2012 年六大国有商业银行组织数字化水平的均值为 0，2013 年快速增加至 1.17，2019 年和 2020 年均为 5。这说明 2019 年六大国有商业银行就已经实现了五类数字化金融产品创新，即工、农、中、建、交与邮储银行六大银行均已创新了五类数字化产品。而相比较来看，虽然非国有商业银行的产品数字化水平亦呈增长趋势，但其增速远低于国有商业银行的均值水平。2011 年除六大国有商业银行外的商业银行产品数字化均值为 0，2012 年为 0.0357，2013 年该值仅为 0.4286，远低于国有商业银行的均值 1.1667，至 2020 年该值为 3.9643。结合图 4-3 和图 4-4 可知，无论是以五大国有商业银行还是六大国有商业银行为国有商业银行的代表，其产品数字化水平都在 2013 年后一直高于非国有商业银行的，在 2020

年已实现了全类型数字化产品创新,而非国有商业银行全类型数字化产品的创新还未完成。

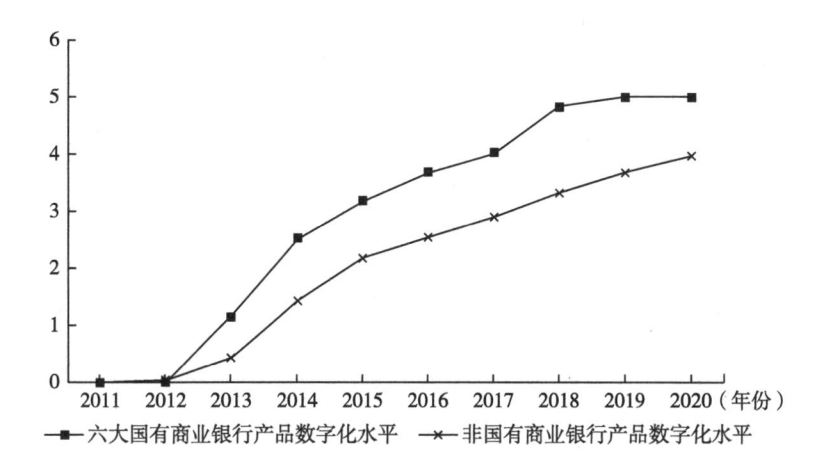

图 4-4 六大国有商业银行与非国有商业银行产品数字化水平

2. 国有商业银行产品数字化水平的年度值

从表 4-3 六大国有商业银行产品数字化水平的年度值可以看出,在 2011 年和 2012 年六大国有商业银行均无数字化金融产品创新,这进一步证明了互联网金融元年之前国有商业银行产品的数字化创新还未启动。2013 年,农业银行率先创新了 2 类数字化产品,而中国银行、交通银行、建设银行、工商银行与邮储银行的数字化产品水平均为 1。2016 年中国银行的数字化产品水平已经达到了 5,2018 年六大国有商业银行除交通银行外数字化产品水平均已达到了 5,交通银行在 2019 年数字化产品水平亦已经达到了 5,实现了六大国有商业银行数字化产品的全面创新。可见,国有商业银行的数字化产品水平在近年来出现了大幅提升,而中国银行较早地进行了产品数字化创新。

表 4-3   六大国有商业银行各年的产品数字化水平

年份	中国银行产品数字化水平	交通银行产品数字化水平	农业银行产品数字化水平	工商银行产品数字化水平	建设银行产品数字化水平	邮储银行产品数字化水平
2011	0	0	0	0	0	0

续表

年份	中国银行产品数字化水平	交通银行产品数字化水平	农业银行产品数字化水平	工商银行产品数字化水平	建设银行产品数字化水平	邮储银行产品数字化水平
2012	0	0	0	0	0	0
2013	1	1	2	1	1	1
2014	3	2	3	2	3	2
2015	4	3	3	3	3	3
2016	5	3	4	3	4	3
2017	5	3	4	4	4	4
2018	5	4	5	5	5	5
2019	5	5	5	5	5	5
2020	5	5	5	5	5	5

第三节　国有商业银行助力经济数字化转型

信息技术革命改变了经济社会运行的方式，推动了数字经济发展，也引发了各国在数字经济领域新一轮的竞争。各国纷纷提出了促进数字化的战略，如美国的《联邦大数据研发战略规划》、德国的《数字战略2025》、中国的《数字经济发展战略纲要》等。国有商业银行积极引领、推动经济数字化发展，不仅是金融服务实体经济的体现，更是服务国家战略、助力中国通过经济数字化转型实现高质量发展的重要路径。

一　国有商业银行助力经济数字化转型的理论分析

（一）国有商业银行以其资金实力引领并助力经济数字化转型

数字化转型需要巨大的资金投入，国有商业银行通过投资金融科技为商业银行的数字化转型提供了有力支撑。金融科技的核心技术创新是强化关键竞争力的手段，也是应对经济环境与客户需求变化的保障。因此，国有商业银行加大对数字化转型的投入、将服务数字化发展提升至战略性高度已成为共识。2020年，中国商业银行在金融科技方面的投入增至2000亿元以上，增速达20%；国有商业银行在金融科技中资金投入相对更多，2020年投入占比46%，比2019年的41%增长5个百分点。工商银行在数字化转型上的投入超过238.19亿元；建设银行投入超过 221 亿元；农业银行为 183 亿元；中国银行为 167.07 亿元。2021年，工商银行、农业银行、中国银行、建设银行的金融科技投入分别达到 259.87 亿元、205.32 亿元、186.18 亿元、235.76 亿元，均创历史新高（纪志宏，2022）。国有大型商业银行的科技投入使其在数字化进程上先于金融同业，并使金融科技在各类场景应用中不断迭代升级。国有商业银行通过金融科技创新实现数字化转型的成功经验，引领其他商业银行在组织管理、运营模式和产品创新方面进行数字化转型。其他商业银行作为学习者，通过学习国有商业银行作为数字转型先进入者的经验与技术，作出数字化转型的决策，也降低了数字化转型中的试错成本。可以说，国有商业银行作为数字化转型的引领者通过同群效应加速了商业银行的数字化转型。而商业银行的数字化转型通过知识溢出效应，会加速其服务客户应用信息数字化技术以及客户的数字化转型。与此同时，国有商业银行的金融科技创新，也有助于加深其与信息技术产业的合作，助力数字化创新。

（二）国有商业银行以其规模效应引领并助力经济数字化转型

传统商业银行的运营依赖线下物理网点，为客户服务需要在线下物理网点完成。物理网点也成为商业银行抢占市场、扩大客户与业务范围的重要方式。然而，物理网点的扩大需要投入人力与物力，不仅需要固定的场所也需要柜员、会计和大堂经理等岗位的支撑，并且业务受时间与地点等因素的影响。在以物理网点为依托的经营模式下，物理网点的增加在扩大客户群和业务量的同时，也会增加商业银行的经营成本。而数字信息技术的应用与数字化平台的出现颠覆了商业银行的运营模式，网上银行与手机银行使相关交易转为线上完成，在提升客户体验的同时大大降低了商业银行的运营成本。商业银行的数字化依托互联网平台，因此具有网络经济的特点，即最大的投入是网络系统的构建与维护，而网络使用的边际成本几乎为零。因此，对于规模较大的国有商业银行来说，以数字化业务平台替代线下的物理网点，实现线上与线下业务的融合，有助于降低其运营成本。国有商业银行有更强的推进线上业务的动力。金融创新是金融机构在收益最大化目标驱动下满足客户需求而实现的产品、业务、技术与组织的创新。面对客户需求的变化，国有商业银行以其庞大的物理网点形成的规模效应率先推行线上业务，引领商业银行的数字化转型。在数字化转型过程中，国有商业银行依托雄厚的资金、完善的公司治理能力和对人才与技术较强的吸引力，具有更强的数字化转型的能力与优势。而以城商行、农商行与村镇银行为代表的中小银行却因受制于资金、人才等因素，在数字化转型上与国有商业银行存在较大差距。这也使以国有商业银行为代表的大型商业银行更倾向闭环生态型、开放生态型数字化转型，而小型商业银行更倾向细分市场型数字化转型。与此同时，相比其他商业银行，国有商业银行有较高的社会责任属性与较大的资产规模，也使其成为投资数字化基础设施建设的主体。

二　国有商业银行助力经济数字化转型的实证模型设计

（一）模型选择

本节运用中国30个省份（不含西藏自治区及港澳台地区）2013—2018年的面板数据证实国有商业银行通过信贷业务助力经济数字化转型。根据Hausman检验结果选择固定效应模型，面板模型如式（4-1）所示：

$$DIG_{it} = \beta_0 + \beta_1 SOBC_{it} + \alpha controls_{it} + \delta_i + \gamma_t + \varepsilon_{it} \tag{4-1}$$

式中：i 为省份；t 为时间（年）；DIG_{it} 为 i 省在 t 年的数字化水平；$SOBC_{it}$ 为 i 省在 t 年的国有商业银行信贷水平；$controls_{it}$ 为控制变量；δ_i 和 γ_t 分别为个体和时间固定效应；ε_{it} 是误差项。

（二）变量选择

1. 被解释变量

被解释变量是各省份的数字化水平（DIG）。由于中国至今还没有公开披露数字化指标，一些学者采用单一指标衡量数字化水平，如邮电通信业务规模（Huang and Liu，2020）、人均电话用户数和计算机使用量（Jiao et al.，2015）等指标。由于互联网是一个非常复杂的系统，单一指标无法全面衡量数字化程度。因此，运用"熵权法"（Cui et al.，2020），使用四个子指标衡量各省份的数字化水平。

假设 i 省份 j 指标的数值为 $(x_{ij})_{mn}$，$i = 1, 2, \cdots, m$，$j = 1, 2, \cdots, n$。

首先进行无量纲化处理：

$$r_{ij} = \frac{x_{ij} - \min x_{ij}}{\max x_{ij} - \min x_{ij}} \tag{4-2}$$

j 指标的熵值为

$$e_j = -k \sum_{i=1}^{m} p_{ij} \ln p_{ij}, \quad j = 1, 2, \cdots, n \tag{4-3}$$

其中：$p_{ij} = \dfrac{r_{ij}}{\sum_{i=1}^{m} r_{ij}}$，$k = \dfrac{1}{\ln m}$，且当 $p_{ij} = 0$，$p_{ij} \ln p_{ij} = 0$。

j 指标的权数为

$$w_j = \frac{1 - e_j}{\sum_{j=1}^{n}(1 - e_j)}, \quad 0 \leq w_j \leq 1, \quad \sum_{j=1}^{n} w_j = 1 \tag{4-4}$$

由此得到数字化水平的综合指数：

$$DIG_i = w_1 x_{i1} + w_2 x_{i2} + w_3 x_{i3} + w_4 x_{i4}, \quad i = 1, 2, \cdots, 30 \tag{4-5}$$

衡量中国各省份的数字化水平的四个指标及其权数设计情况如表 4-4 所示。

表 4-4　　数字化水平指标及其权数

指标	指标描述	权数					
		2013 年	2014 年	2015 年	2016 年	2017 年	2018 年
计算机数量	以年底各省份的计算机数量衡量数字化设备水平	0.316	0.321	0.311	0.314	0.320	0.328
宽带接入端口数量	衡量该省份数字硬件设备的利用情况	0.176	0.185	0.183	0.173	0.178	0.182
互联网宽带接入用户数	衡量该省份互联网普及率	0.187	0.194	0.206	0.210	0.201	0.184
网站数量	衡量该省份互联网信息资源配置能力	0.320	0.300	0.299	0.303	0.300	0.306

2. 核心解释变量

核心解释变量为国有商业银行的信贷（$SOBC$）。中国的金融年鉴未以国有商业银行为统计口径披露相关数据，各上市商业银行的年报亦未披露各省份的业务数据。由于缺少各省份国有商业银行信贷额的数值，因此以各省份社会融资占比为权数计算各省的国有商业银行信贷额。该指标越大说明国有商业银行信贷越多。

3. 控制变量

为控制其他影响数字化的因素，选择了各省份的开放水平、城镇化水平、市场化水平与人才水平。具体的变量选择如下。

开放水平（OPEN）用该省份进出口额占GDP的比重衡量，该指标越大说明开放水平越高。城镇化水平（URBAN）用该省份的城镇化率代表，该指标越大说明城镇化水平越高。市场化水平（MARKET）是政府影响的相对变量，因此先计算该省份国有控股工业企业利润额与规模以上工业企业利润额之比，然后再用1减去该比值衡量，该指标越大说明市场化水平越高，即国有控股工业企业在规模以上工业企业利润占比较低。人才水平（TALENT）用该省份大专以上学历人数占总人口的比重衡量，该指标越大说明人才水平越高。

（三）数据来源

根据数据的可得性，以30个省份的2013—2018年数据为研究样本。各省份的上述数据均来自相关年份的《中国统计年鉴》。

三 国有商业银行助力经济数字化转型的实证结果分析

（一）变量的描述性统计

从表4-5给出的上述变量的描述性统计可以看出，中国各省份的相关经济指标存在较大的差异。从国有商业银行信贷的均值与标准差可以看出，其标准差接近均值77%，而数字化的均值与标准差表明，其标准差是均值的9%。可见，国有商业银行信贷在各省份的差异显著高于各省份数字化水平的差异。经济开放水平的标准差高于均值，且最大值与最小值的差距特别大，最大值是最小值的470余倍。可以看出，各省份经济开放水平差异非常大。市场化水平、人才水平与城镇化水平也呈现较大的省际差异。从市场化水平的均值及其标准差的大小对比也可见，各省份的市场化水平虽然有显著差异，但其差异小于国有商业银行信贷的差异。

表 4-5　　　　　　　　　变量的描述性统计

变量	观测值	均值	标准差	最小值	最大值
DIG	180	12.5985	0.9915	10.3059	14.8459
SOBC	180	1651.6020	1262.6900	32.0047	6592.2540
OPEN	180	38.2599	58.7263	0.5922	278.8487
URBAN	180	0.5821	0.1174	0.3784	0.8961
MARKET	180	66.6893	29.9477	-190.2248	130.9806
TALENT	180	0.5091	0.1342	0.2145	0.8940

（二）回归结果分析

从 Hausman 检验结果可以看出，Hausman 检验值的 chi^2 为 158.18，其概率为 0，因此选择固定效应模型。从表 4-6 的回归结果可以看出，国有商业银行信贷额与数字化水平呈显著的正相关关系。若不加控制变量，SOBC 对 DIG 的系数则为 0.001800。加入控制变量后，SOBC 对 DIG 的系数为 0.001690。这说明国有商业银行信贷额越大，数字化水平越高。这印证了国有商业银行引领并助力经济数字化转型的论断。

表 4-6　　　　　　　　　回归结果

变量	DIG	DIG
SOBC	0.001800** (2.05)	0.001690** (1.99)
OPEN		-0.000028 (-0.08)
URBAN		1.266000*** (3.64)
MARKET		0.002390 (1.53)
TALENT		-0.069270 (-0.46)
Constant	12.380090*** (685.51)	11.698400*** (56.91)
R^2	0.8851	0.8973
F 统计量	184.95	122.35

注：括号内数值为 t 统计量。*、**、*** 分别代表在 10%、5%、1%的水平上显著；下同。

从控制变量来看，仅有城镇化率对于数字化水平有显著正向影响，URBAN 对 DIG 的系数为 1.2660，并在 1% 的水平上显著。可见，城镇化水平的提高有助于促进经济数字化转型。其他的控制变量对数字化水平的影响并不显著。

四 结论与对策建议

国有商业银行作为中国银行体系的核心，以其资金实力引领并助力经济数字化转型，并发挥国有商业银行率先投入数字化转型的先手优势，依托数字网络的梅特卡夫原则加速国有商业银行数字化，因而具有更强的服务实体经济数字化的实力。基于30个省份（不含西藏自治区及港澳台地区）2013—2018年的面板数据，以数字化基础设施水平代表各省份的数字化发展程度，研究各省份国有商业银行信贷占比对各省份数字化水平的影响。面板模型表明，国有商业银行通过信贷投放有助于完善数字化基础设施，国有商业银行贷款占比越高的省份，该省份的数字化基础设施越完善。因此，应积极发挥国有商业银行在投资新基建的主导作用，引导商业银行更好地促进经济数字化转型。

第五章

商业银行以创新应对数字金融挑战

信息数字技术与金融的融合，催生了第三方支付、众筹、P2P借贷、大数据金融和去中心化金融（Decentralized finance，Defi）等数字金融模式，并给商业银行带来了颠覆性的挑战。数字金融引发的"鲶鱼效应"推动了商业银行主动创新，以保持自身的创新力。新冠疫情对"零接触服务"的要求更是加速了商业银行数字化转型与业务创新。创新力不仅是企业竞争力的基础，更是经济增长的动力。在应对数字金融冲击时，国有商业银行的创新力是否高于其他类型的商业银行，不仅体现了国有商业银行应对外部冲击时的应变能力，更体现了国有商业银行在外部环境数字化变迁中的竞争力及支持经济增长的动力。

第一节 数字金融与商业银行创新的文献综述

一 数字金融对商业银行的挑战

数字金融形成的金融新模式对传统金融业造成了较大的影响，不仅形成了新的价值创造方式，也通过"鲶鱼效应"改变了商业银行面临的外部环境。数字金融的虚拟性，特别是以智能合约为代表的新型金融合同与交易行为，改变了金融交易的主体、交易方式与交易结构，引发了金融民主化，改变了金融机构的价值创造与实现方式（龚映清，2013）。戴国强和方鹏飞（2014）指出数字金融以其低运营成本突破了利率管制，引发了金融脱媒。数字金融引发的"金融脱媒"、网络信贷与去中介化金融的发展对作为金融中介而存在的商业银行造成严重冲击（Allen et al.，2001）。以支付宝和微信支付为代表的第三方支付替代了现金支付，使中国迅速进入了无现金社会，改变了商业银行面临的货币环境，也减少了商业银行的银行卡支付业务，改变了商业银行对客户流水信息的掌握（Berentsen et al.，2002）。Chircu 和 Kauffman（2000）指出网络借贷平台凭借其简便的担保程序和贷款审批程度及较低的利率挤占了商业银行向中小企业与个人客户的贷款份额。第三方支付、网络信贷、网络理财等数字金融业务替代了部分商业银行的支付、信贷与存款业务，缩小了商业银行的利润空间（张庆君、刘靖，2017）且数字金融对城市商业银行盈利能力冲击最大（刘忠璐、林章悦，2016）。

二 数字金融的挑战推动了商业银行创新

作为一种金融新业态，数字金融的创新与演化也会在很长一段时间内以"鲶鱼效应"挑战商业银行，改变商业银行的盈利方式、业务模式、客户基础，并推动其创新发展（李麟，2013；董华华，2015）。数字金融以比传统商业银行更强的技术优势与创新动力，激发商业银行加快创新。指出数字金融和商业银行形成了一种新的生态关系。数字金融推动了商业银行革新风险管理方法、提高业务效率，降低了商业银行的风险从而有助于金融体系的稳定（刘忠璐，2016）。数字金融从"去中介化""全智能化""泛金融化"三个方面对商业银行提出了挑战（袁博等，2013），但对商业银行的挑战不是颠覆性的，事物的矛盾性使数字金融的挑战与冲击推动商业银行的进步（谢平、邹传伟，2012），信息数字化技术降低了银行与客户之间的交易成本，增加了信息透明度（Yablonsky，2014），迫使商业银行提高效率，提高市场竞争能力（管仁荣等，2014）。

数字金融通过"倒逼机制"，从资产端、负债端和以支付为代表的中间业务端冲击已经较稳定的商业银行业务。为了维持自身的盈利与竞争力，商业银行就不得不创新产品、发展网上银行和手机银行等业务形态、加快创新步伐（吴成颂等，2016）。信息数字化技术不仅使数字化金融可以聚沙成塔，突破时空为零售客户提供服务，也推动商业银行重视长尾市场的分散客户，实现大量低端客户及传统大客户业务的融合发展（郝强，2016）。为在数字金融冲击下获得新的生机，商业银行以市场导向强化创新，在这个过程中，数字金融的倒逼机制发挥了积极作用（葛丰，2015）。数字金融是推动商业银行创新的重要驱动力（王曙光、张春霞，2014）。商业银行为保存其核心竞争优势，以自身创新与变革实现与数字金融的错位竞争（孙杰、贺晨，2015）。范志国和林德发（2019）则强调当以虚拟变量衡量互联网金融从无到有的发展时，互联网金融的发展显著促进了商业银行的创新，但是互联网金融的发展规模与商业银行的创新能力呈显著负相关，即互联网金融的发展规模显著阻碍了商业银行的创新能力。

三 商业银行以创新应对数字金融冲击的异质性

根据产权属性，中国的商业银行大多分为国有商业银行、股份制商业银行、城市商业银行和农村商业银行四大类。数字金融的全新金融服务模式，不仅引起了商业银行的业务与组织创新，也引发了金融环境及金融监管的创新。面临变化的金融环境，不同类型的商业银行以创新应对冲击的能力存在差异。赵胜民和刘笑天（2018）指出数字金融大大降低了商业银行的非利息收入，但因不同类型商业银行的资源与应对冲击的能力有很大的差异，使不同类型银行的非利息收入受到的影响也不同。不同的股权属性与控股性质显著影响商业银行创新（周亚虹等，2012）。李金胜和荣妍（2019）也指出不同性质银行的创新能力存在差异，根据创新能力的大小依次排序为股份制银行、国有商业银行、外资银行与城商行。股份制银行以创新应对数字金融冲击的能力显著高于国有商业银行（陈孝明等，2018）。廖戎戎等（2018）指出数字金融显著提高了商业银行创新能力，但这种影响因银行规模不同会存在"门槛"效应。数字金融对大型商业银行的创新能力有正向影响，而对小型商业银行的创新能力有负向影响。然而，也有学者指出数字金融阻碍了商业银行的创新（吴思霖等，2014）。吴成颂等（2016）基于 62 家城市商业银行数据证实，数字金融抑制了城市商业银行的创新能力，且这种抑制作用在中西部地区的城市商业银行更加显著，即数字金融对中西部城市商业银行创新能力的抑制作用大于其对东部城市商业银行创新能力的抑制作用。

第二节　商业银行以创新应对数字金融挑战的相关理论

一　长尾理论

长尾本是统计学的概念，特指在帕累托分布、正态分布等分布图形中，相对于凸起部分而存在的两端相对平滑的曲线，即其中凸起的形态称为"头"，而两端相对平滑的部分称为"尾部"。"长尾效应"与帕累托法则相反。根据传统的帕累托法则，头部是主要的利润贡献者，即根据"二八定律"：20%的高端客户可以产生80%的利润；然而长尾效应强调"尾部"的客户交易量虽然数量较小，但当把尾部的客户聚集起来会形成一个比"头部"更庞大的市场。在尾部市场，客户的需求量小且"个性化"强，为满足普通尾部客户分散且数量小的需求，需要更大的客户开拓成本和边际成本。因此，在传统经济中，尾部市场通常会被忽略。但是信息数字化技术的发展，为尾部市场的开拓提供了可行性。一方面，信息数据网络化所具备的网络效应与增加客户所增加的边际成本几乎为0的特点，大大降低了尾部市场开拓的成本。正如商业银行手机银行业务的成本主要是系统的构建与维护成本，客户使用手机银行业务的边际成本几乎为0。进而使得商业银行关注到长尾客户。另一方面，大数据和人工智能等金融科技的应用，不仅可以为客户提供更便利、更优质的金融服务，也可以提供个性化、多样化的金融产品。进而使得长尾客户的需求能够得以满足，商业银行数字化的"长尾效应"及其带来的利润增加得以体现。

二　普惠金融理论

普惠金融是针对金融排斥的对应概念，特指所有的人都能在机会平等与商业可持续的原则下获得金融服务。基于"二八定律"，传统商业银行运营重点在头部客户，而将一些低端客户排除在商业银行金融服务的客户群体之外。例如，一些资产较少的客户难以获得银行的贷款，当客户存款账户的金额小于300元时要向商业银行交纳管理费，而客户存款较高时可以获得私人银行服务，享受更高的存款利率。然而，信息数字化技术支持的"长尾效应"打破了"二八定律",降低了金融服务的门槛,提高了不同地域和人群的金融服务渗透率,促进了普惠金融的发展。依托大数据分析可以为中小企业提供更多的信用贷款而不再要求中小企业提供抵押品,农村地区与低收入人群等可以聚沙成塔,获得金融服务。例如,二维码支付形成的流水支持了个体工商户获得信用贷款,网络理财产品支持了单位最小为1元的基金,使资金较少的青年甚至学生都可以通过网络理财享受金融服务,甚至支付宝与微信账户余额也可通过余额宝和零钱通获得利息收入。这大大改变了传统金融环境下,低收入群体留在手边的几千元甚至几百元钱用于日常支付的现金无法获得利息及银行服务的情况,也缓解了个体工商户因无足够的资产抵押而无法获得银行贷款的融资困境。数字化推动了普惠金融的发展,覆盖了长尾客户,扩大了金融服务的规模,将金融产品生产可能性曲线前移,有助于更好地促进经济发展。

三 金融创新的驱动理论

金融创新是金融机构为了满足客户需求、追求利润最大化而开展的产品创新、组织创新、业务创新与制度创新等。驱动商业银行进行创新的因素主要有降低成本、技术驱动、规避管制和减少约束等,并由此形成了相关的驱动理论。

(一) 交易成本理论

交易成本理论由科斯提出,科斯因该理论获得了诺贝尔经济学奖。交易成本泛指达成经济交易所要花费的成本,具体包括搜寻、信息、议价、决策、监督与违约六个方面的成本。信息网络技术的发展降低了搜寻、信息与议价的成本,而人工智能与大数据分析可有效降低决策与监督成本,智能合约则可以降低各方面的交易成本。例如,基于手机银行和网络交易系统,进行金融交易的搜寻、信息成本大幅下降,客户不仅可以不受时空的限制自助办理存款、支付与小额贷款业务,甚至还可以在网络上进行外汇及可转让大额定期存单等金融产品的买卖。为降低交易成本,商业银行有动力进行数字化创新。

(二) 技术创新理论

熊彼特在《经济发展理论》中提出创新是经济增长的驱动力。创新不是单纯地出现新的技术与发明,而是新发明与技术应用于生产或经济活动中，对经济活动产生影响的过程与机制。在后期的理论发展中，学者又将企业的管理与制度加入其中，形成技术推动创新的理论。罗默的新增长理论则将技术创新纳入了经济增长理论，提出了技术进步内生增长模型，他在理论上第一次提出了技术进步内生的增长模型。内生技术进步是经济增长的核心，市场需求的变迁及满足市场需求带来高额利润的激励机制会引发企业的主动创新，进而推动内生的技术进步，而知识的反复使用与干中学有助于降低创新的成本。可以说，创新是企业竞争力的核心，也是经济增长的动力。技术进步是推动创新与经济增长的重要驱动力，技术创新理论说明信息技术革命推动了商业银行的数字化创新。

（三）规避管制理论

规避管制理论指出商业银行金融创新是为了规避政府管制以获取监管套利。由于金融业的高外部性及作为经济运行血液对经济发展的重要影响，各国对金融业运行都有严格的管制。例如，1980年以前，美国金融监管中的M条款与Q条例对商业银行的存款利率设置上限，且不要求活期存款付利息。这催生了大额可转让定期存单、支付命令账户等金融创新。当金融监管条例是基于现有金融产品与业务制定的，形成了对商业银行利润的制约时，商业银行就会有动力创造出新的不受监管条例约束的产品与业务。正是在金融监管与金融创新的博弈过程中，实现了银行体系的发展与螺旋式上升。

（四）约束诱导理论

约束诱导理论是指企业的"逆境创新"，即在企业面临外界或自身的限制与约束的逆境时，为追求利润最大化和摆脱困境而积极创新，探索新的生存之路与增长点的行为。约束诱导理论下商业银行的创新活动，不仅是商业银行自身的创新与发展，更是在与实体经济互动过程中相互促进、共同发展的结果。商业银行的金融创新提高了金融产品的深度与广度，使其在支持经济发展的同时，获得了市场份额、提升了盈利能力。

第三节　国有商业银行以创新应对
　　　　数字金融挑战的理论分析

一　数字金融通过知识溢出效应影响国有商业银行的创新能力

数字金融的发展向商业银行展示了信息数字技术在金融场景的应用。以人工智能、大数据与云计算为代表的金融科技对客户需求的准确分析与精准的服务，不仅提高了客户的体验，更有助于有效地解决信息不对称、中小企业融资难问题，还可大大降低交易成本，享受网络化的低边际成本优势。数字金融不仅推动了信息数字技术在商业银行的技术溢出，也推动了商业银行效仿数字金融更多地运用技术，重塑业务流程，提高金融服务的效率，进而促进其高质量发展。

数字金融作为一种新型金融模式，其产品与业务创新仍在不断演化中。这使数字金融的创新快于金融监管条例，由此获得规避金融监管的高额红利，并进一步激发数字金融的创新热情。数字金融活跃的创新活动及其带来的高额收益，也会营造出创新激励氛围，并通过商业银行的同群效应激发商业的创新。国有商业银行在中国的金融体系中居领先地位，不仅体现在国有商业银行在资产规模、人才规模与业务规模占比上是金融体系的主体，还体现在国有商业银行承担着服务国家数字化战略的责任。国有商业银行作为政府数字化战略在金融领域的执行者，其对数字化转型战略的主观意愿更强，甚至像各级政府部门要相应制定数字金融战略规划一样，国有商业银行也纷纷制定其数字转型规划。当政府将国有商业银行视作推动数字化转型的"领头羊"时，国有商业银行基于同群效应积极进行数字化创新的动力会更强。

数字金融引发的"金融脱媒"对商业银行这一"金融中介"的地位形成了冲击。区块链技术及智能合约等新型金融模式更推动着去中心化金融发展，这可能会弱化商业银行凭借金融中介功能存在的根基。面对数字金融引发的冲击，商业银行会在约束诱导创新与技术推动创新下，加快创新活动。同时，商业银行的准入限制较高，面临的监管较多，为了规避监管会加速数字化创新。

二 数字金融通过影响国有商业银行的中间业务激发其创新能力

商业银行以支付结算业务为代表的中间业务，受到二维码支付和网络支付等第三方支付的冲击。以手机为工具进行的第三方支付降低了交易成本，避免了现金支付的找零、携带与丢失等问题。因此，随着支付宝和微信支付为代表的第三方支付的普及，中国进入了无现金社会。当中国进入无现金社会时，商业银行的现金存储业务与传统的支付业务受到了显著的冲击，以至于 ATM 的存在价值也大幅下降。虽然，现金存储及传统支付业务为商业银行直接提供的利润并不高，但基于支付业务积累的流水信息对商业银行相关业务的开展有积极的作用。因此，面对第三方支付的挑战，商业银行也积极与银联合作推出了云闪付，以交通银行为代表的银行还推出了基于银行卡的二维码支付。可以说，虽然支付宝与微信支付仍然占有较大的支付业务份额，但商业银行特别是国有商业银行也在积极进行支付业务创新，以云闪付和银行二维码支付开展竞争。此外，支付宝与微信支付不仅可以用于商品交易的支付，还可以开展转账汇款业务，不仅转账汇款业务是免费的且可以秒到账。正是在支付宝与微信支付的冲击下，商业银行的汇款业务中跨行取款与转账汇款的佣金收入大幅下降。特别是随着商业银行手机银行的快速发展，通过手机银行办理的转账业务已经实现了免费，这必然对商业银行以佣金和手续费为代表的中间业务收入受到影响，也迫使商业银行积极通过其他类型的中间业务创新弥补佣金和手续费收入。

虽然多层次资本市场快速发展，但中国的金融体系仍以商业银行为主体，商业银行长期开展金融业务，积累了较稳定的客户群，而且国有商业银行的资金实力雄厚，还有政府提供的背书，公众信赖度较高，这为国有商业银行开展中间业务奠定了基础。除汇兑业务、信用证业务外，商业银行还积极开展企业债券和可转换债券的发行与包销等业务、开展理财、委托贷款等通道业务。以余额宝和理财通为代表的互联网理财产品通过更高的利率和便捷的购买方式，迅速获得了大众的认可。甚至从某种意义上说，以余额宝为代表的互联网理财产品推动了中国存款利率的自由化。商业银行在余额宝出现之后，积极地开发多种理财产品，理财产品的门槛也逐渐降低，10 元起投甚至 1 元起投的低门槛使商业银行吸引了长尾客户。在数字金融冲击商业银行中间业务之初，商业银行处于被动创新应对阶段，但此后商业银行也在数字化环境下主动破局，增强了自己的创新能力。中国商业银行申请了通信、推算、信号装置、密码技术等领域的专利也表明：商业银行在积极利用大数据、云计算、密码技术等技术提高效率，加快中间业务的创新。

三 数字金融通过影响国有商业银行的资产业务激发其创新能力

商业银行的资产业务最主要的就是信贷业务，而数字金融平台为中小企业和个人消费者提供的网络贷款业务对商业银行的传统贷款业务形成了较大的冲击。数字金融平台基于大数据分析，针对客户的消费习惯与信用状况，进行精准的交易匹配与风险管理。通过以京东白条、支付宝借呗、花呗为典型代表的数字金融平台借贷，借款人可以实现秒贷，而传统商业银行的贷款审批通常至少要一周的时间。可见，数字金融有更短的贷款审批时间，可以更迅速地为客户提供融资支持。从信贷额度的测算来说，传统商业银行的信贷业务往往要根据客户的抵押物来确定，贷款也是抵押贷款，传统商业银行的纯信用贷款额较少。数字金融平台则往往是信用贷款，并不需要抵押物，而是根据关联的大数据分析判断客户的信用状况，并算出最优风险管控的借贷额度。可以说，数字金融平台自动化、精准的平台贷款业务，在填补传统商业银行空白信贷市场、推动普惠金融发展的同时，会吸引部分原本属于商业银行的客户。虽然数字金融平台的网络信贷业务服务的对象多是零售客户，还未能撼动商业银行的大客户资源，无法冲击商业银行的主体资产业务。但在长尾效应下，商业银行信贷客户流失也推动商业银行反思其资产业务，促使其进行资产业务创新。商业银行不仅积极运用大数据增加信用贷款，开启对客户小额授信的网络秒贷业务，还积极运用卫星监测和区块链技术开展供应链信贷与绿色信贷等资产业务。国有商业银行依托其雄厚的资产规模及资产业务数字化创新能带来的规模效应，有更大的动力加强资产业务创新。从工商银行各类网络融资创新就可以看出，面对数字金融对商业银行资产业务的挤压，国有商业银行亦积极推动资产业务创新，并在资产业务数字化创新中发挥着"领头羊"作用。

四 数字金融通过影响国有商业银行的负债业务激发其创新能力

第三方支付与数字金融的快速发展，使人们用于日常支付的资金不再以商业银行的活期存款或现金的形式存在，而往往是以微信上的零钱通和支付宝上的余额宝的形式存在。这大幅减少了商业银行的活期存款、激发了商业银行的脱媒。数字金融平台还通过产品拆分降低了客户投资的门槛,增加对长尾客户的吸引力。商业银行为了吸引长尾客户,积极加速负债业务创新,不仅推出各类优惠活动,还极地运用存款业务的利率上浮等政策吸纳资金。当商业银行的存款业务受到数字金融的冲击,其资金来源与盈利能力受到影响时,一方面会影响商业银行创新投入,另一方面会迫使商业银行创新金融债券或者理财产品等其他负债方式来保障稳定的资金流。

第四节 商业银行以创新应对数字金融挑战的异质性分析

一 模型选择

本节运用中国18家上市商业银行2009—2019年的面板数据证实数字金融促进了商业银行的创新,且国有商业银行以创新应对数字金融挑战的力度最大。根据Hausman检验结果选择固定效应模型,面板模型的公式如下:

$$Patent_{it} = \beta_0 + \beta_1 DIG_{it} + \alpha controls_{it} + \delta_i + \gamma_t + \varepsilon_{it} \tag{5-1}$$

式中:i为商业银行;t为时间(年);$Patent_{it}$为i银行在t年的创新水平;DIG_{it}为i银行在t年的数字化水平;$controls$为控制变量;δ_i和γ_t分别为个体和时间固定效应;ε_{it}为误差项。

二 变量选取

(一)被解释变量

被解释变量是商业银行的创新能力($Patent$),以商业银行专利申请数量衡量银行的创新能力,专利申请数量越高代表商业银行的创新能力越强。现有关于商业银行创新能力的分析,多重视商业银行的产品创新或者以商业银行的中间业务收入水平衡量商业银行的创新能力。还有一些学者用多维度的指标如盈利水平、产品与业务创新能力等综合刻画商业银行的创新能力(曹蒸蒸,2009)。本节借鉴吴延兵(2014)的研究,以不同种类的专利数量衡量不同所有制企业的创新能力。专利数量可以有效衡量商业银行创新成果的指标,而研发投入更多地体现商业银行的创新意愿，投入的资金不一定能形成有效的创新产出。

（二）核心解释变量

核心解释变量为数字金融的发展水平（DIG）。在现有关于数字金融的研究中，学者采取三种方式衡量数字金融的发展水平。第一种是用"文本分析法"在支付结算、资源配置、风险管理和网络渠道四个功能维度建立数字金融词库，再用百度搜索引擎通过计算关键词的年度词频，以因子分析法合成数字金融指数（廖戎戎等，2018）。第二种是以北京大学数字金融研究中心的数字金融普惠指数为主要的衡量指标（傅秋子、黄益平，2018）。第三种则是通过加总第三方支付与P2P网贷的交易规模衡量数字金融普惠指标（吴成颂等，2016；范志国、林德发，2019）。第一种更多地体现了公众对数字金融的关注度，并不能精准地反映数字金融的实际发展情况。第二种以北京大学的数字金融普惠指数为数字金融的发展水平，但该指标是基于蚂蚁金服的数据进行测算的，因此更多地体现了蚂蚁金服的数字金融规模。而数字金融冲击商业银行的业务并迫使商业银行加速数字化创新，这一过程中不仅有蚂蚁金服的业务还有微信及曾经存在的几千家P2P平台。第三种方法数据较容易获取且操作简单，且更准确地衡量了第三方支付与P2P平台的交易规模。虽然P2P平台在2020年11月已经全行业地关停了，但是其曾经存在时对商业银行形成了冲击，并且是激励商业银行加快创新的主要因素。而且本节的研究样本期是2009—2019年，在该时期P2P平台仍在运行中，相关的数据仍足以剖析商业银行面临的挑战及其对激发的商业银行创新能力的影响。因此，对于数字金融发展水平的定量刻画，本节分别运用第三种方式，即加总第三方支付的实际交易规模（DIG_{tpp}）和P2P的实际交易规模（DIG_{p2p}）的数据进行度量。

关于数字金融的研究，还有学者用虚拟变量衡量互联网金融元年之前与之后商业银行创新能力的变化。因此，本节还设立了虚拟变量（DIG_{dum}）将2013年以前设为0，2013年及之后设置为1，以考核数字金融发展元年对商业银行创新能力的影响。

（三）控制变量

为了减少其他影响商业银行创新因素的干扰，以确保核心解释变量对被解释变量影响的准确与稳健，加入了反映商业银行微观运营情况与宏观经济情况的控制变量。具体的控制变量如下：

1. 银行资产规模

商业银行的大资产规模会存在"大而不倒"的问题，一方面，"大而不倒"意味着商业银行可借其资产实力获得稳定的生存空间，生存压力的降低会弱化商业银行的创新驱动力。另一方面，商业银行的创新能力需要人力与资金的投入。资产规模较大的银行有更雄厚的资金实力，也有更好的人才储备。因此，资产规模小的银行，其进行创新活动的投资实力不足，会导致资产规模越小的商业银行的创新活动越不活跃（廖戎戎等，2018）。

2. 商业银行传统存贷款业务的盈利能力

商业银行的资源是有限的，因此传统业务与创新业务的开展存在此消彼长的关系。当商业银行的传统业务开展非常顺利，有较高的盈利空间时，不仅会使商业银行把更多的资源放在传统业务上，还会抑制商业银行的创新能力。可以说，商业银行传统业务与创新业务的替代关系（朱盈盈等，2011）会使传统商业银行业务盈利能力越高的银行的创新能力越弱。商业银行传统业务的典型代表是存款和贷款业务，净利息收入是商业银行通过传统存贷款业务获得的盈利。因此，本节以银行利息净收入的对数形式（Lnni）衡量银行传统业务的盈利能力。

3. 商业银行的风险水平

创新活动有较高的风险性，因此商业银行的风险水平对其创新活动有显著影响。商业银行的外部性使其面临较高的监管规制，当商业银行的风险水平已经较高时，为了满足监管规则的要求商业银行自然会控制其高风险的创新活动。特别是当商业银行的信用风险较高时，较高的不良贷款率需要商业银行提取利润进行拨备，这也会占用商业银行投资于创新活动的资源。因此，本节将商业银行的不良贷款率作为商业银行创新活动的控制变量。

4. 商业银行的抗风险能力

商业银行的抗风险能力影响着商业银行的创新活动，也影响着银保监会对商业银行创新活动的审批。因为创新往往与风险伴生，只有当商业银行的抗风险能力较强时，才有实力开展创新活动，也才能承担创新活动失败或者创新业务开展过程中带来的风险。资本充足率高也是银保监会审批商业银行是否可以进行创新业务的重要依据。

5. 经济发展水平

经济发展是影响创新活动的重要因素，通常经济发展水平越高，积累的资金、人才与知识越多，创新能力越强。因此，选择 GDP 衡量经济发展水平以控制宏观经济环境对商业银行创新能力的影响。

表 5-1　　　　　　　　　　变量符号与定义

变量	名称	符号	变量的定义
被解释变量	商业银行创新水平	$patent$	商业银行本年度申请的专利数量
核心解释变量	互联网金融元年	DIG_{dum}	在样本期内以 2013 年的互联网金融元年为分界点，2013 年前取值为 0，在 2013 年及之后取值为 1
	第三方支付规模	DIG_{tpp}	第三方支付交易规模的对数形式
	P2P 网贷	DIG_{p2p}	P2P 网贷的交易规模的对数形式
控制变量	银行资产规模	$lnasset$	商业银行总资产的对数形式
	净利息收入	$lnni$	商业银行的净利息收入以衡量其盈利能力
	不良贷款率	Npl	商业银行的不良贷款率以衡量其风险
	资本充足率	Car	商业银行的资本充足率以衡量其抗风险能力
	国内生产总值	GDP	年度国内生产总值以代表经济发展水平

本节以 5 家国有商业银行、8 家股份制商业银行和 5 家城市商业银行共计 18 家上市商业银行为研究样本，基于数据的可得性以 2009—2019 年为样本期。商业银行的专利申请数量来源于国家知识产权局，第三方支付规模、P2P 网贷规模和代表宏观经济环境的 GDP 数据来源于 Wind 数据库，商业银行微观经营的相关数据来源于上市商业银行的年报。

三　统计检验与实证结果分析

为了对比分析国有商业银行与其他商业银行在应对数字冲击的创新力，将 5 家国有商业银行、8 家股份制商业银行和 5 家城市商业银行这三类商业银行作为样本分别进行描述性统计分析与回归分析。三类商业银行的描述性统计如表 5-2 所示。

表 5-2　　　　　　　　　商业银行的描述性统计

变量	城市商业银行（5家）		股份制商业银行（8家）		国有商业银行（5家）	
	Mean	*Std. Dev.*	*Mean*	*Std. Dev.*	*Mean*	*Std. Dev.*
$patent$	1.127273	2.293748	6.227273	16.663490	68.21818	81.380840
DIG_{tpp}	71.627270	80.830480	71.627270	80.830480	71.627270	80.830480
DIG_{dum}	0.636364	0.485479	0.636364	0.485479	0.636364	0.485479
DIG_{p2p}	67.549300	80.461050	67.549300	80.461050	67.549300	80.461050
$\ln ni$	0.200715	0.106026	0.736856	0.346489	3.238514	1.419575
Npl	0.011333	0.005004	0.012048	0.004772	0.014004	0.004021
$\ln asset$	1.056364	0.666501	3.601023	1.854091	15.313090	6.612697
Car	0.127500	0.015380	0.117377	0.012429	0.137695	0.015233
GDP	6.508530	1.940993	6.508530	1.940993	6.508530	1.940993

从表 5-2 所示的三类商业银行相关变量的均值与标准差可以看出，三类商业银行的创新能力与微观经营情况有显著差异。从商业银行的创新能力来看，国有商业银行创新能力的均值显著高于股份制商业银行和城市商业银行，且国有商业银行的均值是股份制商业银行的 10 余倍，是城市商业银行的 60 余倍。可见，国有商业银行的创新能力遥遥领先于其他类型的商业银行。从净利息收入来看，国有商业银行的净利息收入远远高于股份制商业银行与城市商业银行，这可能是源于其较大的资产规模。国有商业银行资产规模的均值是股份制商业银行的 4 倍以上，是城市商业银行的 15 倍以上。国有商业银行的资产充足率也高于城市商业银行与股份制城市商业银行。从不良贷款率来看，国有商业银行的不良贷款率的均值为 0.014004，股份制商业银行为 0.012048，城市商业银行为 0.011333。可见，国有商业银行的信贷风险高于股份制商业银行和城市商业银行，且其抗风险的能力亦高于其他类型的银行。三类商业银行面临着同样的数字金融挑战，第三方支付的规模大于 P2P 平台的规模。

根据 Hausman 检验结果，所有的回归都采用固定效应模型，三类商业银行面临三种数字金融冲击的回归结果分别如表 5-3、表 5-4 和表 5-5 所示。

从表 5-3 可以看出，国有商业银行的创新能力与互联网金融元年的虚拟变量呈显著正相关，系数为 23.0204 且在 5%的水平上显著。股份制商业银行的创新能力与 2013 年的虚拟变量也显著呈正相关，系数为 3.9483 且在 1%的水平上显著。而城市商业银行的创新能力与互联网金融元年的系数并不显著。这说明，在 2013 年后，国有商业银行与股份制商业银行的创新力显著提高，且国有商业银行创新能力的增幅远远高于股份制商业银行，而城市商业银行的创新力在 2013 年后无显著变化。

表 5-3　互联网金融元年对各类商业银行创新能力的影响

银行分类	国有商业银行	股份制商业银行	城市商业银行
	$patent$	$patent$	$patent$
DIG_{dum}	23.0204 ** (2.4726)	3.9483 *** (2.7187)	−0.2047 (−0.4934)
$lnasset$	−353.5777 *** (−5.3524)	4.9715 (0.6310)	−2.4986 * (−1.9794)
$lnni$	159.7174 *** (3.5967)	−2.2154 (−0.7240)	0.9623 (0.9267)
GDP	41.7201 *** (3.8770)	−2.4371 (−1.2956)	0.9336 *** (3.6273)
Car	608.7316 (1.1000)	290.2960 ** (2.3781)	−5.6448 (−0.6584)
Npl	3228.9390 ** (2.5743)	286.3417 (1.3402)	1.7873 (0.0349)
$\_cons$	410.1690 *** (3.1739)	−24.5291 ** (−2.1888)	−2.8427 (−1.1922)
Adj R^2	0.7563	0.4348	0.2451
N	55	88	55

注：括号内数值为 t 统计量。*、**、*** 分别代表在 10%、5%、1%的水平上显著；下同。

从表 5-4 可以看出，国有商业银行的创新能力与第三方支付的规模呈显著正相关，系数为 1.4441 且在 1%的水平上显著。股份制商业银行的创新能力与第三方支付的规模也呈显著正相关,系数为 0.2460 且在 1% 的水平上显著。城市商业银行的创新能力与第三方支付规模的系数为 0.0200 且在 5% 的水平上显著。这说明,第三方支付的快速发展对三类商业银行的创新力都有显著的促进作用,且对国有商业银行创新的激励作用最大。第三方支付每增加 1 个单位,国有商业银行创新能力会增加 1.4441 个单位,远高于股份制商业银行的 0.2460 和城市商业银行的 0.01997。

表 5-4 第三方支付对各类商业银行创新能力的影响

银行分类	国有商业银行	股份制商业银行	城市商业银行
	patent	patent	patent
DIG_{tpp}	1.4441*** (3.8462)	0.2460*** (13.8498)	0.0200** (2.5375)
ln$asset$	-334.5781*** (-8.4994)	43.1637*** (15.8101)	-3.1073** (-2.4107)
lnni	485.2337*** (6.0813)	3.1941 (1.4105)	3.3723** (2.3135)
GDP	-46.3936* (-1.9764)	-17.2200*** (-17.8353)	-0.1780 (-0.3598)
Car	-219.5780 (-0.4634)	98.6520*** (5.4557)	-0.8877 (-0.0553)
Npl	4620.9890*** (4.4163)	-749.1155*** (-8.0774)	-13.6920 (-0.2038)
_$cons$	597.4638*** (6.8015)	50.7596*** (9.7544)	6.5085 (1.3917)
Adj R^2	0.8251	0.8321	0.3093
N	55	88	55

从表 5-5 可以看出,国有商业银行的创新能力与 P2P 平台的交易规模呈显著正相关,系数为 0.3030 且在 1% 的水平上显著。股份制商业银行的创新能力与 P2P 平台的交易规模也呈显著正相关,系数为 0.0223 且在 1% 的水平上显著。城市商业银行的创新能力与 P2P 平台交易规模的系数为 -0.0048 且在 5% 的水平上显著。这表明,P2P 平台交

易规模的扩大对三类商业银行的创新力都有显著影响，然而对国有商业银行与股份制商业银行创新能力的作用是促进的，而对城市商业银行创新能力的作用是阻碍的。P2P平台交易规模的扩大对国有商业银行创新能力的促进作用还显著高于股份制商业银行。

表 5-5　　　　P2P 网贷对各类商业银行创新能力的影响

银行分类	国有商业银行	股份制商业银行	城市商业银行
	$patent$	$patent$	$patent$
DIG_{p2p}	0.3030 *** (2.7640)	0.0223 *** (2.7565)	−0.0048 ** (−2.4930)
$lnasset$	−468.4083 *** (−5.8950)	26.2478 *** (13.0975)	−0.6021 (−0.4270)
$lnni$	237.5975 *** (7.7602)	−11.0234 *** (−5.5522)	−0.0382 (−0.0465)
GDP	50.7496 *** (4.8777)	−3.0456 *** (−10.3745)	0.6868 ** (2.1123)
Car	35.9716 (0.0911)	204.7591 *** (9.1740)	0.8707 (0.1091)
Npl	2801.1670 *** (3.2410)	−109.2506 (−1.3840)	38.0419 (0.8709)
$\_cons$	648.9940 *** (4.4872)	−32.6257 *** (−7.1660)	−3.7236 * (−1.9201)
Adj R^2	0.8044	0.7712	0.3206
N	55	88	55

综上所述，国有商业银行和股份制商业银行面对数字金融的冲击，均在5%以上的水平上显著提高了创新能力，且无论是2013年还是第三方支付与P2P网贷规模对国有商业银行创新力的激励作用均高于股份制商业银行的，且2013年这一虚拟变量对国有商业银行创新的激励作用更大，第三方支付交易规模比P2P平台交易规模对国有商业银行创新能力的激励作用更大。而城市商业银行在面对数字金融冲击时，2013年对其创新力无影响，第三方支付规模对其创新力有正向激励，而P2P网贷对其创新力有负向激励。从三类商业银行的资产规模可以看出，城

市商业银行属于小型银行，而国有商业银行与股份制商业银行均是规模较大的银行。可见，面对数字金融冲击，大型商业银行能有效地加快创新以提高自身竞争力，而城市商业银行因规模比较少、资源有限而承受数字金融冲击的能力较弱。这进一步证明了，国有商业银行在数字金融冲击下，创新能力更强，起到了引领商业银行创新转型以应对数字金融冲击的作用。

第六章

国有商业银行引领经济金融绿色转型

面对气体变化和生态环境恶化的挑战，国际社会通过每年一次的联合国气候大会及系列国际条约倡导并推动各个国家的绿色发展。在国际上，自哥本哈根会议以来，中国不仅明确做出了碳减排的承诺且减排承诺不断提高，在2020年提出了"30·60"的"双碳"目标①。在国内，中国不仅出台了系列节能环保政策，更是自"十一五"规划以来将绿色低碳发展列入了接下来的各个五年规划，甚至已经将"双碳"上升至国家战略高度。在"十四五"规划、《中共中央　国务院关于完整准确全面贯彻新发展理念做好碳达峰碳中和工作的意见》与《国务院关于印发2030年前碳达峰行动方案的通知》等国家文件中，明确提出了以"双碳"目标助力中国经济高质量发展。"双碳"目标需要大量的资金支持，为了实现金融与实体经济的协调发展，经济的绿色转型亦需要金融机构的绿色转型。国有商业银行在中国当前以银行为主的金融体系中具有主导地位及其执行国家战略的特殊职责，使国有商业银行在服务中国经济绿色发展中也应发挥主导作用。本章将在剖析国有商业银行引领商业银行绿色转型的基础上，分析国有商业银行在减排效应及其促进绿色发展、提升绿色全要素生产率的作用，为促进中国经济的绿色发展提供对策与建议。

---

① 《37万亿宇宙行中层密集换防！涉总行部门、分支机构，科技条线大洗牌》，2022年7月6日，中国产业经济信息网，http：//www.cinic.org.cn/cj/cjyh/1319204.html。

第一节　国有商业银行引导商业银行的绿色金融转型

以环境为代价的经济高速发展，引发了资源的匮乏、生态系统破坏、全球变暖及气候异常等问题，推动了国际社会探索绿色低碳发展，相应地，金融领域也形成了绿色金融。商业银行作为金融体系的重要组成部分，通过以绿色信贷为代表的资金投向转型助力绿色发展。早在2002年国际金融机构就提出了赤道原则，并迅速得到了商业银行的认可。中国兴业银行在国内率先成为接受赤道原则的赤道银行。中国人民银行也将促进绿色金融发展作为重要的工作内容，以"三大功能，五大支柱"为框架的绿色金融发展思路，已形成了"顶层设计—中间支柱—底层基石"的绿色金融政策体系框架。"双碳"目标的实现需要大量的资金，产业绿色转型、能源结构调整和绿色技术发展都亟须商业银行提供资金支持。因此，分析商业银行，特别是国有商业银行对低碳转型和绿色发展的支持作用，有助于更好地发挥金融支持实体经济的作用，以绿色金融更好地助力"双碳"目标。推动绿色信贷成为商业银行的自主选择、充分发挥国有商业银行的主导作用加速金融业的绿色转型并积极应对"绿天鹅"事件，不仅是绿色金融发展的关键，也是实现经济与环境协调发展、促进经济绿色转型的必由之路。

一　商业银行的绿色转型与赤道银行

早在20世纪70年代，商业银行的绿色转型已经初露端倪。1974年第一家生态银行在德国成立，由此商业银行开始探索绿色信贷业务，推动了其信贷业务的绿色转型。1980年，联合国倡导绿色理念以应对气候、资源、环境问题，该理念与金融的融合催生了绿色金融。1992年通过的《21世纪议程》与1997年《京都议定书》加速了全球商业银行的绿色金融转型。在2003年，仅有7国接受了赤道原则，到2021年已经有37个国家和地区的125家银行和金融机构接受了赤道原则。赤道原则要求商业银行在审批融资项目时，以环境影响作为前期审核条件，即只有在充分考虑了融资项目对环境不会产生负向影响的前提下，才能使项目获得融资资格。因此，接受赤道原则的赤道银行通过信贷原则的调整，引导金融资源流向对环境友好的项目，会降低以项目为依托的经济发展对环境的污染与破坏。

各国经济金融发展水平的差异使各国的绿色金融体系与发展模式存在差异，但各国已经对绿色金融的核心内容达成了共识。绿色金融指在资金融通领域实现经济、金融与可持续发展的有机结合（Salazar，1998）；绿色金融，也称为环境金融、可持续金融，源于资源匮乏及污染严重背景下实体经济的绿色融资缺口（Lindlein，2012；Hafner et al.，2020），是将环境、社会和治理因素（ESG）纳入投资决策，促进经济可持续的投融资活动（Emtairah, et al, 2005；马骏，2015、2016）。伴随国际气候治理与碳交易等制度设计的推进，绿色金融还包含了减少碳排放和气候变化的金融活动，与气候金融、碳金融相互替代。从金融机构的界定来看，经济合作与发展组织从环境与经济平衡的角度指出，绿色金融是在减少污染排放、保护环境的同时，为促进经济增长与高效利用自然资源而提供的金融服务。世界银行指出，绿色金融是为了可持续发展、加大对促进环境保护项目进行的投资融资活动。亚洲开发银行也从服务可持续发展的角度给出绿色金融的定义，即绿色金融是为经济可持续发展项目提供金融服务、体制安排、国家倡议和政策及金融产品等。中国人民银行则是从绿色金融功能的角度出发，提出绿色金融就是为了应对气候变化，支持环境改善，对更高效地利用自然资源的经济活动和对环保、清洁能源、节能、绿色交通、绿色建筑等绿色项目的投融资活动，以及项目运营与风险管理。

商业银行为兼顾环境治理与经济增长，不断丰富和创新绿色金融工具。绿色信贷是最早出现的绿色金融工具，通过"可持续融资""环境融资"促进环境与生态保护，可以说是一种事前服务环境治理的金融产品。商业银行在开展绿色信贷业务时对传统信贷活动提出了新的要求并做出了新的制度安排。商业银行主要通过贷款利率与贷款总额的调整，改变信贷业务与信贷结构。例如，商业银行会提高高排放、高能耗的污染企业与项目的贷款利率、增加其融资成本，并在银保监会与央行约束双高贷款政策的指导下降低高排放、高能耗的污染企业与项目的贷款额，通过对高排放、高能耗的污染企业与项目惩罚性的信贷活动，会减少此类项目的实施，从而限制该类项目的发展。商业银行对符合环境保护要求且有利于资源节约、提高自然资源利用率的绿色企业或绿色项目实施优惠利率，降低融资成本，或者增加此类对环境保护有正向效益项目的贷款数量，引导资源流向该行业与领域，鼓励其发展。通过信贷条件的差异，调整信贷投向，支持环境友好型项目、约束环境不友好项目，以绿色信贷活动促进经济绿色低碳发展。

商业银行的绿色转型不仅体现在开展绿色信贷业务上，更体现在经营理念与原则的变化上，其中最具代表性的就是赤道原则。赤道原则以项目环境及社会风险作为判断融资的前提指标，已经是国际上公认度最高、应用最广、代表性最强的商业银行绿色发展准则。赤道原则由世界银行集团的国际金融公司提出，强调金融机构应该且必须承担社会责任，因此应只为环境及社会友好的项目提供资金支持。很多发达国家的商业银行基于赤道原则形成了较成熟、更具操作性的绿色信贷制度体系。虽然赤道原则是由商业银行自发达成的一项非强制性的信贷准则，但其绿色金融理念具有重要的意义，因其首次为项目融资制定了清晰的环境和社会标准，也为银行评估和管理环境与社会风险提供了具体的工作指引。凡是接受了赤道原则的赤道银行都接受市场监督。因此，商业银行根据赤道原则开展业务不仅有助于提高商业银行的声誉，减少政治风险和环境风险，降低"绿天鹅"风险，还有助于提高整个行业的道德水准，将环境保护和社会可持续发展落到实处，切实发挥金融业在环境保护方面的核心作用，以金融绿色转型促进经济绿色转型。

二 中国商业银行自觉开展绿色信贷业务

碳达峰、碳中和目标对中国绿色金融发展提出的迫切要求。近年来，在政策引领下，中国绿色信贷规模稳定增长，信贷质量整体良好，对持续改善环境质量、优化产业结构起到了重要作用。虽然中国绿色信贷已取得显著成效，但节能减排和环境保护依然任重道远，亟须推动商业银行自觉践行赤道原则，自动推动信息披露，自主实现动态监督，自行推进国际合作。面对资源约束趋紧、环境污染加重等严峻形势，经济发展需要保护环境，防止生态退化。在转变高污染、高能耗的发展方式，实现可持续发展的背景下，绿色信贷应运而生。

2003年6月，花旗银行等十家国际性银行共同创建了赤道原则。这项准则要求金融机构在做项目投资时，要对该项目可能对环境和社会产生的影响进行综合评估，并且利用金融杠杆促进该项目在环境保护及社会和谐发展方面发挥积极作用。该原则推动着国际项目融资的环境和社会规则的确立，促进了绿色信贷在发达国家的发展。赤道原则作为一个自愿加入的规则体系，虽然并不具有法律效力，但是在市场实践中逐渐成为发达国家金融机构的行业准则。截至2020年底，全球已有113家金融机构采纳了赤道原则，包括中国兴业银行等多家银行。从目前的情况来看，国际上绿色信贷的实践与推广主要是金融机构自发的市场行为。

与国际不同，中国绿色信贷的推广来源于政策推动。中国政府一直高度重视金融对环境的影响。早在1995年，《中国人民银行关于贯彻信贷政策与加强环境保护工作有关问题的通知》就提出银行贷款需要考量环境保护和污染防治。2007年，由环保总局、人民银行、银监会联合发布的《关于落实环保政策法规防范信贷风险的意见》，将绿色信贷作为保护环境与节能减排的重要市场手段。同时，要求金融机构依据环境保护管理规定和环保部门通报情况，严格贷款审批、发放和监督管理，绿色信贷上升为中国重要的政策性制度。2007—2009年，银监会陆续印发《节能减排授信工作指导意见》《中国人民银行 银监会 证监会 保监会关于进一步做好金融服务支持重点产业调整振兴和抑制部分行业产能过剩的指导意见》，鼓励金融机构加快探索绿色信贷业务。2012年，《绿色信贷指引》《银行业金融机构绩效考评监管指引》等系列文件，标志着中国绿色信贷进入快速发展阶段。这些文件明确了银行业绿色信贷的范围、考评、统计，确定了中国绿色信贷存在和发展的政策体系的大体框架，也为国内所有银行业绿色信贷快速发展提出了原则性的指引。政府从战略高度推动绿色信贷发展，完善绿色信贷政策体系和发展框架，相继出台《关于绿色信贷工作的意见》《关于报送绿色信贷统计表的通知》《绿色信贷实施情况关键评价指标》《关于构建绿色金融体系的指导意见》《绿色贷款专项统计制度》《关于开展银行业存款类金融机构绿色信贷业绩评价的通知》等文件，完善了促进绿色信贷业务的激励约束机制，将绿色信贷占比纳入了商业银行的考核条件。2019年，银保监会印发《关于推动银行业和保险业高质量发展的指导意见》，明确提出大力发展绿色金融，要求银行机构建立健全环境与社会风险管理体系，将环境、社会、治理（ESG）要求纳入授信全流程，强化信息披露。

在自上而下的政府领导和推动下，中国绿色信贷迅速发展。从商业银行披露的年报可知，截至2020年末，中国21家主要银行绿色信贷余额已达11.6万亿元，位居世界第一。其中，绿色交通、可再生能源和节能环保项目的贷款余额及增幅规模位居前列；21家主要银行绿色信贷可支持节约标准煤超过3.2亿吨，减排二氧化碳当量超过7.3亿吨。商业银行的社会责任报告中也提到了其绿色信贷业务的减排绩效，如有8家银行披露了2020年的绿色信贷业务总共节约了1.1亿吨标准煤，减排了744.11万吨二氧化硫当量和3.55亿吨二氧化碳当量。这些贷款不仅起到了优化产业结构的作用，支持资源高效利用和保护环境的经济活动，兼顾了环境与经济增长，也为金融的改革创新提供了内在动力。绿色信贷有利于商业银行实现经济效益与社会责任的双赢，未来大有可为。实际上，绿色信贷不仅应是某些贷款的特殊名称，更应是新时代信贷发生的基本要求，否则，通过金融手段呵护绿水青山的目标是难以达成的。所以，中国绿色信贷事业的下一步发展是将环保纳入信贷的基本要求，从而实现信贷绿色。迄今为止，在中国以间接融资为主的金融体系中，银行贷款是企业资金来源的重点。环保是存在多种维度和多种层次的，企业的环保信息披露需要真实、准确和全面。然而，有些企业并不会主动披露其污染事实。这就需要商业银行主动推动企业披露环境和社会责任信息，这也是商业银行应对信贷风险的重要控制手段。

贷款不仅需要贷前审查，而且需要贷后管理。在贷款合同中，商业银行应要求企业债务人实时披露环保信息。而且，商业银行需要开展动态监督，适时审查项目进展和环保落实情况。要让法人具有行为边界，就需要对法人代表等人予以激励和约束，需要商业银行高度重视社会责任与环境保护。商业银行的经营管理活动需要融入环境和社会责任标准，对贷款人的环境和社会风险进行动态评估和监控，并且与银行高管的奖惩绩效和续聘密切挂钩。未来，让绿色信贷成为商业银行自觉自愿的行为准则，不仅需要自上而下的政策与指引，更需要自下而上的机构行动。

三 国有商业银行在绿色信贷业务中的主导作用

为了更好地体现国有商业银行引导金融机构绿色转型的作用，通过统计分析国有商业银行与其他类型商业银行的绿色信贷业务情况，并进行对比。

（一）国有商业银行的绿色信贷业务情况

通过各家国有商业银行的绿色信贷余额与绿色信贷余额占比，可以对国有商业银行的绿色信贷业务进行定量分析。这里的国有商业银行包括工商银行、农业银行、中国银行、建设银行、交通银行和邮政储蓄银行。

如表6-1所示，国有商业银行的绿色信贷在2010年刚刚起步，甚至邮政储蓄银行的绿色信贷余额在2010年和2011年为0。在短短十年间，国有商业银行的绿色信贷规模快速增长。农业银行2010年绿色信贷余额为597.13亿元，至2019年就已增加至11910.00亿元，是2010年的19.95倍。建设银行2010年绿色信贷余额为1958.06亿元，至2019年就已增加至11758.02亿元，是2010年的6倍。中国银行2019年的绿色信贷余额达到了7357.70亿元，是2010年1921.12亿元的3.84倍。工商银行2019年的绿色贷款余额仅是2010年的2.66倍。邮政储蓄银行2019年绿色信贷余额是2012年的4.56倍。但从绿色信贷的规模来看，工商银行2010年发放的绿色信贷，为5074.52亿元，为农业银行的近8.5倍、交通银行的4.96倍、中国银行的2.64倍、建设银行的2.59倍。至2019年，工商银行的绿色信贷余额达到了13508.38亿元，但与其他国有商业银行的差距在快速缩小。可见，国有商业银行中工商银行的绿色信贷规模最大，且其他商业银行也快速推进了绿色信贷业务。

表6-1　　　　　　六大国有商业银行的绿色信贷余额　　　　　　单位：亿元

年份	工商银行	农业银行	中国银行	建设银行	交通银行	邮政储蓄银行
2010	5074.52	597.13	1921.12	1958.06	1022.93	0
2011	5904.00	881.68	2494.00	2190.70	1235.36	0
2012	5934.00	1522.00	2274.80	2396.37	1440.28	533.40
2013	6552.81	3304.21	2587.59	4883.90	1658.36	426.00

续表

年份	工商银行	农业银行	中国银行	建设银行	交通银行	邮政储蓄银行
2014	8117.47	4724.47	3010.43	4870.77	1524.31	634.17
2015	9146.03	5431.31	4123.00	7335.63	2047.95	548.82
2016	9785.60	6494.32	4673.00	8892.21	2411.99	752.31
2017	10991.99	7476.25	5387.99	10025.21	2771.08	1766.31
2018	12377.58	10504.00	6326.67	10422.60	2830.54	1904.05
2019	13508.38	11910.00	7375.70	11758.02	3283.52	2433.01

资料来源：笔者根据各家商业银行的年报整理。

各家国有商业银行绿色信贷占其贷款总额的比例如表 6-2 所示。

表 6-2　六大国有商业银行的绿色信贷余额占其总贷款余额之比

年份	工商银行	农业银行	中国银行	建设银行	交通银行	邮政储蓄银行
2010	0.0747	0.0120	0.0339	0.0345	0.0457	0
2011	0.0758	0.0157	0.0393	0.0337	0.0482	0
2012	0.0674	0.0237	0.0331	0.0319	0.0489	0.0433
2013	0.0660	0.0457	0.0340	0.0569	0.0508	0.0285
2014	0.0736	0.0583	0.0355	0.0514	0.0444	0.0338
2015	0.0766	0.0610	0.0451	0.0700	0.0550	0.0222
2016	0.0749	0.0668	0.0469	0.0756	0.0588	0.0250
2017	0.0772	0.0697	0.0494	0.0777	0.0622	0.0487
2018	0.0803	0.0882	0.0535	0.0758	0.0583	0.0445
2019	0.0806	0.0894	0.0566	0.0785	0.0619	0.0489

资料来源：笔者基于各家商业银行的年报计算。

从表 6-2 可知，虽然国有商业银行绿色信贷余额占其总信贷余额之比仍然较低，但十年来亦快速发展。占比最高且增速最快的是农业银行，在 2019 年国有商业银行绿色信贷余额占其总信贷余额之比为 0.0894，是 2010 年 0.0120 的 7.4 倍。至 2019 年，农业银行和工商银行的绿色信贷余额占其总信贷余额之比均已超过 0.0800。

（二）国有商业银行与非国有商业银行绿色信贷业务的对比分析

为了将国有与非国有商业银行的绿色信贷业务进行对比，国有商业银行分别按五大国有商业银行和六大国有商业银行的两个标准计算均值。五大国有商业银行包括工商银行、农业银行、中国银行、建设银行和交通银行，六大国有商业银行则在五大国有商业银行的基础上加上邮政储蓄银行。基于数据的可得性，中国的上市商业银行仅有 21 家，扣除六大国有商业银行后，其他 15 家银行为招商银行、兴业银行、民生银行、光大银行、浦发银行、中信银行、平安银行、华夏银行、杭州银行、北京银行、上海银行、江苏银行、南京银行、宁波银行、青岛银行。因此，在 21 家银行中扣除五大国有商业银行得到与之相对比的非五大国有商业银行（16 家）的均值，相应地扣除六大国有商业银行得到与之相对比的非六大国有商业银行（15 家）的均值。将国有商业银行绿色信贷余额占各自总信贷余额之比取均值与非国有商业银行对比，如表 6-3 所示。

表 6-3　国有商业银行与非国有商业银行绿色信贷余额占总信贷余额之比的均值

年份	六大国有商业银行占比均值	非六大国有商业银行占比均值	五大国有商业银行占比均值	非五大国有商业银行占比均值
2010	0.0335	0.0123	0.0402	0.0115
2011	0.0355	0.0181	0.0425	0.0170
2012	0.0414	0.0283	0.0410	0.0292
2013	0.0470	0.0299	0.0507	0.0299
2014	0.0495	0.0390	0.0527	0.0387
2015	0.0550	0.0418	0.0615	0.0406
2016	0.0580	0.0474	0.0646	0.0460
2017	0.0642	0.0522	0.0673	0.0520
2018	0.0668	0.0518	0.0712	0.0513
2019	0.0693	0.0542	0.0734	0.0539

资料来源：笔者基于各家商业银行的年报计算。

如表 6-3 所示，无论是以五大国有商业银行还是以六大国有商业银行为标准，国有商业银行绿色信贷余额占其总贷款余额的均值均高于非国有商业银行。可见，国有商业银行将其信贷资金用于绿色信贷的比例高于非国有商业银行，即国有商业银行绿色转型的程度从总体上看高于非国有商业银行。对比 2010 年和 2019 年的数据，也可以看出国有商业银行在绿色信贷业务占比上领先非国有商业银行的优势快速减少。国有商业银行绿色信贷业务占总贷款业务之比在 2010 年时远高于非国有商业银行，以五大国有商业银行为标准，国有商业银行绿色信贷余额占总贷款余额之比为 0.0402，是非国有商业银行 0.0115 的 3.5 倍；以六大国有商业银行为标准，国有商业银行的占比为 0.0335，是非国有商业银行 0.0123 的 2.7 倍。而到 2019 年，国有商业银行绿色信贷余额占总贷款余额之比已经与非国有商业银行较接近，以五大国有商业银行为标准，国有商业银行绿色信贷余额占总贷款余额之比为 0.0734，是非国有商业银行 0.0539 的 1.36 倍；以六大国有商业银行为标准，国有商业银行占比为 0.0639，是非国有商业银行 0.0542 的 1.28 倍。可见，国有商业银行率先推进了绿色信贷业务，并引领非国有商业银行加速扩大绿色信贷业务。

为更清楚地体现国有商业银行在绿色信贷业务中的主导地位，分别按五大国有商业银行和六大国有商业银行的两个标准，计算国有商业银行的绿色信贷占总绿色信贷之比，如表 6-4 所示。

表 6-4　国有商业银行与非国有商业银行绿色信贷占绿色信贷总额之比

年份	六大国有商业银行占比	非六大国有商业银行占比	五大国有商业银行占比	非五大国有商业银行占比
2010	0.8714	0.1286	0.8714	0.1286
2011	0.8415	0.1585	0.8415	0.1585
2012	0.7489	0.2511	0.7206	0.2794
2013	0.7703	0.2297	0.7534	0.2466
2014	0.7454	0.2546	0.7248	0.2752
2015	0.7557	0.2443	0.7412	0.2588

续表

年份	六大国有商业银行占比	非六大国有商业银行占比	五大国有商业银行占比	非五大国有商业银行占比
2016	0.7513	0.2487	0.7342	0.2658
2017	0.7340	0.2660	0.7002	0.2998
2018	0.7321	0.2679	0.7007	0.2993
2019	0.7246	0.2754	0.6895	0.3105

资料来源：笔者基于各家商业银行的年报计算。

如表 6-4 所示，无论是以五大国有商业银行还是以六大国有商业银行为标准，国有商业银行的绿色信贷占绿色信贷总额之比总体上达到了 70% 以上，可见国有商业银行是提供绿色信贷的主体，且该主体地位在 2019 年仍然存在。对比 2010 年和 2019 年的数据，也可以看出非国有商业银行也加快了绿色信贷业务，其绿色信贷占总绿色信贷业务之比快速增加。国有商业银行绿色信贷余额占总绿色信贷余额之比在 2010 年时远高于非国有商业银行，邮政储蓄银行无绿色信贷，因此根据五大国有商业银行与六大国有商业银行计算的国有商业银行绿色信贷余额占总绿色信贷余额之比相同，达到了 0.8714，是非国有商业银行 0.1286 的 6.78 倍。而到 2019 年，国有商业银行绿色信贷余额占总绿色信贷余额之比虽然有所降低但仍占主导地位。以五大国有商业银行为标准，国有商业银行绿色信贷余额占总绿色信贷余额之比为 0.6895，是非国有商业银行 0.3105 的 2.22 倍；以六大国有商业银行为标准，国有商业银行绿色信贷余额占总绿色信贷余额之比为 0.7246，是非国有商业银行 0.2754 的 2.63 倍。可见，国有商业银行一直是提供绿色信贷的主体，且该主体地位一直保持。

第二节 国有商业银行以促"减排"助力"双碳"目标

从上述绿色信贷与赤道原则的分析可以看出，商业银行通过其资金融通、风险管理功能服务低碳发展。国有商业银行作为中国商业银行的领头羊，不仅通过更大规模的绿色信贷引领商业银行的绿色转型，还通过引导资源配置与绿色理念的引导促进碳减排助力"双碳"目标的实现。本节将在梳理相关文献的基础上，剖析国有商业银行促进减排的机理，并运用面板模型进一步证实国有商业银行助力减排的效应。

一 文献综述

（一）"双碳"目标

"双碳"目标是实现碳达峰和碳中和目标而实施的系列政策和方案。作为中国为应对气候变化形势及转变自身经济发展方式的需要而提出的新发展方案，"双碳"目标已经上升至国家战略高度。学者对其具体政策、理论与实践框架还在不断地探索。庄贵阳（2021）指出，"双碳"目标是指中国依照《巴黎协定》划定的目标，并根据自身国情制订的国家环保贡献强化计划，以及放眼21世纪中叶的分阶段性温室气体减排可持续发展战略。表现为逐步降低二氧化碳等温室气体排放增长率，并在2060年实现人为碳排放与总的碳吸收两者相抵。中国绝大多数学者对"双碳"目标存在发展的必要性持积极态度，庄贵阳（2021）认为，发展"双碳"政策，助力节能减排，是中国寻求更具兼容性、稳定性的高效率发展方式的必要条件，也是中国大力推广可再生能源、优化国内能源利用体系的必要条件。高世楫和俞敏（2021）指出，"双碳"目标的实施是助力中国实现高质量发展，打破美国等西方发达国家对"环保话语权"的垄断，实现社会经济领域发展的全面绿色转型的必要内容。倪斌（2021）指出中国实现"双碳"目标是发展中国家在西方主导环保话语权的背景下打破"主动解决气候问题""推动本国经济腾飞"两难困境的必然之举，是中国摆脱对进口能源过度依赖、发展新能源经济的重大举措。白永秀等（2021）指出，实现"双碳"目标是应对全球气候变化及解决中国现阶段基本矛盾的必要之举。

（二）服务"双碳"目标的金融体系绿色转型

有关服务"双碳"的绿色金融支持体系的研究，主要着眼金融体系与低碳环境之间良好的相互作用。通常将金融支持体系的作用概括为金融机构与实体经济直接产生联系，助力减排目标的完成。Greenwood和Jovanovic（1990）早在20世纪90年代就指出，良好的支持体系可以促进金融结构的完善，进而带动经济在保护环境的基础上良性发展；良性的生态环境又为发展多样性的金融衍生品，完善金融市场创造条件。Claessens 等（2007）指出，完备的绿色金融发展框架可以提高全社会能源资源利用效率，以实现稳碳降碳目标。Chousa 等（2009）基于对金砖国家发展情况的研究，明确了金融发展对提升环境质量起到不可或缺的作用。Jalil 和 Feridun（2011）基于中国 20 世纪 50 年代至 21 世纪初期的环境指标与经济发展数据，得出了服务经济发展、能源利用及进出口贸易的金融支持体系，的确能够改善环境，拉动低碳经济发展的结论。马骏（2015）指出，建立抑制破坏性污染性投资，鼓励绿色可再生投资的绿色金融体制机制，是推动中国经济实现稳健永续发展、推动绿色转型的关键；马骏（2016）还认为，只有通过一系列金融财政措施完善激励机制，使消费、能源与经济结构更加绿色和清洁，中国环境问题才能从根本上得到改善。乔录生等（2021）认为绿色金融支持体系的实现离不开金融机构的大力支持，离不开市场制度与政策的协调跟进，离不开国际协作与交流。王红玲和徐浩（2021）则从构建具有国际影响力的竞争性碳交易市场、加强相关领域人才培训等方面，对绿色金融支持体系的实现进行构想。王镛赫（2021）指出，构建完备高效的碳金融交易平台、制定灵活合理的定价机制是构建绿色金融支持体系、实现"双碳"目标的关键。刘燕华等（2021）认为，构建绿色金融支持体系，应当扩大绿色投资，构建对促进"双碳"目标实现具有导向作用的多层次绿色投资市场。赵娜和柴晓东（2021）从政策激励、政府作为、金融监管，以及服务"双碳"的金融基础设施建设四个层次分析绿色金融支持体系的实现途径与促进作用。曹梦石等（2021）则从财税政策、金融机构相关人员的激励约束机制等层面对绿色金融支持体系进行设计。陆岷峰（2021）则认为，要构建科学合理的绿色金融支持体系，应着力解决好发展中存在的不平衡性，防止产业结构变动对国民经济平稳发展带来的挑战。

（三）商业银行通过绿色信贷助力碳减排

曹洪军和陈好孟（2010）以博弈论探讨了绿色信贷各方主体的博弈行为，并证实绿色信贷助力节能减排的效应。任辉（2009）从宏观与微观两个角度，论证绿色信贷通过扩宽低碳产业的投资领域、疏通其融资渠道，助力低碳减排。方建国和林凡力（2019）通过分析绿色信贷政策实施所带来的环境效益及经济效益，得出了绿色信贷能促进节能减排，环保效应明显，但研发投入效果不甚明显，需要继续加大研发投入力度。杨理珍（2017）通过误差修正模型研究了绿色信贷对环境的影响，得出了两者之间存在长期均衡关系的结论，增加绿色信贷投资可以减少环境污染事件的发生。殷贺等（2019）通过回归分析等定量分析，研究了中国绿色信贷的碳减排效应、作用路径及在全国的区域差异性，得出绿色信贷通过技术研发投入这一路径促进节能减排的结论，其减排效果按东部、西部、中部依次递减。吴珊珊（2018）认为，信贷在减排方面具备规模与技术效应，且规模效应占主导地位。严成樑等（2016）多维量化金融发展，研究发现绿色信贷减排存在倒"U"形效应，且信贷资金分配市场化对碳排放强度有负向影响。丁杰（2019）发现，"两高一剩"企业资金来源受限时，调整资本配置效率上的策略性反应不足，无波特效应。江红莉等（2020）基于动态面板数据模型，从投融资角度实证研究绿色信贷和绿色风投对碳减排的作用，发现绿色信贷效果比绿色风投更显著，其原因可能是绿色信贷规模比绿色风投更大，此外，两者之间无挤出效应与挤入效应。陈亮和胡文涛（2020）通过面板VAR模型在省级层面上探讨了技术进步、金融发展与碳排放的协同效应，发现以信贷为支柱的金融发展不能有效减排，这可能是传统金融模式的缺陷，此外碳排放存在自我激励，而绿色金融不存在。马妍妍和俞毛毛（2020）将企业减排划分为主动转型和被动减排两种方式，研究了绿色信贷与企业排污量的影响，发现绿色信贷通过提升融资门槛对高污染企业的实体经营和规模扩张造成负面影响，从而使高污染企业缩小经营规模，进而显著抑制企业排污行为，实现减排目标。苏冬蔚和连莉莉（2018）运用双重差分法研究绿色金融政策是否抑制高污染高排放企业的投融资，研究证明绿色信贷对高污染企业而言在投融资方面存在抑制和惩罚效果，但也存在一定的局限性。丁杰（2019）通过信贷配给、环境风险、外部性、可持续发展四个理论，分析绿色信贷的减排机制，研究发现绿色信贷能显著减少高污染企业信贷规模，抑制碳排放。

二 国有商业银行促进碳减排的经济效应

国有商业银行作为中央政府在金融领域的"代理人",除追求盈利外,更有负责支持国家战略的重要职责。因此,国有商业银行通过下述机制,服务"双碳"目标、促进低碳减排。

(一) 通过差异化贷款待遇,引导资金流向绿色企业

首先,绿色信贷将赤道原则作为审查条件之一对申请贷款的项目进行合规审查。其次,通过差异利率和信贷规模的管理,对"两高一剩"项目实施"贷款歧视",对绿色项目实施信贷优惠。直接从融资端减少高耗能和高污染型项目的启动,从源头减少碳排放。具体而言,对高污染高排放项目实行惩罚性的贷款高利率,或者是减少其贷款数量,增加其融资成本,对此类项目的实施增加阻力。同时,绿色信贷将对符合正向环境效益的绿色项目进行贷款补贴,实行奖励性的低贷款利率,或者是增加其贷款数量,减少融资成本。通过专项资金支持,引导更多的资金流向绿色项目,支持绿色产业的落实,提升绿色企业经济效益,也通过这种差异化的贷款机制压制"两高一剩"落后产能的污染企业,从融资端倒逼高污染企业进行结构化改革,以达到降污减排、提高自然资源利用率的目的。

(二) 以绿色信贷创新,支持绿色产业发展

自从开始发展绿色信贷以来,有关金融机构根据绿色项目的具体需求对现有信贷产品进行了很多有必要有针对性的创新,以满足该项目的需要,进一步支持绿色项目的实施,更加具有灵活性和创新性。例如,2021年农行兰溪市支行了解到某水泥企业在环保项目上有资金需求,立即展开调研,结合环保项目独立融资难、担保难等特点,以清洁资产及其收费权作为主要担保方式,推出了"清洁资产收益权"质押贷款等绿色信贷产品,对绿色项目提供专项资金支持;江苏银行与江苏省生态环境厅等机构,立足于解决当地企业绿色转型问题,合作创新开发"绿色创新组合贷""节水贷""环保贷"等绿色信贷创新产品;2018年建设银行浙江分行,以1.04亿元绿色信贷资金支持渔光互补光伏电站项目,该项目可对减排降耗作出巨大贡献,专家测算,项目建成后每年可节约6664.10吨标准煤,减少约1.99万吨二氧化碳、13.71吨二氧化硫、13.71吨氮氧化物的排放;北京银行基于碳资产融资方面的需求,

创新推出了"绿融贷"，为排污权等绿色权益的担保提供了新的担保方式；湖州银行立足企业"低小散"的特点，推出"园区贷"这种新型绿色信贷，让企业进入园区，安排专业公司对污染排放进行集中处理，使污染排放达标率大幅上升；受益于绿色信贷的创新性、灵活性、强针对性，中国在绿色信贷的大力支持下节能减排效果显著，比如2021年银保监会公布，中国21家主要银行的绿色信贷项目每年支持节约超4亿吨标准煤，减少超7亿吨当量二氧化碳的排放，极大地保护了生态。

（三）以公益性信贷促进环境治理与资源的高效利用

环境资源属于公共产品，具有很强的非竞争性和非排他性，由"公地的悲剧"这一理论可见，各种企业为了实现利益最大化，降低生产成本而不断进行各种环境污染物的排放，人类往往更愿意无偿地利用环境资源，却很难主动保护环境，如果不加干预则会形成恶性循环和不可逆的生态破坏。而且环境资源的非排他性、非竞争性也导致了市场的失灵，仅靠市场这双"看不见的手"无法对其进行合理的资源配置。

很多绿色项目的特点也是公益性和具备环境正外部性，但其盈利并不明显或者是需要很长时间才能够显现出来，根据经济学中定义的理性经济人效益最大化原则，可以知道这样的项目将很难按照传统的信贷标准取得贷款，直接导致绿色项目启动困难，更不用说发展绿色经济，但是绿色信贷以其对绿色项目的特殊考虑就很好地解决了这个问题，拓宽了绿色项目的融资渠道，让其得以落地实施。由内生增长模型和索洛模型可知，科技进步是当今经济快速发展的关键要素。绿色信贷使绿色项目有了资金支持，就可以进一步促进其进行技术改革和产业升级，提高生产率，增加收益，从而形成正向反馈扩大生产，促进研发。

（四）以惩罚性信贷倒逼"两高一剩"项目的转型升级

绿色信贷除在正面对绿色产业进行资金支持，以信贷优惠激励和扶持绿色企业的生产之外，还对"两高一剩"落后产能企业进行信贷惩罚，对一些违法违规排放的高污染企业实施收回贷款、减小贷款规模、延迟贷款等处罚措施，限制其贷款规模，使其生存困难，也使其不得不对自身产业结构进行改良，以达到绿色信贷标准。所以，无论是正向支持绿色企业发展还是倒逼违规高排放企业转型为环境友好型企业，都极大地有利于降污减排，保护生态环境。

（五）通过引导舆论导向提升绿色企业的企业价值

绿色信贷除了从资金方面直接影响碳排放，还具有政策导向方面的作用，当银行等金融机构对一家企业发放绿色贷款，表明这是一家满足环境保护标准的良心企业，会向社会和市场发出对该企业品牌形象利好的信号，增加其企业价值。

在社会经济与文化快速发展的当代社会，绿色环保理念深入人心，因此消费者更倾向选择符合环境保护标准的绿色企业的产品。加之，现代信息披露越发彻底，信息的传递更加快速与公开透明。绿色信贷可以起到很好的信号作用和舆论导向性，向社会传递出企业绿色发展的信息，使消费者更多地选择绿色企业的产品，也会吸引更多投资者将资金投向绿色企业，增加绿色企业盈利，利于绿色企业发展，增加其在同类企业之间的竞争力。同时，这样的社会舆论走向也会给企业传递一种信号，让其看到走绿色环保发展路线的收益，促进"两高一剩"企业主动进行产业技术改革升级，最终达成绿色信贷减少碳排放的目标。例如，广州第五资源热力电厂项目采用国内先进技术，形成了"垃圾回收—垃圾处理—热力发电—污水处理"的绿色生态链，但其资金周转困难、缺口大、建设周期长，为了保障该项目的顺利运营，农发行广东省分行与广州银行合作对其进行融资，给予贷款优待，降低14.9%的贷款利率，增大贷款额度，并另外安排了2年宽限期，同时，广州银行辅助提供5.96亿元的商业性贷款授信，以极高的效率在短期内解决了项目资金短缺问题，保障了绿色项目的顺利实施，保护了生态环境。

然而，绿色信贷项目的落实仍旧需要监管，确保绿色资金用于绿色项目，避免资源错配，出现"漂绿"的状况，避免有些企业打着绿色项目的旗号进行绿色贷款，却并不把资金用于绿色项目或者不全把资金用于绿色项目。这方面的监管制度和法律法规还需要进一步完善。

三 国有商业银行促进碳减排的实证分析

（一）模型选择

基于前文对国有商业银行通过绿色信贷促进减排的作用机制分析，本部分构建下述模型进行实证分析：

$$CO_2I_{nt}=b_0+b_1SGC_{nt}+b_2HC_{nt}+b_3FTD_{nt}+b_4FC_{nt}+b_5ITI_{nt}+\varepsilon_{nt} \qquad (6-1)$$

式中：CO_2I 为二氧化碳排放强度，为模型的被解释变量；SGC_{nt} 为解释变量，为第 t 年 n 省的国有商业银行的绿色信贷规模指数；控制变量包括 HC（人力资本）、FTD（各省份外贸依存度）、FC（各省份森林覆盖率）、ITI（各省份工业污染治理完成投资占该省份 GDP 的比重）；n 为不同省份；t 为不同年份；b_1、b_2、b_3、b_4、b_5 分别为对应变量的系数；ε 为模型的随机扰动项；b_0 为模型的截距项。

国有商业银行可以通过对绿色贷款、绿色债券、碳减排支持贷款等鼓励措施为绿色企业提供更多资金支持，使绿色产业在研发投入方面可以投入更多资金，促进技术升级，提高生产率，占更大的市场份额，从而达成节能减排的目标。由此，国有商业银行绿色信贷可以从正面对绿色产业进行支持从而促进减排。同时国有商业银行绿色信贷还能通过惩罚利率等信贷措施，对高耗能企业的资金来源实施管制，在生产成本方面抑制高污染企业的生产活动，减小其市场份额。此外，还能促使一些达不到绿色信贷标准的企业进行技术改革，产业结构转型，从而促进节能减排。由此，国有商业银行绿色信贷可以从反面抑制高污染企业发展，倒逼其进行产业改革从而促进减排。

（二）变量选取

为了研究国有商业银行绿色信贷规模的碳减排效果，出于数据可获得性与真实性的考虑，本节选取了 2013—2019 年中国 30 个省份的相关数据进行研究分析。

1. 被解释变量

本节研究国有商业银行绿色信贷的减排效果，基于数据可得性与合理性方面的考量，选取各省份的二氧化碳的排放进行研究，以此衡量各省份温室气体的排放程度。为了将经济发展因素考虑在内，且剔除规模的影响，本节以二氧化碳的排放强度作为被解释变量。碳排放强度，即经济方面增加 1 单位的 GDP 所需的二氧化碳排放量。

IPCC 提供了具体方法：通过计算煤炭、天然气、汽油等 7 种燃料含碳量，为各类燃料赋予碳排放系数，再将其加总估算碳排放量的具体数值。按照《IPCC 国家温室气体清单指南》计算二氧化碳排放量，以每种能源的消费量乘以能源碳排放系数，加和之后就是碳排放总量：

$$CO_2 = \sum_{i}^{i=n} E_i \times \alpha_i \tag{6-2}$$

式中：CO_2 为研究各省份的二氧化碳排放量，单位为万吨；E 为能源消费总量，以万吨标准煤作为计量方式；E_i 为第 i 种能源的消费量，以万吨标准煤计量；α_i 为第 i 种能源的碳排放系数，i 代表第 i 种能源。

二氧化碳强度（CO_2I）为二氧化碳总排放量比 GDP 增长总量：

$$CO_2I = \frac{CO_2}{\Delta GDP} \tag{6-3}$$

2. 核心解释变量

本节将国有商业银行绿色信贷规模指数（SGC）作为解释变量研究绿色信贷的减排作用。目前，绿色信贷规模的具体数据尚且不够清晰，因此多采用间接表示的方法对其进行衡量，学术界对此有四种主要的衡量方法：绿色信贷在所有信贷中的占比、六大高耗能产业利息支出在所有产业利息支出中的占比、绿色项目贷款的占比、工业污染治理投资中的银行贷款。基于数据的可得性，本节用绿色信贷在所有信贷中的占比代表绿色信贷规模。由于绿色信贷数据有各省份的数据及 21 家商业银行的数据，但并未直接给出各省份国有商业银行绿色信贷的数据。因此，以国有商业银行绿色信贷额占全国商业银行绿色信贷总额的比值作为权重，再乘以各省份绿色信贷额，得到各省份的国有商业银行绿色信贷指数。数值越大表明该省份国有商业银行绿色信贷规模越大，国有商业银行绿色转型程度越高。

3. 控制变量

为了减少其他影响碳排放强度因素的干扰，以确保核心解释变量对被解释变量影响的准确与稳健，加入了控制变量。具体的控制变量如表 6-5 所示。

表 6-5　　　　　　　　变量符号与定义

变量	名称	符号	变量的定义
被解释变量	二氧化碳排放强度	CO_2I	根据 IPCC 计算方法得出
核心解释变量	国有商业银行绿色信贷规模指数	SGC	以指数方式给出

续表

变量	名称	符号	变量的定义
控制变量	人力资本	HC	各省份人均受教育年限
	外贸依存度	FTD	进、出口贸易总额/各省份GDP
	森林覆盖率	FC	森林面积/土地总面积
	工业污染治理完成投资占GDP的比重	ITI	工业污染治理完成投资（万元）/各省份GDP（亿元）

（1）人力资本（HC）。将人均受教育年限作为衡量人力资本的二级指标。除银行等金融机构的绿色信贷对减排有影响之外，人力资本的减排效应体现在高素质人才从事高新技术产业进行技术创造、更新，会加快产业转型升级，降低碳排放强度。因此，将人力资本作为控制变量，可以用来衡量人力资本对碳减排的影响。人均受教育年限计算公式如下：

$$人均受教育年限 = \frac{文盲人数 \times 1 + 小学学历人数 \times 6 + 初中学历人数 \times 9 + 高中和中专学历人数 \times 12 + 大专及本科以上学历人数 \times 16}{6 岁以上人口总数}$$

（2）外贸依存度（FTD）。外贸依存度反映了一国的经济依赖对外贸易的程度。其定量表现是一国进、出口贸易总额与其国内生产总值之比。若出口商品多为第二产业制造品，外贸依存度过大会加剧碳排放强度。因此，将外贸依存度作为控制变量衡量碳减排的影响。

（3）森林覆盖率（FC）。森林覆盖率普遍使用森林面积占土地总面积的比率进行描述。森林覆盖越广，吸收二氧化碳的能力越强，是真正意义上的"减排"。因此将森林覆盖率作为控制变量。

（4）工业污染治理完成投资占GDP的比重（ITI）。工业污染治理完成投资（万元）占GDP（亿元）的比重反映了污染治理的效率与规模。污染治理的效率提高，对碳减排有着积极影响，有助于促进碳减排。因此，将工业污染治理完成投资作为控制变量。

基于数据可得性，本节实证研究中使用30个省级行政单位的数据，因西藏数据缺失较多，未作为研究对象；计算二氧化碳排放强度的数据来自CEADS数据，国有商业银行绿色信贷规模指数来自《中国工业统计年鉴》《绿色金融数据库》《经济普查公报》；其他变量数据来自 Wind 数据库、国泰安数据库、国家统计局提供的《中国统计年鉴》《中国环境统计年鉴》及各省份统计局统计年鉴。

四 统计检验与实证结果分析

为了直观感受到变量内部与变量之间样本期内的数据情况，给出统计性描述，如表 6-6 所示。

表 6-6　　　　　　　　变量描述性统计

变量	样本数（个）	标准差	最大值	最小值	平均值	中位数
CO_2I	210	2.4293	11.0600	0.3450	3.5827	2.7890
SGC	210	0.1140	0.6700	0.1320	0.3693	0.3590
HC	210	0.9041	12.7820	7.4740	9.2248	9.1190
FTD	210	0.2515	1.2715	0.0114	0.2424	0.1314
FC	210	0.1819	0.6680	0.0420	0.3486	0.3920
ITI	210	45.809	343.7178	0.1964	24.9475	8.9013

从表 6-6 可以看出，各省份二氧化碳排放强度（CO_2I）的最大值为 11.0600，最小值为 0.3450，标准差为 2.4293，明显可以看出各省份在污染物的排放强度上具有很大的差距，这与中国各地区工业生产模式不同有关；国有商业银行绿色信贷规模指数（SGC）最大值为 0.6700，最小值为 0.1320，平均值为 0.3693，表明中国各地区绿色信贷的发展不平衡，这可能与中国各地区经济发展程度、金融业发展水平有关；人力资本（HC）的最大值为 12.7820，最小值为 7.4740，两个最值之间有较大的差距，表明各地区受教育水平差距较大，经济发展不平衡；贸易依存度（FTD）的最大值为 1.2715，最小值为 0.0114，可以看出区域发展的不平衡现象仍然存在；森林覆盖率（FC）的最大值为 0.6680，最小值为 0.0420，平均值为 0.3486，标准差为 0.1819，由于中国幅员辽阔，不同的地理环境会造成森林覆盖率差异较大；工业污染治理完成投资占 GDP 的比重（ITI）在表中可以看出存在巨大差异，不同发展水平的地区对工业污染投资的力度及规模有较大差别。

首先对面板数据进行 Hausman 检验，原假设：个体效应与解释变量无关,认为随机模型为正确的模型。检验结果表明 $P=0$ 小于 0.05,拒绝原假设,因此选择固定效应模型。回归结果如表 6-7 所示。

表 6-7　　　　　　绿色信贷减排效应回归结果分析

变量	二氧化碳
国有商业银行绿色信贷规模指数（SGC）	-1.218** (-2.07)
人力资本（HC）	0.4090*** (2.89)
外贸依存度（FTD）	-0.0650 (-0.14)
森林覆盖率（FC）	-0.0210 (-0.87)
工业污染治理完成投资占 GDP 的比重（ITI）	0.0010 (1.01)
常数项	0.9910 (0.64)
样本量（个）	210
编号（家）	30
R^2	0.097

注:括号内数值为 t 统计量;***、** 分别表示在 1%、5%的水平上显著。

从表 6-7 可知,国有商业银行绿色信贷规模指数的系数为-1.218,且在 5%的水平上显著,表明国有商业银行绿色信贷规模与碳排放呈现的是负相关关系。人力资本系数为正,且在 1%的水平上显著,可能由于人才投身制造业行业;FTD、FC、ITI 三个控制变量不显著,但在系数正负影响被解释变量方面有一定参考价值。

对于金融机构而言,绿色信贷的收益效应不如普通信贷,这可能会降低银行发放绿色信贷和进行相关产品创新的积极性。对此,中国政府应该对发放绿色信贷的金融机构及对绿色信贷的相关创新进行税收优惠和财政补贴,以此减小金融机构发行绿色信贷和发行普通信贷的收益差。政府应该加大绿色企业的信息披露力度,完善奖励机制,树立具有良好企业形象的优秀代表,以标杆效应激励更多企业走绿色发展道路。

对于高能耗企业而言，政府应该加大惩罚力度，提高其生产经营成本，倒逼其进行结构升级走绿色发展道路。而且应积极发挥国有商业银行在促进减排上的主导作用，加强国有商业银行引导商业银行绿色转型的作用，提高其促进减排的社会职责。

第三节　国有商业银行支持绿色发展

人类活动导致自然环境发生巨大变化，自然灾害频繁发生，极端天气大量增加，环境问题日益严重。目前，气候变化已经成为人类需要面对的主要威胁之一。2020年发布的全球风险报告显示，预计未来十年，全球最可能面临的五大风险全部与环境问题相关。极端气候、人为环境破坏、政府与企业采取调整措施失败、生物多样性损失、生态系统崩溃、自然灾害激增都是最可能发生并对人类社会发展造成巨大创伤的事件。近年来，一些经济体在追求经济高速增长的同时，对部分资源、环境造成了不可逆的损害，整体气候环境恶化，气候变化对社会经济系统产生了负面影响：增加农业生产的不确定性，破坏能源密集型工业生产，影响经济健康可持续发展。因此，转变经济发展的模式已经成为国际社会的共识。

2020年提出"双碳"目标后，中国各个地区陆续开展相关工作，制定制度政策，朝着目标前进，取得阶段性进步；与此同时，不可否认要实现2030年前碳达峰、2060年前碳中和这一目标，间隔期短于欧美，减排任务艰巨，面临诸多挑战。能否平衡经济增长与减排之间的关系，处理好国家安全问题，关乎全球治理体系及其相关治理规则的调整和发展等问题亟待解决。面对日益严峻的形势，将绿色发展作为新发展理念之一，上升为国家战略。提出全国需要加快转型升级，保证经济高质量发展。推动绿色革命，既为经济高质量发展，平衡增长与环境关系提供了路径选择，也顺应了全球积极应对气候变化问题的大趋势。如何在碳减排条件下实现经济高质量增长，既是理论研究的重点，也是目前各国面临的现实难题。发挥国有商业银行的核心作用，引领银行体系支持国家生态文明建设，服务经济高质量发展的战略，有必要进行定量研究与策略探讨，为经济高质量发展提供科学支撑。

一 文献综述

（一）绿色发展的相关文献

在第十五届联合国气候变化大会（COP15）之后，在碳减排条件下，经济如何健康绿色发展才逐渐被各界关注。Chung 等（1997）的研究内容为污染对绿色全要素生产率的影响，将污染作为非期望产出这一条件纳入生产函数，加入绿色生产率指数，利用方向性距离函数完成了关于瑞典纸浆企业的绿色全要素生产率的测度，首次科学测度污染与经济增长的关系，这一结果开创了碳减排条件下对经济绿色发展进行科学测量的先河。美国运筹学家 Charnes 等（1978）提出了 DEA 模型，用来对环境、能源领域变量进行效率评价。通过建立相对效率这一概念，结合数学规划模型，保持投入、产出这两个决策单元不变，利用线性规划确定相对有效单元之间生产前沿面之间的距离，据此计算出每个决策单元的相对效率，判断相对有效性。此方法受到能源环境领域的高度评价。但上述方法中二氧化硫、二氧化碳这类发展过程中的非期望产出未被纳入计算。随后，Tone（2001）在函数中纳入松弛变量，提出了 SBM 模型，对 DEA 模型进行了补充。Tone 和 Sahoo（2003）又将非期望产出这一指标引入 DEA-SBM 模型，进一步完善了在非期望产出条件下对相对效率的评价体系。Tone 等（2010）在 DEA-SBM 模型基础上再一次进行优化改进，提出了 EBM 模型。EBM 模型克服了传统径向、非径向的 DEA-SBM 模型在估计效率时存在的过高或者过低的缺陷，更成熟准确地计算全要素生产率。Reddy 等（2014）研究环境变化与经济发展的关系，分析得出政策制定中强调科技创新发展能促进经济发展，提升绿色全要素生产率。Kostas F. 等（2020）对绿色发展的政策进行研究，其研究结论为适当的金融规则与环境发展政策对绿色发展有显著促进作用。

国内的学者在碳排放及经济增长领域同样进行了大量的研究，为应对全球气候变化，实现国内碳减排条件下经济绿色发展提供了理论支持与实证支撑。陈文颖和吴宗鑫（1998）计算了九大区域的历史累计碳排放量，按照人均原则，估算了中国 2050 年的碳排放限额，其研究结果表明考虑历史责任情形下的碳配额分配方案是中国应对气候变化的最优策略。潘家华（2007）对环境与发展的关系进行了辩证讨论。在他看来，无论是保证经济增长速度，增加环境投资，还是经济增长让利环境治理，减少污染排放，从宏观角度来看，都是为了解决发展中的环境难题。在充分利用现有技术、行动一致的前提下，要实现温室气体的减排，取决于发展路径的选择，这是有效减少碳排放的关键。陈诗一（2009）选择中国工业的可持续发展这一问题作为研究对象，通过对超越对数分行业生产函数进行工业全要素生产率的分析，其结果表明在能源与环境的双重制约下，除技术进步外，资本是驱动中国工业绿色发展的重要因素。谷祖莎（2013）基于环境投入产出模型，研究贸易开放与碳排放之间的作用关系，认为贸易开放程度与环境问题高度相关，在规模效应与结构效应双重作用下，贸易开放对环境有负面影响；而在技术效应及规制效应下，贸易开放将抑制碳排放增加。杨骞和刘华军（2012）通过 STIRPAT 模型进行研究，认为能源、产业结构、技术进步、经济增长等都是影响碳排放的主要因素，并将全国划分为区域，讨论碳排放是否存在空间异质性。其研究显示，在三区域划分下碳排放差异主要来自区域内部，在八区域划分下主要体现为区域间的差异。靳涛和陶新宇（2015）从结构因素、体制因素、生产要素等不同方面分析了中国在各个发展阶段经济持续增长的驱动机制，认为进行体制、结构改革已是箭在弦上，刻不容缓，与此同时，要注意各地区的资源禀赋不同，因地制宜，因势利导，进行差异化设计。邵帅等（2019）提出建议，应建立区域间生态补偿机制，加强合作，加大监督力度，在特定区域内进行环境政策分析时关注地区发展的现实特征，达到提高政策效果的目的。刘熹微等（2022）通过对中国 282 个城市 2003—2016 年面板数据的分析，探讨投资驱动与创新驱动对经济增长的具体影响，认为从目前中国所处发展阶段来看，投资驱动不可持续，有必要通过创新驱动实现经济高质量、绿色、可持续发展。

（二）绿色信贷促进绿色发展的文献

Liu 等（2017）提出绿色信贷可以减少流入能源密集型企业的信贷资金。蔡海静（2015）认为绿色信贷具有的前瞻和示范作用能够推动有关经济部门协同调整转型。Mahat 等（2019）则主张绿色信贷对于经济增长与结构调整可以起到显著的作用。也有一部分学者分别从理论与实证出发，说明绿色信贷对绿色经济的促进作用。Li 等（2018）从理论出发进行阐述，论证得出绿色信贷可以促进清洁生产的结论。王遥等（2019）则采用 DSGE 模型进行实证分析，证实绿色信贷的激励政策对经济结构绿色转型具有明显的促进作用。还有一些学者选择对绿色信贷的影响路径和作用机制进行分析说明。Zhang 等（2011）认为绿色信贷的有关政策明确要求银行等金融机构发挥引导作用，通过融资等手段吸引市场资金向清洁产业流动，从而使污染产业的投融资业务受到一定的限制，落后产能得到有效淘汰，敦促相关企业加快技术创新的步伐和推动节能减排，最后达到实现经济绿色发展的目的。Al-Mulali 等（2015）主张绿色信贷支持与优惠利率等激励措施能够为绿色环保产业提供资金支持，并扩大再生产，同时还能带动外围产业对绿色转型进行积极探索，享受有关政策红利，从而能够从根本上改变高排放、高污染的发展模式。董晓红等（2018）使用黑龙江 13 个城市的经济数据，构建空间面板模型分析了绿色金融发展的空间溢出效应。徐胜等（2019）使用 PLSR 模型度量了在中国海洋经济实现绿色转型过程中绿色金融发挥的效应。方建国和林凡力（2019）从多个角度探索了绿色金融驱动经济可持续发展的内在逻辑，并得出结论"经济发展、降低能耗和产业优化均能缩小地区绿色金融发展差异"。

随着学术界对绿色金融的进一步探索，牛海鹏等（2020）则提出绿色信贷是一种环境规制的经济激励手段，在信贷配给时采取差异性政策，使"两高一剩"等污染型企业的资金流入得到有效限制，引导市场资金流入环境友好型企业，从而使落后产能退出市场、推动企业的绿色转型。刘海英等（2020）的实证研究结果表明，从时间维度上可以发现绿色金融对低碳发展的影响具有"先抑后扬"的趋势。李毓等（2020）通过研究发现绿色金融能够推动地区产业优化，有利于且仅有利于第二产业发展。朱向东等（2021）的研究结果也表明绿色金融能够有效促进生态文明建设，且这种促进效果在轻工业中更为有效。周琛影等（2022）通过构建绿色金融和经济发展指标，使用主成分分析法进行实证研究，并由此得出"绿色金融对经济发展的推动作用十分显著"的结论。张继云等（2023）探讨了国有大型商业银行绿色信贷高质量发展的具体路径。

二 国有商业银行通过绿色转型驱动低碳发展的内在机制

商业银行的绿色转型是在综合考虑社会资源和环境治理的基础上，积极迎合低碳发展需求产生的金融模式创新。绿色金融具有社会监督、资源配置和资本支持的功能。整体来说，绿色金融通过降低投融资成本、增加绿色资金供给、规范企业环境行为和合理引导资金流向，提高资源利用效率和扩大资金投入规模，进而促进经济增长、实现产业优化和建设绿色生态，以实现经济增长低碳排放的高质量发展。具体过程如图 6-1 所示。

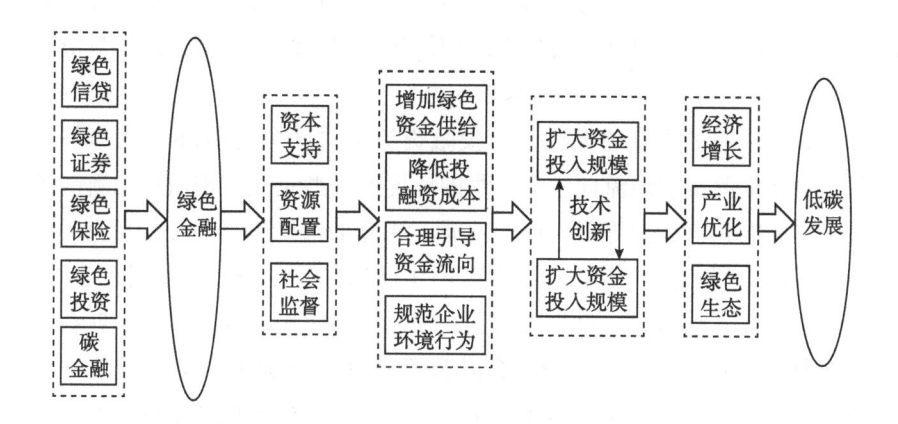

图 6-1 绿色金融助力低碳发展的内在逻辑

（一）国有商业银行以绿色转型促进经济增长

低碳发展强调经济、社会和自然的协调发展，旨在实现不以牺牲环境为代价发展经济，在实现环境效益最大化的基础上实现经济效益的最大化。绿色金融为经济增长提供资金支持，经济实现增长进而反哺绿色金融发展。绿色金融能够优化社会资源配置，使社会资金倾向涌入绿色产业，增加对节约资源和环境友好型产业的资金扶持。高耗能企业在生产过程中通过技术创新升级减少碳排放，进而在实现经济快速增长的同时降低环境治理成本。另外，绿色金融通过引导广大消费者形成绿色消费观念，从而使消费者群体具备社会监督的能力，迫使企业控制生产经营行为中的污染物排放，实现以保护环境为前提的经济增长。

（二）国有商业银行以绿色转型推动产业优化

绿色金融为绿色产业发展提供丰富多样的投融资渠道，致力将社会资源优先配置于低碳产业。绿色金融要求金融机构在为项目进行投融资时，一方面要考虑所投项目的环境治理成本，将其纳入收益—成本考量体系；另一方面金融机构也针对不同产业设置不同的融资门槛，迫使高污染高排放企业因融资难、融资贵而主动进行产业整合优化。在国家大力扶持绿色产业的目标推动下，绿色金融政策为企业开展技术研发与创新提供有力的资金支持，而技术创新又有利于企业适应低碳发展的要求从而获得更多的政策支持。届时社会生产要素将进行优化配置，并更多地流向低碳产业，促进社会生产结构优化，实现绿色经济的规模效应。

（三）国有商业银行倡导绿色生态

绿色金融参照赤道原则，在投融资决策时充分考量环境成本与效益，引导资源更多地流向生产过程的环境友好型企业，进而推动新能源汽车、风电和氢能源等新兴产业发展。绿色金融机构必须履行相应的社会责任，识别和控制环境风险是其不同于传统金融机构的显著特点。绿色生态、技术创新和绿色金融三者在绿色产业发展的现实实践中就会形成一个正向的循环作用。绿色金融政策鼓励企业加大力度实现技术创新，而企业的创新成果在转化应用时，一方面实现了低碳排放，保护了生态环境；另一方面其变现的收入又会返回为其提供绿色投资的金融机构，从而形成投融资双方相辅相成的发展模式。

（四）国有商业银行以绿色转型实现资源的聚集和引导作用

绿色信贷政策的提出与实施，能够让以银行为代表的各类金融机构顺势发展成为绿色资金的聚集地和投放地。政府和银行提供的绿色信贷支持往往能够在市场上向投资者释放强烈的信号，引导更多资金流向绿色经济的各个具体行业领域，从而形成资金聚集，对资本流向实现有效调节。此外，具体行业领域通过绿色信贷实现绿色转型后带来的经济效益和竞争力，也会使其获得市场聚集资金的青睐，投资获取方式由被动接受转为主动获得，进一步夯实经济绿色转型的基础。

根据有关政策要求，金融机构在发展绿色信贷时应从战略高度出发，对信贷结构进行调整与优化，加大向绿色经济、低碳经济的资金倾斜力度。绿色信贷可以充分发挥资本市场作用、利用资本市场规则，对资本流向进行高效且准确的调整,将更多的信贷支持和金融资本配置给具有低消耗、低污染、低资源依赖特征的第三产业和节能环保、清洁能源、绿色制造等新兴绿色领域。在金融资源的推动下,这些绿色产业领域将形成相应的规模经济效应,市场竞争力出现明显提升,带动各类要素市场有效配置资源,从而实现商品、劳动力、技术等向绿色经济聚集。

绿色信贷在对绿色经济相关领域进行金融资源倾斜的同时,对环境污染严重、能源损耗较高的相关企业、产业制定了较为严格的信贷资金准入标准,污染较重、消耗较高项目也通过限贷、停贷等方式得到了一定的抑制,从而实现了市场化出清,有效降低因经济活动造成的环境与资源风险。除此之外,绿色信贷也为相关企业提供了更多购买环保设备的资金预算和研发绿色环保技术的项目资金,降低因投入大、周期长、回报慢带来的研发风险,从而能够激发并保持以企业为代表的社会各界对环保技术与绿色经济的热情与信心,最终实现环境与经济的绿色双赢。

三 国有商业银行绿色信贷提升绿色全要素生产率的实证分析

(一) 模型选择

本节运用中国 30 个省份 2013—2019 年的面板数据证实国有商业银行绿色信贷规模可以提升绿色全要素生产率。根据 Hausman 检验结果选择固定效应模型,面板模型的公式如下:

$$TFP_{it} = \beta_0 + \beta_1 SCG_{it} + \alpha controls_{it} + \varepsilon_{it} \tag{6-4}$$

式中:i 为省份;t 为时间(年);TFP_{it} 为 i 省在 t 年的绿色全要素生产率;SCG_{it} 为 i 省在 t 年的国有商业银行绿色信贷水平;$controls$ 为控制变量;ε_{it} 为误差项。

(二) 变量选取

1. 被解释变量

被解释变量为各省份绿色全要素生产率(TFP),绿色全要素生产率的测度主要由投入、产出指标组成,其中产出指标包括期望产出与非期望产出两部分(见表 6-8)。

表 6-8　　　　　　　　绿色全要素生产率指标评价体系

指标类型	内涵	计算方法
投入	就业人数	年末就业人数
	资本存量	永续存盘法计算
	能源投入	各省份能源消费总数
期望产出	GDP	各省份以 2000 年为基期的实际 GDP
非期望产出	二氧化碳	数据不可直接获得，通过 IPCC 方法计算
	二氧化硫	中国气象历史数据
	$PM_{2.5}$	
	废水	各省份每年实际废水排放量

投入指标：本节将就业人数、资本存量及能源投入作为投入要素，其中各变量具体为各省份年末就业人数、使用永续存盘法计算的资本存量、各省份能源消耗总数。

产出指标：包括期望产生与非期望产生两部分。本节期望产出指标为各省份以 2000 年为基期的实际 GDP。非期望产出指标包括二氧化碳、二氧化硫、$PM_{2.5}$、废水四个方面。二氧化碳排放量无法直接得出，利用 IPCC 核算方法进行数据整理、因子赋值计算，具体方法在下一部分展开讨论；二氧化硫、$PM_{2.5}$ 可通过中国气象历史数据平台获取；废水实际排放量数据从《中国能源统计年鉴》获取。

指标体系建立后，利用 MAX-DEA 软件对其进行分析，运用 EBM 模型定义方向性距离函数 DDF 进行测算，得出各省份不同年份的绿色全要素生产率。需要注意的是，本节所用软件输出结果为各省份每年全要素生产率的增长率，考虑到本节被解释变量的内涵，本节将 2000 年各省份全要素生产率作为基期，每年各省份的实际全要素生产率为软件输出结果中数据从 2000 年到本年的连乘。

2. 核心解释变量

将国有商业银行绿色信贷规模指数（SGC）作为核心解释变量研究绿色信贷的减排作用。目前，对绿色信贷规模的具体数据尚且不够清晰，因此多采用间接表示的方法对其进行衡量，学术界对此有四种主要的衡量方法：绿色信贷在所有信贷中的占比、六大高耗能行业利息支出在所有产业利息支出中的占比、绿色项目贷款的占比、工业污染治理投资中的银行贷款。基于数据的可得性，用绿色信贷在所有信贷中的占比代表绿色信贷规模。由于绿色信贷数据有各省份的数据及21家商业银行的数据，但并未直接给出各省份国有商业银行绿色信贷的数据。因此，以国有商业银行绿色信贷额占全国商业银行绿色信贷总额的比值作为权重，再乘以各省份绿色信贷额，得到各省份的国有商业银行绿色信贷指数。数值越大表明该省国有商业银行绿色信贷规模越大，国有商业银行绿色转型程度越高。

3. 控制变量

为了控制其他影响绿色全要素生产率的因素，控制了对外贸易、人均GDP、产业结构、公路通达程度、城市化率和RD强度。具体的变量选择如下。

（1）对外贸易（FT）。用该省份进出口额占GDP的比重衡量，该指标越大表明对外贸易的水平越高，而对外贸易的水平会影响经济的发展，因此将对外贸易作为控制变量。

（2）人均GDP（$GDPPC$）。代表了该省份生产总值与总人数的比值，再对其取对数，该指标越大表明人均的生活水平较高，该区域经济发展较好，因此将人均GDP作为控制变量。

（3）产业结构（IS）。用第三产业增加值与第二产业增加值的比值衡量，该指标越大表明第三产业增加值较第二产业增加值稳步上升，第三产业增加值的提高有助于产业整体优化升级，推动经济高质量发展，因此将产业结构作为控制变量。

（4）公路通达程度（HA）。通过公路长度（千米）与省市面积（平方千米）的比值测算，该指标越大表明公路更加通达，交通更为便利，可以反映一个地区的经济水平与对外贸易的活力，因此将公路通达程度作为控制变量。

（5）城市化率（UR）。是指各省份城镇人口数与各省份常住人口总量比值的测算，该指标越大表明城市化水平越高，而城市化是检验经济发展的一个重要维度，因此将城市化率作为控制变量。

（6）RD强度（RDS）。是指研发投入占GDP的比重，该指标越大表明该省份更注重研发投入与技术创新，由此而来的技术进步才是决定长期经济增长与发展的决定性因素，因此将 RD 强度作为控制变量。

各变量符号及定义如表 6-9 所示。

表 6-9　　　　　　　　变量符号及定义

变量	名称	符号	变量的定义
被解释变量	绿色全要素生产率	TFP	EBM 模型计算
核心解释变量	国有商业银行绿色信贷规模指数	SGC	以指数方式给出
控制变量	对外贸易	FT	进、出口贸易总额/各省份 GDP
	人均 GDP	GDPPC	各省份地区生产总值/各省份人口总数
	产业结构	IS	第三产业增加值/第二产业增加值
	公路通达程度	HA	通过公路长度（千米）/省市面积（平方千米）
	城市化率	UR	各省份城镇人口数/各省份常住人口总量
	RD 强度	RDS	各省份研发投入/各省份 GDP

根据数据的可得性，本节以 30 个省份的 2013—2019 年数据作为研究样本。各省份的上述数据来自相关年份的《中国统计年鉴》、Wind 数据库、《中国工业统计年鉴》。

四　统计检验与实证结果分析

从表 6-10 给出的上述变量的描述性统计可以看出，中国各省份的相关经济指标存在较大的差异。绿色全要素生产率（TFP）的最大值为 18.1840，最小值仅为 0.0270，均值也更靠近最小值，表明大部分省份的 TFP 水平有待提高；国有商业银行绿色信贷规模指数（SGC）从表中体现出各省份之间的差异性，但在均值与标准差上体现出来数据的分布较为和缓；对外贸易（FT）中最小值与最大值差距很大，主要体现为东部沿海地区的对外贸易最发达，西部地区对外贸易相对缺乏动力；人均 GDP（$GDPPC$）的对数结果显示，目前人民生活普遍提高，减少了很多极端现象的发生；产业结构（IS）极值差距很大，主要体现为东中西分区域来看的空间异质性；公路通达程度（HA）中体现出的均值更具有代表性，从数据中体现出 HA 的分布较为均匀；城市化率（UR）中的最大值接近 90%，最小值接近 38%，平均水平约为 60%，城市化进程在稳步推进；RD 强度（RDS）的均值较低，表明研究投入占 GDP 总水平的比重较低。

表 6-10　　　　　　　　变量的描述性统计

变量	观测值	均值	标准差	最小值	最大值
TFP	210	1.4098	3.1368	0.0270	18.1840
SGC	210	0.3693	0.1140	0.1320	0.6700
FT	210	0.2628	0.2686	0.0130	1.2600
GDPPC	210	10.8845	0.4102	10.0498	12.0090
IS	210	1.2539	0.6829	0.5722	5.1692
HA	210	0.9556	0.5077	0.0973	2.1254
UR	210	0.5969	0.1169	0.3789	0.8960
RDS	210	0.0168	0.0113	0.0046	0.0631

从表 6-11 的回归结果可以看出，国有商业银行绿色信贷规模指数与绿色全要素生产率呈显著的正相关关系，国有商业银行绿色信贷规模指数每增加 1 个单位，全要素生产率会增加 1.483 个单位且在 5% 的水平上显著。这表明国有商业银行绿色信贷规模越大，绿色全要素生产率越高，印证了国有商业银行引领经济金融绿色转型的论断，即国有商业银行通过绿色信贷促进了绿色全要素生产率的提升，促进了经济的绿色发展。

表 6-11　国有商业银行绿色信贷提升绿色全要素生产率的回归结果

变量	固定效应 TFP
SGC	1.48300** (2.04)
FT	−0.51700 (−0.85)
GDPPC	0.00001** (2.57)
IS	0.96100*** (5.22)

续表

变量	固定效应 TFP
HA	-0.87400 (-1.48)
UR	-6.15700*** (-3.69)
RDS	111.35100*** (4.91)
Constant	1.81700** (2.34)
Observations	210
Number of newid	30
R^2	0.381

注：***、**分别表示在1%、5%的水平上显著。

从控制变量来看，人均GDP、产业结构、RD强度均对绿色全要素生产率有一定的正向解释作用；人均GDP在5%的水平上与绿色全要素生产率呈显著正相关，可见，促进增长有助于提高绿色全要素生产率，即经济的绿色转型与经济增长是可以兼顾的。产业结构与RD强度在1%的水平上对绿色全要素生产率有显著的正向影响，系数分别为0.96100和111.35100。这表明，促进产业结构升级与增加研发强度促进创新发展对提升绿色全要素生产率有积极的影响。然而，城市化率呈现负向影响，城市化率每提高1个单位会使绿色全要素生产率降低6.15700个单位，且在1%的水平上显著。这表明，城市化发展形成了城市病，反而不利于提升绿色全要素生产率。对外贸易及公路通达程度对绿色全要素生产率的系数均不显著，可见对绿色经济发展无显著的影响。

五 结论与对策建议

综上所述，国有商业银行的绿色信贷规模对绿色全要素生产率具有促进作用，并在5%的水平上显著。实证结果验证了国有商业银行引领经济金融绿色转型这一论断，可见在"30·60"目标提出的大背景下，国有商业银行可以通过增加绿色信贷，通过自身业务的绿色转型促进经济绿色发展。

绿色信贷作为当前绿色金融体系中最重要的金融工具和最大的业务板块，在推动经济绿色转型的过程中发挥了不可忽视的作用。为更好地发挥国有商业银行引导和推动绿色信贷的作用，更好地促进经济绿色转型，国有商业银行应从以下几个方面进一步发挥引领作用，积极落实政府的相关政策。

第一，配合政府探索建立政策体系与监督机制。一是国有商业银行积极配合政府和相关部门，从各个方面了解、认识绿色信贷现有的问题，从而制定具有针对性的政策文件，以自身为引导吸引更多市场资本流向绿色信贷这一重要绿色金融工具，进一步发挥国有商业银行在绿色金融各环节的控制和引导作用；全面评估风险与收益，构建专项补贴机制，尝试通过以风险补偿费用、税收优惠和贷款贴息为主的方式激励金融机构绿色信贷业务的开展，对于一些经济效益和环境效益双赢的绿色信贷项目，也可直接对相关企业和金融机构进行一定的财政奖励和支持，让金融机构在进行绿色信贷业务时能够跳出承担社会责任的束缚。二是要及时发现绿色信贷业务中较为烦琐和冗杂的审批步骤，根据实际进行规范和调整，做到精练、便捷，缩减业务办理的时间成本；鼓励金融机构建立专营部门或分支机构，在加大绿色经济信贷资金支持力度的同时提高专业性；对于积极开展绿色信贷业务的商业银行，金融管理部门可以给予适当的政策倾斜，并在年度综合考评时充分考虑绿色信贷等绿色金融业务的发展情况。三是充分研判绿色信贷目前的发展情况和未来发展趋势，及时发现和解决现行法律法规、政策规定中存在的问题与漏洞，在确保绿色信贷资金可以无障碍流动的同时，要对绿色信贷资金的流向和利用效率进行持续监督，确保相关企业能够充分利用资金并且真正用于绿色项目，杜绝绿色信贷资金的冒用和浪费，规避金融环境动荡及投资者的非理性带来的"绿天鹅"风险。

第二，完善风险防范和信息披露机制。实现绿色信贷的可持续发展需要打通政府、金融机构和企业之间的信息共享通道，实现信息对称和资金的精准投向。政府可以把社会信用体系作为机制的基础，在原有系统中分别纳入企业和金融机构的相关信息，企业方面主要包括绿色项目信息、绿色技术发展信息、环保信息和环保违法信息等，金融机构方面则包括绿色信贷的产品信息、整体运行情况和具体执行流程等。此外，不断完善 ESG 报告披露标准和制度，鼓励企业和有关金融机构通过该报告向社会定期公布自身的环境、社会和公司治理信息，缓解市场可用资本与绿色经济项目之间的信息不对称问题，从而吸引更多市场资金作为信贷支持流入绿色经济领域。为了规避绿色信贷风险，需要建立一个有效平台，统一管理与发布绿色信贷政策、节能环保政策和企业环保信息。对于一些挂牌督办、限期治理、污染关停的企业，要及时公布相关名单提醒绿色信贷资金的供给方，推进企业环境污染信息进入信贷征信系统。

第三，利用资金实力，积极推动产品与服务的创新。从现有情况来看，金融机构开展的绿色信贷业务主要还是在发挥资金聚集和引导作用的基础上，将市场上的一部分资金投向节能环保领域和绿色经济领域，以最基本形式的信贷业务为主。因此，可在以原生性绿色信贷产品为业务核心的前提下，如绿色按揭贷款、低碳信用卡和绿色消费贷等，积极引导金融机构因地制宜、具体情况具体分析，对绿色信贷产品进行适度创新，根据服务企业的生产经营特点和所在地的发展定位进行新产品的研究开发，充分考虑基于碳排放权、排污权的信贷产品，积极尝试绿色环保知识产权的抵质押融资。

商业银行应在明确绿色金融支持体系资金流向和服务目标的基础上，对绿色金融业务事前主体筛选、项目成立后资金贷出、资金运用过程中主体行为监督，以及到期资金收回这一系列流程加强评估与监管，建立将碳定价碳监督纳入绿色金融各个环节的风险控制体系与监管框架，完善信息流通与信息交流机制，对于隐瞒绿色金融风险的企业，应令其限时整改，否则停止一切授信合作。

除此之外，商业银行还应建立符合中国国情的绿色金融业务审核统计机制，定期对绿色金融支持体系的流程、执行状况及效用进行审查，在实践中完善对主体及项目的风险评估体系，完善对进行中项目执行情况及可能引发的潜在社会层面动荡的监测管理，根据所投资项目风险收益的不同水平，制定与之相适应的差异化监管标准；同时应加强绿色金融支持体系的透明性与可信度，定期发布环境与社会表现情况报告。

第七章

国有商业银行信贷行为的风险分析

　　国际金融危机后，中国银行业经历了信贷的快速扩张。信贷的快速扩张虽然支持了经济的复苏，但"加杠杆"下存在的"金融脱实向虚"问题，积累了潜在的金融风险。此外，随着中国人口红利消失，中国经济进入了新常态。经济增速放缓背景下，商业银行的信贷扩张行为是否会引发信贷泡沫？信贷数量的扩张是否会降低贷款质量增加不良贷款率？对这些问题的分析不仅有助于更全面地了解国有商业银行通过信贷扩张应对金融危机冲击的"压舱石"作用，也有助于金融风险管理，助力中国金融体系的稳健发展。信贷对于经济发展具有重要的意义。具体来说，信贷的规模和结构两个方面对经济的增长都会产生作用。从信贷规模方面来看，银行的信贷规模不断增长，意味着有越来越多的资金来支持经济的发展，对于经济来说明显有积极的作用。然而，如果经济增速慢于信贷增速，就会累积信贷泡沫，不仅表明信贷资金的利用效率低还可能累积金融风险。从信贷结构方面来看，关键是要明确信贷进入实体经济、房地产市场、产能过剩行业的比例，也就是信贷资金的使用效率问题。信贷结构的合理性关系到银行的资产安全，甚至是国家的金融安全，以及经济能否协调、可持续发展。因此，本章在检验商业银行的信贷泡沫行为，对比分析国有商业银行信贷泡沫与其他类型商业银行异同的基础上，进一步分析信贷结构对商业银行信用风险的影响，以明确国有商业银行在服务实体经济发展时对金融体系稳定性的重要作用。

第一节　国有商业银行与股份制银行信贷泡沫的对比分析

一　引言

虽然中国商业银行以信贷扩张应对国际金融危机的冲击，促进了经济复苏，但随着中国经济进入新常态，经济增速换挡与转型过程中的各种阵痛，使中国经济面临新的问题与考验。商业银行的信贷行为及其风险性就是问题之一。在中国以银行为主体的金融体系下，信贷行业可以称为金融业的基础与核心，信贷的任何变化都可以反映实体经济的现实和趋势。2016年，中国的人民币贷款新增数额达到了12.65万亿元，同比数额增加了9257亿元。① 这一数据再次创造了中国信贷规模新高，但是，在这一数据的背后，信贷的投放与实体融资需求的错配问题仍然存在。一方面信贷额度快速增加；另一方面以制造业为代表的企业融资成本仍然很高，中小企业融资难的现象依旧存在。由经济学理论可知，当经济增速和信贷增速不一致，特别是出现实体经济的增速落后于信贷规模的增速时，就会引发社会对于经济层面"脱实向虚"的担忧。历史上，多次金融危机和经济危机均源于泡沫的破灭，例如荷兰的郁金香泡沫（1634—1637年）、英国的南海泡沫（1720年）和法国的密西西比泡沫（1719—1720年）。国际金融危机后，随着商业银行的信贷扩张行为引发的高货币和高杠杆现象，使中国金融和经济再次面临严重挑战。因此，国际金融危机后随着中国经济进入新常态，研究中国商业银行的信贷行为是否引发了信贷泡沫问题，尤其是国有商业银行的信贷泡沫问题就显得十分重要。

二　商业银行信贷泡沫问题的研究综述

（一）信贷泡沫的内涵与外延

信贷泡沫是信贷业务发展中的"失衡"现象，是经济泡沫中的一种。它是指商业银行在追求利润最大化的目标下，降低贷款的标准，给贷款偿还能力不足的企业或者个人的贷款额虚高，贷款额超过了其实际

---

① 资料来源：中国人民银行网站，http://www.pbc.gov.cn/。

需求与偿付能力而形成的泡沫。信贷泡沫往往会引发资产泡沫，即在《新帕尔格雷夫金融大辞典》中"泡沫"是指在经济和金融的运行和发展中，资产价格忽然连续地上涨。并且在价格上升的过程中，人们仍然对其远期的价格有着继续上升的乐观预期，进而有了更多的投机者进行交易，导致资产价格严重背离自身价值。通过这种描述可以看出，泡沫是一个动态的过程，而且在泡沫存在的一段时间内，预期发挥着重要的作用。总的来看，泡沫是经济运行过程中出现的"失衡"现象。信贷泡沫则是商业银行信贷规模过度扩张，整个社会杠杆率大大提高，信贷额度超过了社会发展经济实际需求时产生的失衡。

（二）信贷泡沫的成因

从泡沫的定义可知，泡沫与投资者或者金融机构对未来价格上升或经济增长预期以及投机、从众等行为密切相关。在复杂的经济体系下，泡沫则是由众多宏观和微观因素相互作用而形成的结果。因此，学者从宏观、微观等多个角度剖析其成本。

一些学者从宏观经济、金融体系、金融环境等外部宏观环境的角度剖析信贷泡沫的成果。中国商业银行贷款规模的高速扩张离不开中国经济的高速增长，中国商业银行在中国经济增长与转型过程中承担着经济建设资金筹集者和供应者的角色。但是，从某种程度上分析，中国商业银行信贷投放偏快意味着信贷业务发展中存在非理性行为（何勇，2007）。中国以投资拉动经济增长的经济模式，以及国际金融危机后量化宽松货币信贷政策形成的流动性宽松的环境，给商业银行的信贷扩张提供了外部刺激（梁文英，2013）。龚蕾（2016）认为，在某个经济体的发展过程中，如果高估其经济发展水平，就极有可能引发经济泡沫。则认为，在中国当前的经济发展阶段，"蓬齐对策"是导致资产泡沫的重要原因。"蓬齐对策"是对待债务的一种对策，即借款人利用新的债务维持资金的流动性，偿还旧的债务，而不是依靠将来经营所得的现金流进行实际偿还。借款者甚至可以无限地滚动负债，用新借来的资金来偿还本息。从现阶段来看，资本市场中有许许多多的借款人奉行这种对策，引发的后果就是"金融连锁性"现象的出现，进而产生了资产泡沫。同时，信贷的过度扩张可能引发经济泡沫。在信贷投资的情况下，借款人得到了贷款进行项目投资，借款人如果投资失败，将不能够偿还借贷资金，但如果宣告破产，就可以把投资风险转移到金融机构；但如果投资成功，那么自己将获得带来的全部利润。这样，投资者必定会尽量寻求更高的利润，产生追逐并且抬高资产价格的动机，这会使资产的价格泡沫出现并膨胀。同时，Fisher（1933）则基于资金供求均衡的角度提出了类似的结论：当某一市场中实际的信贷总量超过了正常发展所需的信贷规模时，即信贷过度扩张时，市场往往会形成泡沫。当前的全球环境下，金融自由化和全球化也是金融泡沫产生的基础环境。金融自由化与全球化的发展趋势，确实让许多国家，尤其是处在发展中国家阶段的人民受益，促进了各国不同程度的经济增长。但从另一角度来看，这种制度环境也增加了世界各国面临的金融风险，极易引发经济泡沫的产生。放松了利率管制，业务范围和经营项目也能够扩大，资本流动更为自由，并且在市场监管不够完善的情况下，金融市场中的银行、投资者等投机行为逐渐增多，信用开始迅速膨胀，更多人和机构愿意"铤而走险"，投机资本越来越多，逐渐会刺激泡沫的出现并膨胀。Minsky（1974）针对金融体系本身存在的问题进行研究，认为当整个金融体系如果无法满足资金正常流动时，经济泡沫会很容易破裂，并且冲击到金融体系。Kindle Berger（1978）也认可Minsky的假说，并详细阐述了泡沫的产生和破裂这一过程。他认为，由于某些原因，金融体系中会出现流动性过剩的问题，金融机构由此会自然地扩大信贷规模，而信贷的增加会使资产交易过于频繁，导致资产价格的波动，甚至经济泡沫的出现。在这种情况下，社会对于资金的需求又会不断地增加，为了维持资金正常的流动性，金融机构开始回收之前发放出去的资金和贷款，资金供给由此减少，导致资产价格的暴跌，泡沫自此破裂。

一些学者从商业银行的微观经营行为及其行为是理性还是非理性的角度分析信贷泡沫的成因。胡汉军和邱力生（2008）指出银行自身的经营模式是信贷泡沫的主要成因，商业银行的利润主要来源于存贷利差，因此商业银行有内在的扩张信贷的动力。银行竞争越激烈，商业银行扩张信贷、降低信贷标准的情况就会越严重，信贷泡沫也就会越大。Allen和Douglas（2000）指出，商业银行经营活动中存在的代理问题和道德风险问题是信贷泡沫与经济泡沫的成因。投资者对风险资产的投资需求会推动他们增加对商业银行的贷款，因为通过银行信贷投资风险资产，投资者不仅不受本金的限制还会在投资失败时以破产或违约等方式将风险转移给银行。而商业银行在无法解决贷款人道德风险问题的情况下，会在投资者贷款需求增加时扩张信贷，并进一步支持资产价格上涨，产生泡沫。可以说，信贷扩张为个人或企业等提供了杠杆，也就是有成倍的信贷资金进入资本市场，使价格泡沫产生。另外，由于提供资金的金融机构等贷款方不能全面了解和掌控借款方的投资风险，双方之间就会存在代理问题，而投资的风险越高，贷款方承受的风险就越多。信贷结构是银行信贷泡沫的成因，研究中发现金融危机后在"四万亿"刺激政策的影响下，中国银行业的新增贷款主要集中于基础设施建设与向政府平台融资等领域，而政府类基建资金使用年限长、对经济增长的短期促进作用不明显，从而导致信贷增速快于经济增速。文彬（2007）强调，以信贷扩张为基础的经济泡沫模型反映出来的是信贷与资产价格的联系，其原理就是风险转移现象。投资者能够把面临的价格下跌风险大部分转移给贷款人，同时却能得到价格上升时的全部利润。资本市场中这种激励越来越多时，市场中的价格就将持续甚至严重与其自身价值背离，引发资产价格泡沫。而泡沫是在市场信息完全和投资期限永久的条件下，投资者理性决策下形成的（Samuelson，1957；Muth，1961；Blanchard and Watson，1982）。

（三）信贷泡沫的影响

一些学者认为作为经济发展中的"失衡"现象，泡沫会给经济发展带来较大的负面影响。麦基尔（2002）基于对泡沫历史的研究发现，经济泡沫会冲击市场的稳定运行，而且泡沫一旦破裂会对整个经济运行带来负面冲击，一些经济危机的爆发就是由泡沫破灭引发的。吴立力（2017）指出信贷泡沫驱动了资产泡沫，特别是在货币乘数作用下，商业银行的信贷扩张引发了高货币现象和资本市场的泡沫。许承明和王安兴（2006）指出信贷泡沫意味着潜在的信贷风险，一旦信贷泡沫破裂导致不良贷款增加，不仅会影响商业银行的盈利甚至会影响商业银行的正常经营，严重地会引发商业银行破产。而商业银行破产会打破信用链，引发流动性收缩和连锁反应，甚至可能会由金融危机演进为经济危机。

然而也有学者认为，信贷泡沫的影响取决于制度环境与金融环境。

刘阳（2017）指出，由于中国以家庭为单位的储蓄规模较大，且商业银行多有国有股份背景，在政府"隐性担保"下，家庭多对银行的信任度较高，通常不会取款。即便一些小型金融机构出现了流动性困境，也会有国有商业银行能提供资金支持。因此，即使商业银行有信贷扩张行为，降低了贷款的标准，但银行内部资金供给有保障，也不会对金融体系造成过大冲击。也有一些学者强调，一定程度的泡沫有助于促进经济发展。信贷扩张有助于提高投资规模、促进资源的更优配置（Martin and Ventura，2011）。费聿珉（2015）强调泡沫的不同阶段对经济的影响存在差异。在泡沫初期，财富效应和经济增长预期会有效增加居民效用并促进企业投资，刺激经济增长。但泡沫的持续会引发资源配置的扭曲，形成不良贷款的累积和社会福利的损失，破坏经济的稳健发展。当泡沫破裂时，会加速对经济和金融的冲击。可见，大多数学者认同泡沫破裂的影响很恶劣，但泡沫较小时避免泡沫的进一步扩大有助于促进经济发展。

（四）泡沫的测度方法

从泡沫理论的发展状况来看，经济泡沫可以分为理性泡沫和非理性泡沫两类。理性泡沫的"理性预期"这一假设条件较为苛刻，因此这种假说也难以令人信服。但是，这种理论可以更好地运用定量的方法进行深入分析研究。非理性泡沫理论的假设前提比较复杂，前述介绍的相关研究都难以进行定量分析，运用计量方法难以对非理性泡沫进行更为深刻的探索。从目前的研究进展来看，非理性泡沫的深入探索还不够成熟，学者大多数从理性泡沫的角度进行研究。

探索理性泡沫的基本方法，就是通过要研究的资产的价格与对应的基本面因素比较，从而判断资产价格中是否含有泡沫成分。Shiller（1980）采用的是1871—1979年的标普指数数据与相关的股利年度数据进行比较。由无套利定价原理可知，股票的基本价格就是未来可以获得的股利的折现值。在价格中不存在泡沫成分的情况下，股票的市场价格完全就是其基本价格。Shiller运用了一种叫作"方差界"的计量方法，研究发现股票价格的实际方差与"事后方差"相比产生了较大的不同，也就是说，作为可以揭示"基本面"因素的股利也无法全部解释股票实际价格的波动，股票价格中必然存在泡沫成分。

Kleidon（1986）进行了深入探索，对"方差界"方法判断泡沫是否存在的结论质疑，也就是当股利无法解释股票价格变动时，泡沫不是其唯一原因。Froot 和 Obstfeld（1991）认可了这一观点，同时改进了"方差界"方法，探索出了一种被称为"内在泡沫"的检验方法。他们指出，内在泡沫是一种依赖于股利的特殊泡沫形式，它同样满足无套利条件。当内在泡沫不存在时，股票价格与股利成正比；当内在泡沫存在时，二者的正比关系不复存在。据此，可以判断出股票价格中是否含有泡沫成分。运用这一方法，他们还选取了 1988—1990 年的美国标普指数数据，并发现了其中存在的内在泡沫。但是，Norden 和 Schaller（1993）在研究中发现，如果给股利不同的假设前提，运用内在"泡沫方法"检验泡沫，会出现不尽相同的结论。股利数据的对数形式的正态分布假设受到了质疑。

West（1987）同样对股票市场中的泡沫进行了实证研究，他选取的是 1871—1980 年的标普指数数据和 1929—1978 年的道琼斯指数数据。他首先运用无套利定价法，计算并估计出股利和股票基本价格，同时得到了两者的关系。其次，假定价格中不存在泡沫成分，用回归的方式得到股票市场价格对股利的回归系数。这样，他发现两步所得的系数存在差异，因此认为股票市场中存在泡沫成分。这一方法也被称为"二步法"。Dezhbakhsh 和 Demirguc-Kunt（1990）在这一方法的基础上，选取了 1871—1981 年和 1871—1988 年的美国股价相关数据，提出了一种直接计算的小样本检测方法，同样发现了股票市场中的泡沫。

但是，这些方法都忽略了理性泡沫本身的一种"爆炸增长"的特点。Diba 和 Grossman（1988）认为，单位根检验可以发现经济泡沫，作为判断泡沫存在性的一个原理。他们认为理性泡沫具有理性增长的特性。根据此特点，当存在理性泡沫时，对价格序列进行多次差分，结果仍然是不平稳过程。但是，当这种泡沫不存在时，价格序列就能够在进行若干次差分之后，变成一个平稳序列。他们运用自己提出的这种"单位根协整检验"的方法，选取标准普尔指数数据，得出研究相关的股票市场中并不存在泡沫。曾五一和李想（2011）受到启发，选取了中国 35 个大中城市 2003—2009 年的房地产价格，运用 CIPS 面板单位根检验及 Padroni 面板协整检验方法，发现在这一期间内中国整体的房地产市场中存在经济泡沫。

Evans（1991）对经济泡沫的特征做了深入研究，他提出，泡沫可能存在"周期性"的特点，也就是当泡沫不断反复出现时，如果泡沫膨胀程度较小，含有泡沫的序列会接近一个平稳的过程。这时，上述几种方法都无法很好地判断泡沫是否真正存在。

正因如此，Phillips 等（2011、2012）先后提出了 Sup ADF（SADF）检验及扩展的 Sup ADF（GSADF）检验方法。这两种检验方法与上述的单位根检验有所差别，SADF 检验方法是将平稳替代假设添加在统计量概率分布的右侧。运用递归的算法，将数据进行滚动回归，并且在这一过程中，按照顺序依次进行单位根平稳检验，从而能够发现经济泡沫是否存在。而 GSADF 检验方法是在其基础上的扩展，其比前述的检验方法更敏感。也就是说，对于连续存在的经济泡沫，使用 GSADF 检验方法可以有效地判断发现。这两种方法都能够对收集到的价格数据直接进行检验，对于较为常见的经济泡沫能够轻易地发现，而且不会受到数据时限的影响，在泡沫还未破裂的情况下，就可以及时发现它。Homm 和 Breitung（2012）将这种方法和以前学者提出的单位根检验方法比较，认同了 Sup ADF 检验泡沫是否存在的效果更好。针对检测经济泡沫出现的具体时间，Phillips 等（2009）也提出了相应的方法。他们得出结论，认为可以比较通过计算得出的有限样本的真实临界值的接近值，以及其可以替代的临界值，得到泡沫产生和破裂的具体时刻，从而发现经济泡沫存在的时间段。

三　中国国有商业银行不存在信贷泡沫的检验

（一）国有商业银行信贷情况综述

商业银行的信贷业务是其核心业务，也是其主要的盈利渠道。如图 7-1 所示，在国际金融危机后，中国金融机构的信贷总额快速增加，且金融机构信贷总额的增速快于国有商业银行。可见，虽然国有商业银行的信贷余额也在快速增加，但其占比逐渐下降。这表明，股份制商业银行及城市商业银行等其他金融机构的信贷业务发展迅速，信贷投放量增加。

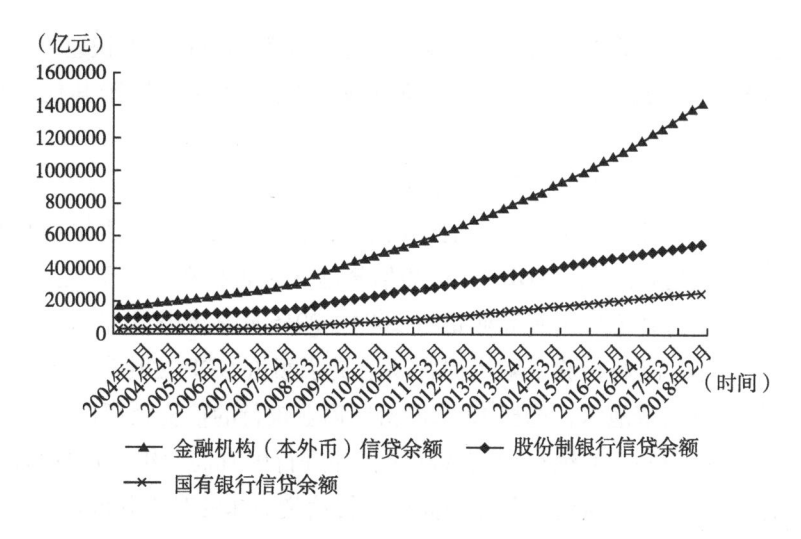

(亿元)
图表：国有商业银行信贷规模折线图，包含金融机构（本外币）信贷余额、股份制银行信贷余额、国有银行信贷余额三条曲线，时间从2004年1月至2018年2月。

图 7-1　国有商业银行信贷规模

资料来源：中国人民银行网站。

2016年中国房地产价格迅速上涨，也推高了居民的住房贷款需求，个人住房贷款在商业银行贷款中占较高比重。根据各银行2016年年报，五大国有商业银行的个人住房贷款占总个人住房贷款总额的一半以上。农业银行、中国银行、工商银行、建设银行和交通银行五家国有商业银行房地产贷款占贷款总额之比的具体数字分别为78.17%、70.47%、64.51%、63.82%和49.75%。可见，商业银行的信贷业务与房地产市场过热密切相关，信贷扩张在助推房地产价格上涨的同时，因房地产价格上涨进一步推动了信贷扩张。

在2018年政府严控房价的政策下，住房贷款的增速放缓，并推动房市逐渐降温。2015年，中国人民币个人房贷余额达到13.1万亿元，同比年增长率为24%，而至2018年中国人民币个人房贷余额达到25.8万亿元，虽然总额仍在增加，但是增速明显放缓，同比年增长率降至9%。五大国有商业银行个人住房贷款占个人住房贷款总额之比也从2015年的75%降至2018年的68%。可见，在降低人民币个人住房贷款方面，国有商业银行也在各类金融机构中发挥着主导与引领作用。虽然国有商业银行在国际金融危机后也有信贷快速扩张的行为，且在推动房地产价格上升过程中发挥了重要作用，有推高房地产泡沫且引发信贷泡

181

沫的情况，但随着国家房地产政策的收紧，国有商业银行亦快速收缩个人住房贷款，其贷款占比快速下降表明其收缩速度远快于其他金融机构。

（二）数据选取、处理与描述性统计

从信贷泡沫的定义可知，泡沫的表现为信贷规模的增速超过GDP增速，因此选择"信贷/GDP"检测信贷泡沫是否存在。基于数据的可得性，本节选择五大国有商业银行2004—2016年各季度末信贷总额作为研究样本，还将检验金融机构各项信贷余额占GDP之比以判断全国商业银行的信贷泡沫，选择12家股份制商业银行的信贷余额占GDP之比以判断股份制商业银行的信贷泡沫，并进行国有商业银行信贷泡沫、股份制商业银行信贷泡沫与全国商业银行信贷泡沫的对比分析。

数据描述性统计分析如表7-1所示。

表7-1　　　　　　　　数据描述性统计分析

项目	平均值	标准差	最大值	最小值	偏度	峰度
金融机构各项信贷余额/GDP	1.4472	0.2173	1.8454	1.1352	0.4396	1.9592
国有商业银行信贷总额/GDP	0.6661	0.0547	0.7427	0.5367	-0.5270	2.3366
股份制商业银行信贷总额/GDP	0.2370	0.3343	0.1648	0.0489	0.5487	2.2715

2004—2018年，金融机构各项信贷余额/GDP的最大值为1.8454，最小值为1.1352，表明中国金融机构的信贷占经济增长之比有较大的波动。金融机构各项信贷余额/GDP的最大值、最小值与均值均大于1，可以看出中国的信贷余额大于中国的经济增长，这也在一定程度上表明中国商业银行存在信贷扩张行为，当年的信贷余额大于当年中国生产的商品和劳务的总和。国有商业银行信贷总额/GDP的最大值和最小值分别为0.7427、0.5367，表明国有商业银行信贷占经济增长之比的波动相对全国金融机构较小。可见，相比全国的金融机构，国有商业银行的信贷行为相对来说较为稳定。股份制商业银行信贷总额的最大值和最小值分别为0.1648、0.0489，且标准差为0.3343，大于国有商业银行的标准差，这都表明股份制商业银行信贷占经济增长之比的波动相对国有商业银行来说更大。股份制商业银行的标准差已经高于其均值，从均值

与标准差之比也可以看出,股份制商业银行信贷占经济增长之比的波动程度甚至高于全国的金融机构,股份制商业银行的信贷行为波动更大,存在信贷泡沫的可能性更高。

(三)信贷泡沫的单位根检验

从上述泡沫测度的文献综述可以看出,较通用的检验泡沫的方法为单位根检验法。其检验原理如式(7-1)所示。

假设下面的公式代表某一资产的价格:

$$P_t = \sum_{i=0}^{\infty} \left(\frac{1}{1+r_f}\right)^i E_t(D_{t+i} + U_{t+i}) + B_t \tag{7-1}$$

式中:P_t 为 t 时刻资产的价格;D_t 为投资该资产的收益;r_f 为无风险利率;U_t 为无法预见的基本因素;B_t 为资产价格中的泡沫部分。式(7-1)中,我们可以用 $P_t^f = P_t - B_t$ 表示影响资产价格的市场基本因素,而 B_t 满足爆炸的下鞅性质:

$$E_t(B_{t+1}) = (1+r_f)B_t \tag{7-2}$$

当 B_t 不为 0 时,代表资产价格中存在泡沫,且泡沫会一直膨胀至最终破裂。此时,如果 U_t 是一个 $I(1)$ 或者 $I(0)$ 过程,并且 D_t 在差分后可以变为一个平稳过程,这种情况就完全可以用来证明泡沫的存在。

Diba 和 Grossman(1988)在认可了这一"爆炸"的特性之后,提出了单位根协整检验法,用于检测经济泡沫是否存在。这一方法就是在正常的 ADF 检验基础之上,增加了爆炸替代的假设。具体来说:

$$\Delta y_t = \alpha + \beta y_{t-1} + \sum_{i=1}^{k} \psi_i \Delta y_{t-i} + \varepsilon_t \tag{7-3}$$

式中:y_t 为资产价格的对数形式;ε_t 服从 $N(0, \sigma^2)$ 分布;k 为滞后阶数。正常的 ADF 检验中,原假设是 $\beta=0$,含义是 y_t 为 1 个单位根过程,并且 Δy_t 是平稳的。而这种检测泡沫的方法中,新增加的替代假设是 $\beta>0$,表示 y_t 是突增的,Δy_t 为非平稳序列。如果资产价格不存在泡沫,资产价格就可以用下述表达式表示:

$$(1-\rho)p_t^f - \rho e^{\bar{d}-\bar{p}} d_t = k + e^{\bar{d}-\bar{p}} \sum_{j=1}^{\infty} \rho^j E_t[\Delta d_{t+j}] \tag{7-4}$$

式中:$p_t = \log(P_t)$;$d_t = \log(D_t)$;$\rho = (1+r_f)^{-1}$;$k = (\rho-1)(1-\bar{p}) +$

$\rho e^{\bar{d}-\bar{p}}(1-\bar{d})$；$\bar{p}$ 和 $\bar{d}$ 分别为 p_t 与 d_t 的样本均值。正常情况下，如果 d_t 的一阶差分序列 Δd_t 是一个平稳的过程，p_t 和 d_t 则应该和向量 [（1-ρ），$-\rho e^{\bar{d}-\bar{p}}$] 协整。进一步来说，如果资产价格序列的一阶差分序列是平稳过程，在这一方法的原理之下就可以断定资产价格中是不含有泡沫的。

（四）国有商业银行不存在信贷泡沫的单位根检验结果

运用上述检验方法，分别对金融机构各类信贷余额/GDP、国有商业银行信贷总额/GDP 两个比率的原序列和一阶差分平稳性检验，结果如表 7-2 所示。

表 7-2　　　　　　　信贷泡沫的 ADF 检验结果

指标	序列情况	检验模式	ADF 检验值	5%显著水平下的临界值	结论
金融机构信贷余额/GDP	原序列	(c, 0, 0)	-0.2001	-2.9126	不平稳
	一阶差分序列	(c, 0, 1)	-3.6035	-2.9126	平稳
国有商业银行信贷总额/GDP	原序列	(c, 0, 0)	-1.3957	-2.9117	不平稳
	一阶差分序列	(c, 0, 1)	-5.5275	-2.9126	平稳
股份制商业银行信贷总额/GDP	原序列	(c, 0, 0)	0.8195	-2.9117	不平稳
	一阶差分序列	(c, 0, 1)	-6.5195	-2.9126	平稳

ADF 检验结果表明，在 5% 的显著性水平下，金融机构信贷余额/GDP、国有商业银行信贷/GDP 和股份制商业银行信贷/GDP 这三个指标都是一阶单整序列，即原序列均是不平稳序列，而一阶差分均是平稳序列。因此，根据上述检验方法和上述结果表明，通过 ADF 检验的方法，可认为无论是全部金融机构、国有商业银行还是股份制商业银行在整个样本期内均不存在信贷泡沫。

（五）信贷泡沫的 SADF 和 GSADF 检验方法

有学者指出，单位根检验方法无法检测出"周期性泡沫"的存在。Tirole（1982）提出，当资产价格大于或等于 0 时，爆炸的下鞅性质的表达式即上述第二个表达式的 B_t 和残差 ε_t 应该表示的是一种乘法关系，即 $B_{t+1}=(1+r)B_t\varepsilon_t$，其中 $E_t(\varepsilon_t)=1$。因此，如果在 t 时刻 $B_t=0$，那么，在此之后的经济泡沫会一直为 0，即 $B_{t+1}=0$。Diba 和 Grossman（1988）指出，爆炸的下鞅性质的表达式只在默认经济泡沫不会破裂且无法重复的假设前提下才成立。Evans（1991）则通过模拟实验指出经济泡沫在 t 时刻回归 0 之后，仍然能够继续膨胀，并且再次膨胀的速度与 t 时刻之前的泡沫大小有关。针对周期性泡沫无法由 ADF 检验法成功检测出的问题，学者继续寻找并尝试新的检验方法。Phillips 等在 2011 年提出的 Sup ADF 检验方法，成功地解决了这一问题，并且在现在的泡沫检验中广泛使用。该检验运用递归方法和最小二乘估计的自回归形式：

$$x_t = \mu + \rho x_{t-1} + \varepsilon_t \tag{7-5}$$

式中：ε_t 服从 $iid(0, \sigma^2)$，Sup ADF 检验方法设定有备选假设 H_1：$\rho > 1$，其中 $\rho = 1 + \dfrac{c}{k_n}$，$c>0$，$k_n \to \infty$。其检测是将平稳替代假设添加在统计量概率分布的右侧。运用递归的算法，将数据进行滚动回归，并且在这一过程中，按照顺序依次来进行单位根平稳检验，从而能够发现经济泡沫是否存在。除了能发现经济泡沫的存在，这一检验方法还能估计经济泡沫出现的时间。将 t 统计量与单位根检验的临界值相比较，当 t 统计量大于临界值的那一时刻是泡沫产生的时刻，t 统计量下降到小于临界值的那一时刻是泡沫破裂的时刻。两个时刻之间的这个时间段是经济泡沫存在的时间。

用数学原理来解释，设定参与回归的样本数据值从 r_1^{th} 开始，到 r_2 为止，$r_2 = r_1 + r_w$，其中，r_w 是样本容量。回归过程中，观察值的数量为 $T_w = [Tr_w]$，其中，$[\cdot]$ 表示取整函数，T 代表观察总数。整个 SADF 检验方法就是对向上不断扩大的样本序列值进行多次反复的 ADF 检验。也就是整个繁复的检验过程开始于样本序列的 r_1，此时 r_1 被固定在 0，那么，样本的结束点 $r_2 = r_w$。样本的窗口会由 r_0 逐渐扩大到 1，其中 r_0 是保证整个递归估计有效性的最小值，1 是最大值，也就是表示的是整个样本。Sup ADF 的统计量可以表示为 $\sup_{r_w \in [r_0, 1]} \mathrm{ADF}_{r_w}$，简记为 SADF。根据检验的假设前提，其真实过程是不漂移的随机游走过程，Sup ADF 统计量的渐进分布为下式，其中 W 是标准的 Wiener 过程：

$$\sup_{r_w \in [r_0, 1]} \left\{ \frac{r_w \left[\int_0^{r_w} W dW - \frac{1}{2} r_w \right] - \int_0^{r_w} W dr W(r_w)}{r_w^{1/2} \left\{ r_w \int_0^{r_w} W^2 dr - \left[\int_0^{r_w} W(r) dr \right]^2 \right\}^{1/2}} \right\} \quad (7-6)$$

在这之后，Phillips 等（2012）在此基础上探究出了 Sup ADF 检验的扩展方法，即 GSADF 检验方法。和 SADF 检验方法较为不同的是，GSADF 检验方法中参与回归的起始点 r_1 可以在 0—$1-r_w$ 两者数值间变化，r_w 也得以被扩大。因此，整个回归就是从 $r_1 = 0$ 第一个开始，到 $r_1 = 1-r_w$ 最后一个为止。同时，如果 ADF 检验值是 $\mathrm{ADF}_{r_1}^{r_w}$，那么这一检验方法，即 GSADF 统计量就是最合适的窗口 r_w 和最佳的起点 r_1 两个条件之下的最大 ADF 统计值，也就是 $\mathrm{GSADF} = \sup\limits_{r_w \in [r_0, 1]} \left\{ \sup\limits_{r_1 \in [0, 1-r_w]} \mathrm{ADF}_{r_1}^{r_w} \right\}$，进一步就是 $r_w^* = \arg \sup\limits_{r_w \in [r_0, 1]} \left\{ \sup\limits_{r_1 \in [0, 1-r_w]} \mathrm{ADF}_{r_1}^{r_w} \right\}$。与 SADF 检验类似，GSADF 统计量的渐进分布应为：

$$\sup_{r_w \in [r_0, 1]} \sup_{r_1 \in [0, 1-r_w]} \sup_{r_2 = r_1 + r_w} \left\{ \frac{r_w \left[\int_{r_1}^{r_2} W dW - \frac{1}{2} r_w \right] - \int_{r_1}^{r_2} W(r) dr [W(r_2) - W(r_1)]}{r_w^{1/2} \left\{ r_w \int_{r_1}^{r_2} W^2 dr - \left[\int_{r_1}^{r_2} W dr \right]^2 \right\}^{1/2}} \right\}$$

$$(7-7)$$

Phillips 等（2012）在理论和实践中都进行了分析，认为 Sup ADF 的扩展方法使检测的子样本得以扩大，对于连续存在甚至是表现轻微的经济泡沫，使用 GSADF 检验方法可以有效地判断发现。

而对于经济泡沫产生的具体时点的估计，Phillips 等（2009）同样提出了一种方法。他们重点放在资产泡沫，提出了资产价格的变化过程形式：

$$X_t = X_{t-1} I\{t < \tau_e\} + \delta_n X_{t-1} I\{\tau_e \leq t \leq \tau_f\} + \left(\sum_{k=\tau_f+1}^{t} \varepsilon_k + X_{\tau_f}^* \right) I\{t > \tau_f\} + \varepsilon_k I\{t \leq \tau_f\} \quad (7-8)$$

式中：X 为资产价格；$\delta_n > 1$，$\varepsilon_k \sim \mathrm{iid}(0, \sigma^2)$。其含义是：在 τ_e 时刻以前，X 服从单位根过程，资产价格并没有产生泡沫；但是，在 τ_e 至 τ_f 时刻，X 则服从 $\delta_n > 1$ 时的爆炸过程，资产价格在这一时段内出现了泡

沫；到了 τ_f 时刻以后，X 再次服从单位根过程，此时资产价格泡沫破裂。同时，上式默认资产价格泡沫在较短时间内迅速破裂，之后则满足 $X^*_{\tau_f} = X_{\tau_e} + X^*$。Phillips 等提出的估计经济泡沫产生时间的方法，就是确定经济泡沫产生和破裂两个具体时刻，中间是泡沫一直存在的时间段。即泡沫开始出现的时点是得出来的统计量首次大于临界值的时刻，而泡沫破裂的时点是在此之后，得出来的统计量首次下降至小于临界值的时刻。用数学公式表示为：

$$\hat{r}_e = \inf_{r \geq r_0} \{ r : ADF_r^t > cv_{\beta_n}^t \} \tag{7-9}$$

$$\hat{r}_f = \inf_{r \geq \hat{r}_e + \log(n)/n} \{ r : ADF_r^t < cv_{\beta_n}^t \} \tag{7-10}$$

式中：$cv_{\beta_n}^t$ 为统计量 ADF_r^t 的临界值；β_n 为显著性水平。而自回归系数 $\delta_n = 1 + c/n^\alpha$，$\alpha \in (0, 1)$，$c > 0$。

（六）国有商业银行不存在信贷泡沫的 SADF 和 GSADF 检验

根据 Phillips 等（2012）提出的确定最小有效窗口的做法，本节选择估计有效的窗口 $r_0 = 6/52 \approx 0.1$，其中窗口样本量为 6。表 7-3 是"金融机构各种信贷余额/GDP"的指标 SADF 和 GSADF 检验结果。

表 7-3　"金融机构各种信贷余额/GDP"的 SADF 和 GSADF 检验结果

检验方法	SADF	GSADF
统计值	1.8564	3.7182
临界水平	SADF 临界值	GSADF 临界值
在 90% 水平上	1.0960	2.2738
在 95% 水平上	1.4096	2.6980
在 99% 水平上	1.9717	3.8385

运用蒙特卡罗方法进行 1000 次的模拟试验，上述 SADF 及 GSADF 的检验结果表明，金融机构各种信贷余额/GDP 的 SADF 和 GSADF 统计值分别为 1.8564 和 3.7182，均分别大于在 95% 水平上的临界值 1.4096 和 2.6980。因此，SADF 及 GSADF 的检验表明，中国金融机构在样本期内存在信贷泡沫。

国有商业银行信贷总额/GDP 指标的 SADF 和 GSADF 检验结果如表 7-4 所示。

表 7-4　"国有商业银行信贷总额/GDP"指标的 SADF 和 GSADF 检验结果

检验方法	SADF	GSADF
统计值	-0.6142	1.2447
临界水平	SADF 临界值	GSADF 临界值
在 90%水平上	1.0960	2.2738
在 95%水平上	1.4096	2.6980
在 99%水平上	1.9717	3.8385

运用蒙特卡罗方法进行 1000 次的模拟试验，上述 SADF 及 GSADF 的检验结果表明，国有商业银行信贷总额/GDP 的 SADF 和 GSADF 统计值分别为 -0.6142 和 1.2447，均分别小于在 95%水平上的临界值 1.4096 和 2.6980。可见，无论是 SADF 检验还是 GSADF 检验都说明国有商业银行的信贷在样本区间内不存在泡沫。

股份制商业银行信贷总额/GDP 指标的 SADF 和 GSADF 检验结果如表 7-5 所示。

表 7-5　"股份制商业银行信贷总额/GDP"指标的 SADF 和 GSADF 检验结果

检验方法	SADF	GSADF
统计值	0.9520	4.8553
临界水平	SADF 临界值	GSADF 临界值
在 90%水平上	1.0960	2.2738
在 95%水平上	1.4096	2.6980
在 99%水平上	1.9717	3.8385

运用蒙特卡罗方法进行 1000 次的模拟试验，上述 SADF 及 GSADF 的检验结果表明，股份制商业银行信贷总额/GDP 的 SADF 和 GSADF 统

计值分别为 0.9520 和 4.8553。股份制商业银行信贷总额/GDP 指标的 SADF 统计值均不仅小于在 95%水平上的临界值 1.4096，还小于在 90%水平上的临界值 1.0960。可见，SADF 检验表明，股份制商业银行不存在信贷泡沫。而股份制商业银行信贷总额/GDP 指标的 GSADF 统计值均不仅大于在 95%水平上的临界值 2.6980，还大于在 99%水平上的临界值 3.8385。这表明，GSADF 检验证实股份制商业银行在样本区间内存在信贷泡沫。

综上可知，无论是用 ADF 检验、SADF 检验还是 GSADF 检验，中国国有商业银行的信贷在样本期内均不存在泡沫。这进一步证实，虽然在国际金融危机后，中国国有商业银行通过信贷扩张行为支持了经济复苏，但中国商业银行的信贷扩张行为并未引发泡沫。换言之，中国国有商业银行通过其信贷扩张行为促进了经济增长，且并不存在潜在的泡沫风险。

四 国有商业银行不存在信贷泡沫的原因分析

（一）国有商业银行独有的治理特点

国有商业银行的治理有着自身独特的结构特点。至 2010 年底，几大国有商业银行先后完成了股份制改造，尽管如此，国家依然是国有商业银行最大的股东，直接控制银行的经营。在银行的经营过程中，国有商业银行不像其他商业银行或者企业那样，其并不具有人格化的产权主体，承担真正所有者的责任，既有内在获得实际利益的动力，又有关心国有资产质量等问题的外在压力。国有商业银行并不完全以利润最大化为目标，还要帮助国家维持整个经济的正常秩序，助力引导资金流向战略性产业，服务国家的产业政策。在样本期内，中国的股市泡沫问题也不严重，而房地产市场处于较热的状态。但从国有商业银行个人房地产信贷占全国个人房地产信贷之比可以看出，一方面，国有商业银行更多地服务"房子是用来住的不是炒的"房地产控制政策，在国家抑制房地产泡沫活动中最快地降低了房地产信贷；另一方面，国有商业银行的信贷一直以大企业、大项目为主，所在行业很多在当时都正处于发展阶段，在实体经济中发挥了重要作用。因此，国有商业银行独有的政府控股的治理特性使其信贷业务必须服务国家经济发展，相较股份制商业银行等其他金融机构来说，更不易引发信贷泡沫。

（二）国有商业银行的信贷行为特征

相较于其他类型的商业银行，国有商业银行的资产规模大，从而使其信贷投入也往往集中于较大的政府工程或者国有企业。而政府工程的规划与投资往往服务于国家的宏观经济发展战略。特别是在国际金融危机的冲击下，中国提出的"四万亿"刺激项目本身就是逆周期的工程项目。这也在一定程度上是在样本期内，虽然其他类型的金融机构存在信贷泡沫问题，但无论以哪种方式衡量，国有商业银行均无信贷泡沫的原因。此外，在信贷风险管理方面，国有商业银行有十分完善的风险控制体系，导致对风险的识别和收益的判断更成熟。

（三）国有商业银行面临更严格的金融监管规则

在国际金融危机爆发后，以巴塞尔委员会为代表的国际金融监管规则中加强了对系统性金融机构的监管。在中国，六大国有商业银行均被列为系统重要性银行，对其实施高于其他类型商业银行的金融监管。除满足基本的金融监管规则外，还有附加的监管要求。例如，在满足资本金监管要求外，工商银行要执行1.5%的附加资本要求，农业银行、建设银行、中国银行、交通银行和邮政储蓄银行要附加1%的资本。相应地在杠杆率的要求上，国有商业银行作为系统重要性银行的杠杆要求远低于其他金融机构。这意味着国有商业银行加杠杆的行为会弱于其他金融机构，其信贷扩张行为会相应较小，存在信贷泡沫的概率就更低。

第二节 商业银行信贷结构对信用风险的影响

如前文章节所述，国有商业银行的信贷行为比其他金融机构更稳健，且信贷主要投入以制造业和交通运输业为代表的实体经济领域。随着供给侧结构性改革，商业银行的信贷投向与行为也悄然改变。去库存、去产能、去杠杆的商业银行供给侧结构性改革在一定程度上也推高了不良贷款率。因此，对比分析国有商业银行与其他商业银行的信贷结构对信用风险的影响，不仅有助于判断国有商业银行支持实体经济时是否会积累信用风险，也有助于从风险管理的角度对不同类型商业银行的信贷业务提供理论指导与数据分析。

自改革开放以来，随着中国资本市场开放水平的逐渐提高、中国特色社会主义市场经济体制的不断完善,各行各业都正处于充满机遇和挑战的时代大潮中。根据中国金融市场目前存在的现实问题和实际情况,作为其重要组成成分的商业银行,也正面临新的机会和难题。在这场复杂而深刻的大环境的变动中,中国国有商业银行扮演着银行业"领头羊"的角色,具有非常重要的地位和作用。中国是典型的银行主导型经济体系,银行在金融市场上发挥着极其重要的主导作用,甚至被称为中国经济发展的"支柱"。所以,银行业的信贷配置情况对中国金融业的结构调整,乃至中国经济水平的进一步提高都有重大影响。自2007年起,对银行业进行"优化信贷结构"调整,几乎在历年的国务院政府工作报告和中央工作会议的内容里都会被提到,这也可以从侧面说明,目前中国的金融体系,特别是其中商业银行的信贷结构仍存在不合理之处,优化信贷配置效率还需要加强。中国正处在经济转型的重要时期:由高速增长阶段向高质量增长阶段转换,而作为中国经济金融领域"支柱"的银行业的信贷结构已经难以满足新时代经济发展的需要,所以,调整银行业的信贷结构势在必行。因此,分析国有商业银行的信贷结构,对优化中国金融结构、合理促进经济增长具有重要意义。本节基于数据的可得性,对比分析不同类型商业银行在制造业、水利业、电力燃气业、建筑业、交通运输业、租赁及商业服务业、房地产业的信贷及其对商业银行不良贷款率的影响。从信用风险的角度讨论国有商业银行信贷结构的调整问题。

一 模型与变量

本节对比分析五家国有商业银行和八家股份制商业银行2008—2018年的贷款行业占比与不良贷款率,运用如下面板模型进行计量分析。根据Hausman检验结果选择固定效应模型,面板模型的公式如下:

$$NPL_{it} = \beta_0 + \beta_1 ZR_{it} + \beta_2 DR_{it} + \beta_3 JZR_{it} + \beta_4 JTR_{it} + \beta_5 FR_{it} + \beta_6 ZSR_{it} + \beta_7 SR_{it} + \alpha controls_{it} + \delta_i + \gamma_t + \varepsilon_{it} \quad (7-11)$$

式中:i为商业银行;t为时间(年);NPL_{it}为i银行在t年的不良贷款率代表商业银行的信用风险;ZR_{it}为i银行在t年的制造业贷款占比;DR_{it}为i银行在t年的电力燃气业贷款占比;JZR_{it}为i银行在t年的建筑业贷款占比;JTR_{it}为i银行在t年的交通运输业贷款占比;FR_{it}为i银行在t年的房地产业贷款占比;ZSR_{it}为i银行在t年的租赁、商业服务业贷款占比；SR_{it} 为 i 银行在 t 年的水利业贷款占比；controls 为控制变量，控制变量分别为代表商业银行微观情况的商业银行资产规模（$Asset$）和宏观经济环境的货币供应量增长率（M_2）；δ_i 和 γ_t 分别为个体和时间固定效应；ε_{it} 为误差项。

（一）变量选择

如式（7-11）所示，被解释变量为 NPL，解释变量为各银行在七个行业的贷款占比，控制变量为微观和宏观的环境，相关变量的符号与定义具体如表 7-6 所示。

表 7-6　　　　　　　　变量的符号与定义　　　　　　　单位：%

性质	符号	各变量的定义
被解释变量	NPL	各银行不良贷款率，代表商业银行的信用风险
解释变量	ZR	各银行制造业贷款占其总贷款之比
	DR	各银行电力燃气业贷款占其总贷款之比
	JZR	各银行建筑业贷款占其总贷款之比
	JTR	各银行交通运输业贷款占其总贷款之比
	FR	各银行房地产业贷款占其总贷款之比
	ZSR	各银行租赁商业服务贷款占其总贷款之比
	SR	各银行水利业贷款占其总贷款之比
控制变量	Asset	各商业银行资产规模的对数形式
	M_2	货币供应量增长率

（二）样本与数据

基于数据的可行性及对比分析的目的，本节选择五大国有商业银行和八家股份制商业银行为样本。五大国有商业银行为工商银行、农业银行、中国银行、建设银行和交通银行。八家股份制商业银行为光大银行、兴业银行、招商银行、浦发银行、中信银行、平安银行、华夏银行、民生银行。银行的不良贷款率、七个行业贷款占比、资产规模的数据来源于各银行的年报。M_2 代表的货币增长率来源于中国人民银行网站。

二　变量的统计与相关检验

从变量的描述性统计可以看出，如表 7-7 所示，各家商业银行的不良贷款率存在较大的差异，最小值为 0.8100，最大值为 4.3200。从各行业贷款占比看，制造业贷款占比的差异相对较小，但水利贷款占比、房地产贷款占比、电力行业贷款占比的差异较大，最大值与最小值之比均超过了 13 倍。可见，商业银行的不良贷款率有较大的差异，在一些行业的贷款投入差异也较大。

表 7-7　　　　　　　　变量的描述性统计

变量	样本量	均值	最大值	最小值	标准差
NPL	117	1.2314	4.3200	0.8100	0.4788
ZR	117	18.6561	29.6800	9.2500	4.0873
DR	117	4.9401	12.5600	0.8800	2.5407
JZR	117	3.8464	8.5200	1.1000	1.4632
JTR	117	8.2492	15.1100	2.8120	3.2679
FR	117	8.3623	15.6500	0.4800	2.8655
ZSR	117	7.4218	19.5100	1.6600	3.6632
SR	117	6.9920	26.8000	0	24.9675
$Asset$	117	11.9123	16.3800	8.6500	1.7836
M_2	117	14.8672	26.5000	8.2000	4.8976

从表 7-8 变量的单位根检验可以看出，所有变量均是平稳的。

表 7-8　　　　　　　　单位根检验结果

变量	LLC 检验 P 值	PP 检验 P 值
NPL	0	0
ZR	0	0
DR	0	0
JZR	0	0.0002
JTR	0.0001	0.0404
FR	0	0.0031
ZSR	0	0.0051

续表

变量	LLC 检验 P 值	PP 检验 P 值
SR	0	0
ASSET	0	0
M_2	0	0.0008

由表7-8可知，各变量均通过平稳性检验，可以对面板数据进行参数估计。

三 实证结果分析

国有商业银行与股份制商业银行的回归结果如表7-9所示。

表7-9　国有商业银行与股份制商业银行的回归结果

变量	国有商业银行	股份制商业银行
ZR	-0.1314*** (-3.0657)	-0.0747*** (-7.7689)
DR	0.2938*** (3.8783)	0.2780*** (8.6632)
JZR	-0.4846* (-1.939)	0.0153 (0.3826)
JTR	-0.3487*** (-5.6927)	-0.1965*** (-5.3834)
FR	-0.0617** (-2.0566)	0.0155 (0.8925)
ZSR	-0.1323 (-1.6659)	0.0272 (1.6825)
SR	-0.0023** (-2.5283)	-0.0623*** (-3.3421)
Asset	-0.3861 (-0.6321)	0.0589 (0.5321)
M_2	-0.0453** (-2.6451)	-0.0042 (-0.3267)
C	13.7757 (1.6813)	2.3961 (1.3342)

续表

变量	国有商业银行	股份制商业银行
Adj–R^2	0.7654	0.8016

注：括号内数值为 t 统计量，***、**、* 分别表示在1%、5%、10%的水平上显著。

由实证结果可知，ZR 对国有商业银行 NPL 和股份制商业银行 NPL 的回归系数分别为-0.1314 和-0.0747，且在1%的水平上显著。这表明，无论是国有商业银行还是股份制商业银行，增加制造业贷款占比均有利于降低不良贷款率，且国有商业银行的系数更大。可见，服务制造业是有助于降低商业银行信贷风险的，且国有商业银行通过贷款投向制造业对降低其信用风险的作用更大。DR 对国有商业银行 NPL 和股份制商业银行 NPL 的回归系数分别为 0.2938 和 0.2780，且在1%的水平上显著。这表明，无论是国有商业银行还是股份制商业银行，增加电力燃气行业贷款占比均会增加不良贷款率，且国有商业银行的系数更大。JZR 对国有商业银行 NPL 的回归系数为-0.4846，且在10%的水平上显著，而对股份制商业银行 NPL 的系数并不显著。这表明，国有商业银行增加建筑业贷款占比有利于降低不良贷款率，但该行业信贷对股份制商业银行的不良贷款率无影响。交通业贷款占比（JTR）对国有商业银行 NPL 和股份制商业银行 NPL 的回归系数分别为-0.3487 和-0.1965，且在1%的水平上显著。这表明，无论是国有商业银行还是股份制商业银行，增加交通运输业贷款占比均有利于降低不良贷款率，且国有商业银行的系数更大。可见，服务交通运输业是有助于降低商业银行信贷风险的，且国有商业银行通过贷款投向交通运输对降低其信用风险的作用更大。这可能是源于中国近年来快递行业的快速发展，使商业银行在服务基础设施建设的同时，可获得可观的盈利。FR 对国有商业银行 NPL 回归系数为-0.0617，且在5%的水平上显著，而对股份制商业银行 NPL 的系数并不显著。这表明，国有商业银行增加房地产贷款占比有助于降低其不良贷款率，但是股份制商业银行改变房地产贷款业务对其信用风险无影响。这也从侧面进一步印证了，国有商业银行在房地产市场过度扩张过程中并未发挥主导作用，基于边际递减规律，还处于房地产信贷占比有助于降低不良贷款率的区间。ZSR 对国有商业银行 NPL

和股份制商业银行 NPL 的回归系数均不显著，表明无论是国有商业银行还是股份制商业银行，对租赁及商业服务业的贷款占比均不影响不良贷款率。SR 对国有商业银行 NPL 和股份制商业银行 NPL 的回归系数分别为 -0.0023 和 -0.0623，且分别在 5% 和 1% 的水平上显著。这表明，无论是国有商业银行还是股份制商业银行，增加水利业贷款占比均有利于降低不良贷款率，且股份制商业银行的系数更大。可见，服务水利业是有助于降低商业银行信贷风险的。对于国有商业银行来说，其不良贷款受货币政策的影响，货币政策越宽松其不良贷款率越低，因为 M_2 对不良贷款率的系数为 -0.0453 且在 5% 的水平上显著。而对股份制商业银行来说，其不良贷款率不受货币政策的影响，M_2 对股份制商业银行不良贷款率的回归系数不显著。可见，国有商业银行的信用风险受货币政策的影响，而股份制商业银行的信用风险不受货币政策的影响。综上，可以看出，对国有商业银行来说，当其增加对制造业、交通运输业、建筑业、水利行业等实体经济的信贷支持时，是有助于降低其信用风险的。这也进一步证实了，国有商业银行服务实体经济，不仅可以为制造业等行业提供资金支持还有助于降低其自身的信用风险。

因此，在支持实体经济供给侧结构性改革的过程中，国有商业银行的信贷供给也应该进行改革升级，在信贷资金配置中优化杠杆结构、将有限的资金配置到更多的战略性新兴产业与节能环保产业，确保金融体系稳定发展。

第三节　国有商业银行的存贷款期限错配问题

商业银行的期限错配指商业银行资产负债业务期限的不匹配。存贷款是主要的资产负债业务，因此商业银行的期限错配主要源于存款与贷款之间存在期限上的不匹配。在追求利润最大化目标的驱动下，商业银行有过度放贷、扩大信贷业务的内在动力。因此，存在"短存长贷"的错配问题。随着金融监管制度不断完善，特别是国有商业银行对风险管控的不断加强，使其与其他商业银行相比，存在不同的存贷款期限错配特性。商业银行的存贷款期限错配，不仅意味着资源配置的低效，随之而来的流动性风险的累积还会威胁商业银行安全性和流动性。本节通过定量测度中国商业银行存贷款期限错配现状，对比分析国有商业银行与股份制商业银行、城市商业银行的存贷款期限错配问题，以期明确国有商业银行的存贷业务可能引发的风险并为其信贷资产的最优配置提供对策建议。

一 引言

存款与贷款一直被视为商业银行的传统业务，并因此而备受重视，且其在一定程度上决定着银行的特性和职能。商业银行具有为市场提供流动性的作用，主要通过进行存款吸收与贷款发放的工作实现。商业银行被认为是"特殊的企业"的原因之一便是其经营内容主要是货币及其相关产品，即通过吸收存款并发放贷款进行"生产活动"，为企业带来利润和资本的升值。中国商业银行的存款对存款者来说意味着获得了一份价值索取权。客户选择将自己持有的资金存入银行，就意味着将这部分可用而未用的索取权对应的使用价值暂时让渡给银行支配。在这场支配权的让渡活动中，银行以中介者的身份，承诺在未来的某一确定时间内偿还本息，最终获得该部分物质在相应时间段内的使用权，然后通过发放贷款，将使用权出让给需要资金的个人或单位。在这两次支配权的转让过程中，可以很明显地看出，商业银行的投资规模取决于其融资规模，即商业银行的存款业务是其信贷业务的基础，且商业银行的贷款规模与期限要以吸收存款的数量与期限为依据。这是因为只有存款人对自己所有的物质的支配权进行让渡，才会有后来的商业银行对借款人的放贷活动。商业银行的存贷款之间形成的流动性循环不仅为银行自身带来了利润，也为市场增添了活力，促进了储蓄转化为投资。然而，一旦商业银行的存款规模与期限结构相较贷款的规模与期限结构出现错配，可能会积累流动性风险，使银行面临挤兑困境，若出现连锁反应，严重时甚至会导致银行业乃至整个金融业出现重大危机。通过研究存款的期限结构与贷款期限结构的错配问题，有助于帮助商业银行更好地实现风险与收益间的平衡，减少错配的不利影响。

二 商业银行存贷款期限错配的测度方法

对商业银行存贷款期限错配的测度主要有两种方法：一种是缺口分析法，另一种是流动性指数法。缺口分析法即测算商业银行存款与贷款因期限不匹配而造成流动性缺口。缺口的绝对值越大则存贷款的错配程度越大。一些学者用短期存款的稳定部分加上长期资金来源形成的总额与长期资金运用相比较测算流动性缺口（彭建刚等，2014）。宋凯艺和卞元超（2017）也从资金来源与资金使用的长短期角度分析，并将资金来源中的稳定部分作为稳定的资金来源，测算错配缺口。这种测算方法中，通常用HP滤波法将长期趋势与波动部分分离以判断短期资金来源中的稳定部分（张连城、韩蓓，2009；朱孟楠、侯哲，2014）。银监会公布的流动性缺口的测算，就是运用HP滤波法平滑周期性波动，测算出短期存款的稳定部分，加上长期资金来源，减去长期资金运用，以衡量存贷期限错配缺口。总存款的长期均值减去经HP滤波波动沉淀后的部分即稳定的资金来源。其基本原理为，HP滤波求得存款的波动部分C，假设其满足正态分布$N(\mu, \sigma^2)$，由正态分布特点可知，μ为期望，σ^2为方差。取存款总额在核心存款之上的概率置信水平$(1-\alpha)$，满足置信水平$(1-\alpha)$的区间为$(-C, C)$，则有：

$$F(C) = \Phi\left(\frac{C-\mu}{\sigma}\right) = \Phi\left(\frac{C}{\sigma}\right) = 1 - \frac{\alpha}{2} \tag{7-12}$$

再将HP滤波法求得的长期趋势即长期存款均值g减去C即可得核心存款$(g-C)$。根据波动值计算可得波动区间的均值与方差，在确定置信区间后可得C值，进而通过总存款长期趋势减去一个固定的C值后，实现总趋势的平移得到银行的稳定存款。

第二种流动性错配指数方法多是国外学者测度资产和负债缺口时采取的方法。流动性错配指数（Liquidity Mismatch Index，LMI）通过测度商业银行资产的市场流动性和负债的融资流动性之间的错配衡量流动性风险。学者根据研究的需要，对到期时间不同的资产和负债分类进行测算，由此得出不同口径的流动性错配指数（斯文，2014）。例如，一些学者用1—5年的计息资产减去1—5年的计息负债再除以总资产的绝对值，测算期限错配程度；一些学者将期限设定为一年，还有学者的研究时段更短，如三个月。但其基本的计算方法均是用资产减负债差额除以总资产后的绝对值衡量流动性错配的大小，该指标越大错配程度越大（Blundell and Bond，1998）。

三 中国国有商业银行存贷款期限错配的测度结果

一些学者指出中国银行业普遍存在资产负债期限错配问题（高磊等，2018）。国内学者对期限错配的测算多采取 HP 滤波度量流动性缺口，因此本章结合缺口法和指数法，在运用 HP 滤波度量流动性缺口的基础上，用缺口与总资产之比衡量存贷款期限错配率。

如前面的测算方法所示，用 HP 滤波得到各商业银行波动值，用存款总额减去波动值得到总存款长期趋势值。商业银行的核心存款，也是稳定存款等于 HP 滤波滤得的长期趋势减去99%置信区间下的波动区间值 C。如表 7-10 所示，给出工商银行基于存款总额运用 HP 滤波滤得的长期趋势，波动值及据此计算的核心存款。可见，基于列（1）工商银行的存款总额的原始值，通过 HP 滤波滤得波动值即列（2）数据，将列（1）存款总额的原始值减去列（2）的波动部分得到列（3）即总存款的长期趋势。经计算得出波动部分的期望 μ 为 -0.0000253931，与 C 值相比极小，计算时可忽略不计，波动部分方差 σ^2 为 $146349E^{10}$，当把置信水平设定为 99% 时，查正态分布概率表，反推 C 值为 8951.7925。将列（3）的总存款长期趋势减去 C 值即可得到列（4），即核心存款也称稳定存款。

表 7-10　　　　　　　工商银行核心存款　　　　　　单位：亿元

年份	存款总额	总存款的波动部分	总存款的长期趋势	核心存款
2009	97712.7	-435.6000	98148.4	89196.6
2010	111455.6	1495.8120	109959.8	101008.0
2011	122612.2	845.4382	121766.8	112815.0
2012	136429.1	2849.1100	133580.0	124628.2
2013	146208.3	789.7195	145418.5	136466.7
2014	155566.0	-1763.9100	157329.9	148378.1
2015	162819.4	-6550.2100	169369.6	160417.8
2016	178253.0	-3322.3600	181575.4	172623.6
2017	192263.5	-1656.0700	193919.6	184967.8
2018	214089.3	7748.1100	206341.2	197389.4

基于表7-10，相应地，也可得出商业银行稳定存款的HP滤波测算图。从五大国有商业银行的存款，可以看出存款总额长期趋势均是单边递增的，但波动值有较大的差异，从而导致五大国有商业银行的稳定存款呈现差异。

在得到稳定存款后，借鉴朱冬辉（2013）的方法，用稳定存款减去总贷款再除以总资产就可以得到存贷款期限错配率。表7-11给出了五大国有商业银行的存贷款期限错配率。

表7-11　　　　　　　　国有商业银行的存贷款期限错配率

年份	工商银行	建设银行	中国银行	农业银行	交通银行
2009	34.30	33.63	20.33	38.87	21.31
2010	32.36	31.42	18.18	35.59	16.33
2011	28.90	29.13	17.68	34.69	14.23
2012	27.59	25.55	19.25	32.40	11.42
2013	24.84	22.77	18.55	31.22	10.24
2014	21.98	21.61	16.91	29.57	12.26
2015	19.58	19.69	16.73	27.93	11.18
2016	19.76	15.98	15.81	26.69	8.83
2017	19.14	14.51	14.61	25.12	7.89
2018	21.62	14.52	13.27	22.84	6.75

存贷款期限错配率可以大于0也可以小于0。大于0意味着存款大于贷款，吸收存款较多，但贷出额小，可能存在资金使用效率问题，不利于银行的盈利性；小于0意味着存款小于贷款，放出的贷款大于吸收存款，即存在超额放贷的情况，银行流动性风险会较大。如表7-11所示，五大国有商业银行中存贷款期限错配率均大于0，表明国有商业银行均不存在超额放贷的情况，可能存在存款资金能否充分贷放出去获得盈利的效率问题。但这也可能从另一个侧面说明，随着银行业同业市场的发展，国有商业银行可能会通过拆借资金给其他的商业银行，将其未使用的存款通过同业拆借而非贷款使用。可见，总体上中国的国有商业银行均无过度放贷的问题，反倒要担忧其存款资金未充分利用影响盈利

能力，且在五大国有商业银行中存款资金未充分贷放出去的主要是农业银行，交通银行存款利用得最好。

四 国有商业银行存贷款期限错配与其他类型商业银行的对比分析

中国商业银行的类型主要有国有商业银行、股份制商业银行、城市商业银行与农村商业银行。为了更好地对比分析国有商业银行存贷款期限错配与其他类型商业银行的异同，分别测算 5 家国有商业银行①、12 家股份制商业银行②、72 家城市商业银行③和 45 家农村商业银行④在 2009—2018 年的存贷款期限错配。在测算各家商业银行存贷款错配后进行分类，取各类商业银行的存贷款期限错配。

表 7-12 给出了各类商业银行的平均存贷款期限错配，国有商业银行和股份制商业银行的存贷款错配缺口均为正，国有商业银行的正向错

---

① 5 家国有商业银行为工商银行、农业银行、中国银行、建设银行和交通银行。

② 12 家股份制商业银行为招商银行、中信银行、中国民生银行、上海浦东发展银行、兴业银行、中国光大银行、华夏银行、广发银行、平安银行、恒丰银行、浙商银行、渤海银行。

③ 72 家城市商业银行为北京银行、上海银行、江苏银行、徽商银行、天津银行、盛京银行、大连银行、南京银行、宁波银行、杭州银行、东莞银行、长沙银行、吉林银行、包商银行、哈尔滨银行、成都银行、重庆银行、厦门国际银行、西安银行、河北银行、汉口银行、贵阳银行、福建海峡银行、郑州银行、温州银行、兰州银行、锦州银行、江西银行、宁夏银行、绍兴银行、洛阳银行、威海市商业银行、台州银行、厦门银行、鞍山银行、金华银行、临商银行、内蒙古银行、莱商银行、营口银行、东营银行、浙江泰隆商业银行、大同银行、浙江稠州商业银行、唐山银行、四川天府银行、攀枝花市商业银行、浙江民泰商业银行、泉州银行、柳州银行、晋商银行、焦作中旅银行、湖州银行、青海银行、广州银行、绵阳市商业银行、沧州银行、桂林银行、承德银行、鄂尔多斯银行、富滇银行、青岛银行、日照银行、华融湘江银行、潍坊银行、广西北部湾银行、昆仑银行、重庆三峡银行、辽阳银行、长安银行、张家口银行、烟台银行。

④ 45 家农村商业银行为北京农村商业银行、上海农村商业银行、重庆农村商业银行、广州农村商业银行、广东顺德农村商业银行、杭州联合农村商业银行、广东南海农村商业银行、武汉农村商业银行、浙江萧山农村商业银行、江苏江阴农村商业银行、江苏常熟农村商业银行、宁波鄞州农村商业银行、天津滨海农村商业银行、江苏张家港农村商业银行、宁波慈溪农村商业银行、佛山农村商业银行、浙江义乌农村商业银行、江苏昆山农村商业银行、合肥科技农村商业银行、厦门农村商业银行、宁夏黄河农村商业银行、江苏姜堰农村商业银行、芜湖扬子农村商业银行、天津农村商业银行、成都农村商业银行、江苏江南农村商业银行、江苏睢宁农村商业银行、池州九华农村商业银行、福建漳平农村商业银行、福建上杭农村商业银行、吉林榆树农村商业银行、大兴安岭农村商业银行、浙江绍兴瑞丰农村商业银行、浙江台州路桥农村商业银行、江苏吴江农村商业银行、江苏海安农村商业银行、安徽马鞍山农村商业银行、山西尧都农村商业银行、浙江温州鹿城农村商业银行、浙江杭州余杭农村商业银行、山东寿光农村商业银行、浙江温岭农村商业银行、江苏沭阳农村商业银行、安徽桐城农村商业银行、江苏太仓农村商业银行。

配从 2009 年的 33927.9262 亿元单调递减至 2018 年的 26535.5852 亿元。可见，国有商业银行已经在调整存贷款之间期限结构，提高其吸收存款的使用率，但仍有盈利空间，需要进一步加快调整节奏。国有商业银行的正向错配缺口均值远大于股份制商业银行。股份制商业银行的正向错配在样本期内呈倒"U"形，从 2009 年的 1385.5748 亿元单调递增至 2014 年的 3341.6710 亿元，此后单调递减至 2018 年的 718.5388 亿元。可见，股份制商业银行的正向错配经历了先增后减的过程。与国有商业银行和股份制商业银行相反，城市商业银行和农村商业银行的期限错配主要为负值，即面临严重的负向错配。这表明，城市商业银行和农村商业银行面临严重的超额贷款问题，且呈现负向缺口扩大的情况。城市商业银行仅在 2009 年和 2010 年有较小的正向缺口，此后负向缺口从 2011 年的 -51.8878 亿元扩大至 2018 年的 -1219.5160 亿元，可见负向缺口呈扩大趋势。农村商业银行在 2009 年有非常小的正向缺口，为 0.0082 亿元，可见该年缺口最小，存款使用率最高。此后负向缺口从 2010 年的 -41.8305 亿元单调递减至 2018 年的 -526.8782 亿元。可见，这两类银行都存在负向存贷款期限错配情况，且负向错配缺口在逐年扩大，城市商业银行的负向缺口还大于农村商业银行。这表明，城市商业银行和农村商业银行面临较大的流动性风险和非常严峻的存贷款期限结构调整压力。

表 7-12　　　　中国各类商业银行的平均期限错配情况　　　　单位：亿元

年份	国有商业银行	股份制商业银行	城市商业银行	农村商业银行
2009	33927.9262	1385.5748	0.0159	0.0082
2010	32405.0689	1952.3713	47.5808	-41.8305
2011	31827.5098	2534.1810	-51.8878	-104.1364
2012	31060.2357	2912.1434	-164.0964	-160.4143
2013	29992.1037	3236.9751	-264.6987	-220.4254
2014	29526.2805	3341.6710	-377.0856	-281.3011
2015	29803.6227	3232.2802	-511.2667	-332.8426
2016	28803.9740	2266.9111	-680.9054	-398.7042
2017	27582.9498	1478.4170	-864.3584	-482.6347

续表

年份	国有商业银行	股份制商业银行	城市商业银行	农村商业银行
2018	26535.5852	718.5388	-1219.5160	-526.8782

根据经营区域的不同，将上述样本银行分为全国性商业银行和地方性商业银行，计算其平均错配缺口，结果如表 7-13 所示。

表 7-13　全国性商业银行和地方性商业银行的平均期限错配情况

单位：亿元

年份	全国性商业银行	地方性商业银行
2009	10956.8547	129.2238
2010	10909.0470	13.1918
2011	11149.8660	-71.9834
2012	11190.9941	-162.6802
2013	11106.1305	-247.6705
2014	11043.0267	-340.2454
2015	11047.3809	-442.6421
2016	10071.9296	-572.3665
2017	9156.2208	-717.5416
2018	8311.7877	-953.1168

从表 7-13 可见，全国性商业银行的存贷款期限错配为正，正向缺口呈倒"U"形，从 2009 年的 10956.8547 亿元逐年递减至 2011 年的 11149.8660 亿元，此后单调递减至 2018 年的 8311.7877 亿元。中国的国有商业银行和股份制商业银行均是全国性商业银行。可见，全国性商业银行的存贷款期限错配主要呈现与股份制商业银行相近的变动趋势。这表明全国性商业银行不存在流动性风险，贷款额小于稳定的存款额，需要考虑的是提高存款资金的利用率问题。而地方性商业银行从 2011 年开始出现负向缺口，从 2011 年的-71.9834 亿元减至 2018 年的-953.1168 亿元，可见其负向缺口正逐年扩大。这表明地方性商业银行贷款远高于其存款，面临流动性风险水平逐年上升。城市商业银行和农村商业银行主要在属地经营，多是地方性银行。再结合表 7-12 可知，国有商业银

行和股份制商业银行这类全国性银行不存在流动性风险问题，但城市商业银行和农村商业银行这类地方性银行存在严重的超贷问题，其吸收的稳定存款量难以达到完全覆盖发放的贷款，从而使其存在流动性问题。可见，流动性风险主要集中于城市商业银行和农村商业银行。

从所有样本银行的存贷款期限错配率可以看出，中国商业银行贷款期限错配整体情况较为严峻，整体呈负向错配，平均错配率高达74.30%，最大负缺口约为186.74%，最大正向缺口约为196.40%。但从不同类型银行来看，有较大的差异，过度放贷和吸存滞存同时存在，一旦部分银行出现过度放贷引发的流动性风险问题会给中国银行业带来巨大隐患。

从五家国有商业银行的存贷款期限错配率时间趋势可以看出，国有商业银行的期限错配率均为正，且均较稳定，呈单调递减趋势；股份制商业银行和城市商业银行整体表现也较为平稳，但个别商业银行的期限错配率有较大变化。例如，厦门国际银行的MMR呈显著的倒"U"形，昆仑银行的MMR从正向缺口迅速变为负向缺口；农村商业银行中MMR出现较大波动的银行相对较多。

总之，中国商业银行普遍存在期限错配情况，国有商业银行和股份制商业银行存在正向错配，即存款资金利用效率问题；而城市商业银行和农村商业银行的负向错配问题严重，且银行的资产规模越小、经营区域越小，出现负向错配的概率越高、程度越大。对于国有商业银行来说，稳定的资金来源不是问题，如何更好地提高资金使用效率，适当提高信贷水平是当务之急。

第八章

中国商业银行的国有股权对风险的影响

党的十八大以来，习近平总书记就对金融安全高度关注，多次强调须加强金融风险管理。相比国际金融危机之后，欧美商业银行国际排名的下滑，中国银行业迅速崛起。中国商业银行排名的提升，除中国银行业自身的改革发展、国际地位大幅提升，以及中国国民经济水平提高、市场体系日趋完善等原因外，中国政府的支持起到了至关重要的作用。中国很大一部分的商业银行由国家所有或控股。国家或直接地通过中央及地方政府机构，或间接地通过市场化的国有企业对这些商业银行进行控制管理。欧美商业银行几乎都是私有的。国有股权运行要体现政府的战略目标，有更强的社会责任，所以国有控股股东必将是造成中国与西方商业银行风险差异的重要原因。随着混合所有制改革的推进，中国的商业银行也经历了国有股权的改革与调整，然而鲜有人关注国有股权对银行风险的影响。本章将从股权角度剖析中美商业银行风险差异，探究商业银行国有股权和风险之间的关系，本章研究不仅有助于丰富银行风险管理理论，也创造性地揭示了国有股权影响商业银行风险的机理；不仅有助于进一步证实国有股权服务金融安全的导向性作用，也可为中国国有商业银行的进一步改革提供理论与数据支持。

第一节 中国商业银行低风险的股权因素分析

与欧美国家的银行金融机构进行对比，可以发现相对于欧美国家的银行业金融机构在国际金融危机期间出现了资本金不足、流动性紧张、大量亏损甚至倒闭破产的情况,中国银行业一直保持着充足的资本金、充分的流动性、良好的资产质量和较高的盈利水平。工商银行、农业银行、中国银行、建设银行和交通银行五大国有商业银行更是一跃跻身于全球"银行业市值十强"榜单。国际金融危机期间,中国银行业的特殊表现值得深入研究。从中外商业银行的对比来看,最大的差异在于制度差异,即中国的商业银行有较深厚的国有背景,在国有股权占比较高的情况下,国有股发挥了隐性担保的作用,从而赋予了中国商业银行更大的稳定性与较低的风险性。本章力图分析隐性担保对商业银行风险的影响,揭示了中国商业银行比美国商业银行更稳定的原因。我们发现,隐性担保通过增加 Z 值降低商业银行的风险。隐性担保通过提高银行杠杆率和资产规模增强银行的稳定性。因此,隐性担保无疑有助于降低我国商业银行的破产风险。

一 引言

2008—2009 年的国际金融危机对美国银行业造成了严重冲击,随后席卷了国际金融市场。在国际金融危机中,随着雷曼兄弟公司的倒闭和破产,商业银行的急剧增加,银行的风险承担问题再次被提起并讨论。然而,危机对中国商业银行的负面影响似乎并不大。中国还没有一家商业银行因为金融危机而倒闭,而且工商银行、中国银行、建设银行等资产规模最大的银行仍保持着资本利润率的稳定增长。尽管 86% 的新兴市场经济体在 2008 年经历了信贷增长的大幅放缓,但只有五个国家的信贷增长速度更快,中国是其中之一(Long et al., 2018)。

为了评估美国和中国商业银行在金融危机和后危机时代的稳定性,使用在 2008—2018 年上市的 99 家美国商业银行和 23 家中国的商业银行的数据,并计算 Z 值。Laeven 和 Levine(2009)引入了估算破产距离的方法。这已成为衡量银行稳健性的一个流行指标,因为它与银行资产价值低于债务价值的概率成反比。Z 值越高,破产风险的上限越低,破产风险的概率也越低(Čihák and Hesse, 2010)。Z 值的计算公为 $Z = \frac{(Equity + ROA)}{SD(ROA)}$,其中,$Equity$ 为杠杆(权益/总资产),ROA 为资产收益率,$SD(ROA)$ 为资产收益率的标准差,是收益率波动率的代表。

如图 8-1 所示，虽然由于金融危机的影响，两国商业银行在 2008—2009 年的稳定性都有所下降，但与美国相比，中国商业银行在 2008—2018 年的 Z 值更高，这意味着其更稳定。本节旨在探讨中国商业银行破产风险较低的原因。

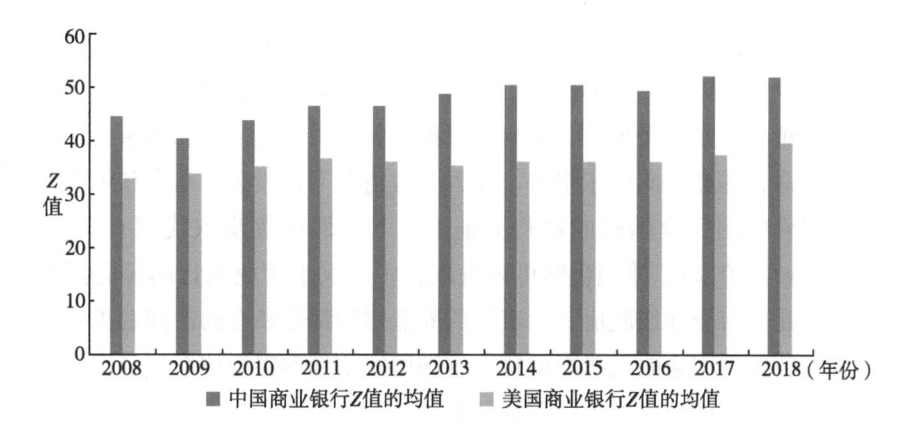

图 8-1　2008—2018 年中美上市商业银行平均 Z 值

二　文献回顾和研究假设

（一）文献综述

随着雷曼兄弟（Lehman Brothers）的倒闭及其引发的金融危机，那些坚持自由市场资本主义好处的人开始怀疑自由市场资本主义。不仅金融体系遭受了无人预见的大规模损失，建立这种新金融资本主义的信念支柱也几乎崩溃。在提供了价值数百万美元的国家资金来拯救银行之后，美国政府也陷入了直接源于此的预算危机。金融资本主义危机已演变为财政危机。因此，几乎所有发达国家都缩减了国家支出，尤其是在福利服务方面，这严重影响了就业（Glenn et al., 2011）。

许多寻求政策建议的学者将 2008—2009 年的国际金融危机类比为 20 世纪 30 年代的经济大萧条。面对可能发生的市场失灵，大规模的政府干预不可避免地导致了许多学者回归凯恩斯主义。凯恩斯主义认为，最大的市场失灵是非自愿的大规模失业。他不相信市场会为商人失去信心而导致的大规模失业创造任何自我纠正的趋势。资本主义社会没有任何东西能保证动物精神、投资和失业会反弹（布拉德利，2015）。商人和消费者不能考虑他们行为的集体和灾难性的影响，当他们的行为服务他们个人的短期需求，政府应该进行干预（Teresa，2011）。到21世纪初，凯恩斯主义在很大程度上被忽视了。自由放任或自由市场经济统治着职业和决策世界。结果之一是我们经历了另一场萧条（Steven，2009）。

事实上，这次萧条提供了一个特殊的机会来测试中国独特的银行体系的有效性和银行改革的成就。中国的上市公司被要求设立董事会和监事会。董事会是决策单位，监事会发挥监督作用。董事会和监事会都由股东任命，并必须向股东报告，在大多数情况下，股东是地方和中央政府。尽管中国完全国有的银行见证了由私募股权逐步取代国有（Wu and Bowe，2012），我们仍然可以发现，中国上市商业银行的最终控制人大多是国有企业或政府，而美国的商业银行都是私有的。随着美国和欧洲银行体系因金融危机而倒闭，这种国家主导的银行体系受到了更多的关注。中国的隐性担保体现在政府的救助努力上，如成立四大国有资产管理公司，剥离银行不良贷款；发行特别政府债券，向银行提供资本；银行首次公开发行（ipo）时直接提供资金支持；出台政策，允许银行实施债转股和债转资。

本节试图从隐性担保的视角解释商业银行的国有属性对商业银行风险的影响。之前的许多研究都是用 $Z\text{-}score$ 衡量银行的风险承担程度，并确定了几个影响银行风险的因素。Theodora 等（2018）发现，政治稳定强化了以 $Z\text{-}score$ 衡量的资本监管和活动限制对银行稳定性的积极影响，而对腐败的控制也可以增强活动限制对稳定的积极影响。Hoque 等（2015）认为官方监管导致银行风险增加，由 $Z\text{-}score$ 捕获。Stella 等（2017）也发现了文化价值观和银行风险之间在经济上存在显著关联的证据。除外部因素外，也有一些文章探讨了影响商业银行风险的内部因素。Hakenes 和 Schnabel（2011）发现风险承担与银行规模之间存在负相关关系。此外，低利率确实增加了银行的风险承担。利率对风险资产的影响对于拥有较高权益资本的银行来说是减弱的，而对于拥有较高表外项目的银行来说是放大的（Delis and Koureta，2011）。然而，关于隐性担保的研究还很少。例如，Prabha 和 Wihlborg（2014）发现，银行债权人的隐性保险既被显性存款保险覆盖范围与银行的风险承担之间的预期"U"形关系捕获，也被影响单个银行纾困可能性的因素捕获。尽管如此，还没有论文通过对中美两国商业银行稳定性的比较，探讨隐性担保对风险承担的影响。

因此，本节扩展了之前的文献，做出了三个重要贡献。首先，本节发现中国商业银行与美国商业银行的Z值差异。如图8-1所示，中国商业银行的Z-score均值始终高于美国商业银行。2009年是中国商业银行2008—2018年Z-score均值最低的一年。在中国23家商业银行中，盛京银行的Z值最低，为13.448。但同年，美国有20家商业银行的Z-score低于13.448，Z-score最低的是亨廷顿国家银行（Huntington National Bank），为0.350，远低于平均水平。也就是说，美国有很多稳定性极低的上市商业银行。其次，本节从隐性担保的角度分析了中美商业银行Z值存在差异的原因。现有的文献大多是从银行自身业务运作的角度分析银行风险，但本节加入了一个系统背景，试图丰富现有关于商业银行风险的理论视角。最后，本节创新性地探讨了隐性担保对商业银行风险承担的影响机制。

（二）研究假设

许多论文质疑政府支持银行冒险的好处，Wang等（2015）认为在隐性担保制度下，银行倾向过度冒险。与国有商业银行相比，民营商业银行的风险规避能力和稳定性更高（Zheng et al.，2017）。Ba等（2019）也发现，政府支持会增加银行的不良贷款，降低Z值，从而增强银行的冒险行为。存款保险计划可以增强道德风险，它鼓励银行承担更多的风险（Hoque et al.，2015）。国有商业银行也比民营银行有更高的经营风险（Giuliano et al.，2013）。但仍有论文肯定国有和政府支持银行业的重要性。例如，Bailey等（2011）认为，在过去的20年里，中国银行业未出现重大的金融崩溃，这可能归功于中国政府对银行业的支持（Bailey et al.，2011）。因此，中国商业银行的Z值始终高于美国商业银行，这可能是中国隐性担保的结果。足够的政策支持、资金援助和债权人信心可能会大幅改善稳定性。因此，提出如下假设。

H8-1：隐性担保将增加商业银行的稳定性。

不仅如此，国有商业银行可能有较低的债务成本和较高的杠杆

(Borisova and Megginson, 2011)。杠杆反映了银行的核心资本实力,通过权益与总资产比率衡量,其表明了对银行风险承担的负面影响。由等式可知,权益与总资产比率越高,$Z-score$ 值越高,即稳定性越好。Lepetit 等(2008)也发现,风险较高的机构有较低的资本比率,更接近监管的最低资本数额。因此,提出如下假设。

H8-2:隐性担保通过增加资产规模提高商业银行的稳定性。

美国学者 Srairi(2019)发现银行规模对 $Z-score$ 的影响显著为正,表明大型银行的风险低于小型银行。大型银行总是比小型银行更有效地管理他们的投资组合风险,因为他们有更多的机会追求更广泛的贷款、投资和其他活动(Srairi, 2019)。通过这种方式,大型银行也有望有更多的机会多样化收入来源,这往往使其更稳定(Lepetit et al., 2008)。与上述之前的研究一起,政府支持的银行可能会维持规模以确保稳定性,因此,提出如下假设。

H8-3:隐性担保通过提高杠杆率提高商业银行的稳定性。

三 数据描述和方法

(一)被解释变量

本节以 99 家美国上市商业银行和 23 家中国上市商业银行为样本,研究 2008—2018 年隐性担保对商业银行风险的影响。本节使用的银行数据来自 Wind 数据库和 Bankfocus 数据库。使用来自世界银行数据库的国别变量数据作为控制变量,用来估计银行的稳定性。Z 值越高,破产风险的概率越低。与单一财务数据(如杠杆率、存贷款比率等)衡量风险的方法相比,该方法更合适。首先,单一的财务数据不可能同时考虑商业银行的收益和资本结构。其次,各国对一些财务指标的定义不同。例如,许多文献使用不良贷款代表商业银行的信用风险,但是各国对不良贷款的分类标准不同,所以很难用这种方法在国家之间进行比较(Md. Nurul et al., 2015)。

(二)核心解释变量

Wang 等(2015)认为,中国没有任何明确的存款保险制度,但似乎有一种隐性的担保制度。人们普遍预计,大型国有商业银行在陷入困境时将得到救助,其他银行也可能得到部分救助。这种情况会直接影响投资者对银行冒险行为的看法。假设所有的中国商业银行都有隐性担保,而所有的美国商业银行都没有,那么虚拟变量根据不同国家设定作为隐性担保的代理变量,即中国商业银行设为1,而美国商业银行设为0。然后,将隐性担保的范围缩小到国有商业银行。本节将国有商业银行定义为第一大股东为政府或国有企业的银行。通过一个虚拟变量衡量国有程度,对于最大股东为国家政府或国有企业的银行,该虚拟变量的值为1,否则为0。

与其他关于银行风险承担的研究一致,本节确定了几个银行特定的变量,即规模、杠杆、效率(Srairi,2019)和盈利能力(塔穆兹,2019)作为控制变量。用总资产的对数定义银行的规模。与小型银行相比,大型银行往往信贷约束更少,风险管理更熟练(Nguyen,2011)。杠杆被定义为银行的股本与总资产的比率,它可以反映债务持有人是否约束有风险的银行。与 Z 值呈正相关,与资不抵债风险呈负相关。遵循 Srairi(2013)的做法,通过成本收入比衡量效率。银行经营效率越高,利润越高,稳定性越好(Dhouibi et al.,2016)。盈利能力由资产回报率代表,它是指银行资产的净收入。盈利能力较强的银行倾向将更多的留存收益注入资本,以提高资本与资产的比率,其破产风险较低。

本节还通过控制国家特征来获取国家差异,即 GDP 增长率、银行部门发展和集中度。通过使用 GDP 增长率控制每个国家的经济增长水平和宏观经济冲击的影响(Laeven and Levine,2009)。遵循 Srairi(2019)的做法,使用三家最大银行的资产占一个国家所有银行的资产的比率定义银行集中度。银行部门的发展是用信贷与私营部门的比率除以 GDP 来衡量的。

所有变量的测量和描述如表 8-1 所示。

表 8-1　　　　　　　　　　变量描述

变量	符号	定义和衡量
被解释变量	Z 值($Z\text{-}score$)	资不抵债风险的指标,等于资产回报率(ROA)加上每家银行总资产的权益价值除以银行资产回报率的标准差

续表

变量	符号	定义和衡量
解释变量	国家类型代表的隐性担保（Type）	中国的商业银行取值为1，美国的商业银行取值为0
	国有股权的隐性担保（FSO）	以代表该商业银行是否有国有股权发挥隐性担保的作用。这个变量是一个虚拟变量，对于最大股东是国家政府或国有企业的银行，取值为1，否则取值为0
控制变量	银行规模（Asset）	用银行总资产的对数代表银行规模
	银行杠杆率（Lev）	用银行的股本与总资产之比衡量商业银行的杠杆水平
	银行效率（CIR）	用银行的成本对收入之比衡量银行的效率
	银行的盈利能力（ROA）	用净资产收益率，即银行净收入与其资产的比率衡量其盈利能力
	经济增长（GDP）	用GDP增长率衡量一国的经济增长情况
	银行业集中度（BC）	用三家最大银行的资产占一个国家所有银行的资产的比率定义银行集中度
	银行业发展水平（BD）	用信贷与私营部门的比率除以GDP衡量

表8-2提供的变量描述性统计数据表明，当以中美商业银行为研究对象，各商业银行的风险有较大的差异。衡量风险的Z值，最大达到了168.600，而最低仅有0.350。与之相应，各商业银行的微观运营情况也有较大的差异，不仅银行的规模差异较大，银行的盈利能力和效率也有较大差异，运营较差的银行不仅成本收入比为负值且资产收益率也为负值，而经营最好的商业银行收入是成本的1.756倍，净资产收益率达到了1.756%。在样本期内，面临经济增长环境的变化，GDP最低为-1.8%，最高为29.4%。而银行业发展水平与银行业集中度的差异不大。

表8-2　　　　　　　　　变量的描述性统计

变量	样本数	均值	标准差	最小值	最大值
Z-score	1342	38.190	24.330	0.350	168.600

续表

变量	样本数	均值	标准差	最小值	最大值
$Type$	1342	0.189	0.391	0	1.000
FSO	1342	0.137	0.344	0	1.000
Lev	1342	0.109	0.038	0.032	0.396
$Asset$	1342	10.420	0.660	8.536	12.350
CIR	1342	0.536	0.190	-0.140	1.756
ROA	1342	0.010	0.012	-0.148	0.167
GDP	1342	0.051	0.054	-0.018	0.294
BC	1342	1.800	0.226	1.020	1.996
BD	1342	0.304	0.029	0.229	0.390

四 研究模型

本节的目标是估计隐性担保对银行风险承担的影响，使用异方差—稳健标准误差的面板回归。因此，构建模型如下：

$$Z\text{-}score_{i,t} = \beta_0 + \beta_1 Type_{i,t} + \beta_2 Asset_{i,t} + \beta_3 Lev_{i,t} + \beta_4 CIR_{i,t} + \beta_5 ROA_{i,t} + \beta_6 Control_{i,t} + \beta_7 Type_{i,t} \times Lev_{i,t} + \beta_8 Type_{i,t} \times Asset_{i,t} + \varepsilon_{i,t} \quad (8\text{-}1)$$

式中：i 和 t 分别为银行和时间；变量 $Control_{i,t}$ 包含三个指标：GDP 增长率、银行业发展水平和银行业集中度。使用固定效应和随机效应估计式（8-1）中的参数（Ba et al., 2019）。接下来，以商业银行第一大股东为国有股代表隐性担保，并仍然使用固定效应和随机效应估计式（8-1）中的参数。

$$Z\text{-}score_{i,t} = \beta_0 + \beta_1 FSO_{i,t} + \beta_2 Asset_{i,t} + \beta_3 Lev_{i,t} + \beta_4 CIR_{i,t} + \beta_5 ROA_{i,t} + \beta_6 Control_{i,t} + \beta_7 FSO_{i,t} \times Leverage_{i,t} + \beta_8 FSO_{i,t} \times Asset_{i,t} + \varepsilon_{i,t}$$

$$(8\text{-}2)$$

式中：FSO 为以商业银行第一大股东是否为国有股衡量的隐性担保；其他变量的含义与式（8-1）相同。这样，式（8-1）和式（8-2）的实证结果正好可以验证彼此的稳健性。

五 实证结果

（一）回归结果分析

首先，通过国家类型衡量隐性担保的作用，检验隐性担保对商业银行稳定性的影响（H8-1）。由表8-3可以看出，国家类型与 $Z\text{-}score$ 呈正相关，且系数非常显著，这意味着中国商业银行相比美国商业银行有较高的 Z 值，即相比美国商业银行，中国商业银行的风险较低，以国家类型为代表的隐性担保增加了银行稳定性，降低了银行破产风险。还发现银行杠杆率、规模、GDP 增长率和银行业发展水平与 Z 值呈正相关，且系数非常显著；但银行效率与 Z 值呈负相关。根据 Z 值方程，ROA 应该与 Z 值呈正相关。然而，从回归结果中可以看到，ROA 与 Z 值没有显著的相关关系。检查结果是否对控制变量的选择敏感，因此在下一次回归中加入一个控制变量。研究结果支持 H8-1，即中国商业银行的风险低于美国商业银行，以国家类型代表的隐性担保将增加商业银行的稳定性。

表8-3　　　　　　　　国家类型与 Z 值的回归结果

变量	Z 值	Z 值	Z 值	Z 值	Z 值	Z 值	Z 值
Type	22.070*** (5.471)	20.980*** (5.488)	21.000*** (5.499)	20.040*** (5.527)	20.180*** (5.528)	19.630*** (5.536)	21.910*** (5.595)
Lev	181.300*** (5.682)	178.600*** (5.498)	179.100*** (5.673)	181.800*** (5.695)	181.100*** (5.729)	180.800*** (5.725)	179.900*** (5.718)
Asset		4.477*** (0.480)	4.495*** (0.483)	4.046*** (0.497)	3.922*** (0.510)	3.969*** (0.511)	3.131*** (0.591)
ROA			-4.031 (12.36)	-22.670* (13.38)	-19.770 (13.66)	-20.840 (13.65)	-20.370 (13.62)
CIR				-4.500*** (1.274)	-4.380*** (1.279)	-4.340*** (1.278)	-4.450*** (1.275)
BC					-4.367 (4.076)	-11.500** (5.560)	-6.305 (5.848)
GDP						7.438* (3.943)	12.800*** (4.374)
BD							5.436*** (1.943)
常数项	14.300*** (2.467)	-31.900*** (5.524)	-32.100*** (5.562)	-24.900*** (5.905)	-22.300*** (6.372)	-20.900*** (6.411)	-24.100*** (6.496)
Σu	23.552	23.632	23.683	23.782	23.782	23.782	24.782

续表

变量	Z值	Z值	Z值	Z值	Z值	Z值	Z值
Σe	3.989	3.855	3.856	3.838	3.838	3.834	3.824
Model	RE	RE	RE	RE	RE	RE	RE
R^2	0.456	0.492	0.492	0.498	0.498	0.499	0.503
观测值	1342	1342	1342	1342	1342	1342	1342
银行数量（家）	122	122	122	122	122	122	122

注：本表是银行的国家类型与银行风险承担之间关系的系数。因变量为 Z 值，反映了各家银行到资不抵债的距离。中国商业银行设为 1，而美国商业银行设为 0。控制变量包括银行特定变量和国家特定变量。括号内为标准差。*、**、*** 分别代表在 10%、5%、1% 的水平上显著；下同。

探讨以国家类型为代表的隐性担保是否可以通过增加银行资产规模提高银行的稳定性。表 8-4 回归结果显示，以国家类型为代表的隐性担保与银行杠杆率对 Z 值的影响存在显著的正交互作用。以国家类型为代表的隐性担保与银行规模对 Z 值的影响也存在显著的正交互作用。研究结果支持 H8-2 和 H8-3，表明商业银行杠杆率或规模越高，以国家类型为代表的隐性担保降低风险的效果越强。以国家类型为代表的隐性担保通过增加杠杆率和资产规模提高银行的稳定性。

表 8-4　　国家类型的交互项与 Z 值的回归结果

变量	Z值	Z值	Z值	Z值	Z值	Z值	Z值	Z值
$Type$	42.910*** (5.539)	10.160* (5.422)	40.330*** (5.587)	19.710*** (5.478)	39.980*** (5.586)	18.130*** (5.500)	39.820*** (5.630)	19.550*** (5.607)
Lev		156.100*** (4.903)	156.200*** (4.799)	178.200*** (5.473)	155.500*** (4.763)	177.600*** (5.458)	157.200*** (4.978)	179.400*** (5.703)
$Asset$		3.719*** (0.771)	2.600*** (0.431)	3.108*** (0.587)	2.920*** (0.433)	2.652*** (0.603)	3.182*** (0.504)	2.384*** (0.635)
CIR			-2.630*** (1.002)	-3.720*** (1.169)	-2.510** (0.994)	-3.710*** (1.165)	-2.980*** (1.087)	-4.510*** (1.271)
GDP					11.210*** (2.459)	11.680*** (3.770)	7.311** (3.728)	17.110*** (4.571)

续表

变量	Z 值	Z 值	Z 值	Z 值	Z 值	Z 值	Z 值	Z 值
ROA							-12.340 (11.59)	-21.380 (13.58)
BC							5.603 (5.002)	-4.292 (5.865)
BD							-1.185 (1.682)	3.211 (2.062)
Type×Lev	485.000*** (21.44)		455.800*** (21.33)		474.300*** (21.54)		481.300*** (22.27)	
Type×Asset		5.109*** (1.412)		3.098*** (1.040)		5.907*** (1.377)		4.725*** (1.500)
常数项	34.300*** (2.369)	36.120*** (2.353)	8.858* (5.242)	16.980*** (2.547)	474.300*** (21.54)	16.650*** (2.547)	3.479 (5.674)	12.100** (5.321)
Σu	23.548	23.351	23.735	24.383	23.735	23.555	23.791	23.616
Σe	3.351	5.245	3.279	3.818	3.253	3.818	3.252	3.812
Model	RE	RE	RE	RE	RE	RE	RE	RE
R^2	0.617	0.060	0.633	0.503	0.639	0.503	0.640	0.506
观察值	1342	1342	1342	1342	1342	1342	1342	1342
银行数量(家)	122	122	122	122	122	122	122	122

注：本表为包含了交互项的虚拟变量国家类型 Type 与银行风险承担之间的回归结果，交互项为 Type×Lev 和 Type×Asset。括号内为标准差。

其次，将隐性担保的范围缩小到第一大股东为国有股的商业银行。表 8-5 和表 8-6 的回归结果也支持本节假设。几乎所有的变量都保持相同的符号，保持它们的显著性，得出的结论和前文一致。

表 8-5　　第一大股东为国有股与 Z 值的回归结果

变量	Z 值	Z 值	Z 值	Z 值	Z 值	Z 值	Z 值
FSO	2.460** (1.085)	3.398*** (1.067)	3.413*** (1.068)	3.362*** (1.063)	4.001*** (1.056)	3.873*** (1.058)	3.483*** (1.066)
Lev	179.800*** (5.696)	178.500*** (5.490)	179.200*** (5.665)	181.800*** (5.690)	179.500*** (5.719)	179.300*** (5.715)	179.800*** (5.714)

续表

变量	Z 值	Z 值	Z 值	Z 值	Z 值	Z 值	Z 值
Asset		4.758*** (0.488)	4.787*** (0.492)	4.328*** (0.507)	4.183*** (0.514)	4.221*** (0.514)	3.345*** (0.600)
ROA			−5.934 (12.34)	−24.270* (13.36)	−20.360 (13.64)	−21.390 (13.64)	−21.050 (13.58)
CIR				−4.445*** (1.274)	−4.474*** (1.277)	−4.439*** (1.276)	−4.372*** (1.275)
BC					−5.578 (4.093)	−12.480** (5.557)	−6.693 (5.829)
GDP						7.232* (3.942)	12.170*** (4.365)
BD							5.552*** (1.944)
常数项	18.290*** (2.237)	−31.280*** (5.109)	−31.590*** (5.152)	−24.540*** (5.513)	−21.180*** (6.326)	−19.820*** (6.364)	−22.740*** (6.088)
Σu	23.533	24.689	24.698	24.585	23.831	23.831	24.774
Σe	3.986	3.840	3.842	3.824	3.823	3.820	3.809
Model	RE	FE	FE	FE	RE	RE	FE
R^2	0.457	0.497	0.497	0.502	0.502	0.504	0.507
观察值	1342	1342	1342	1342	1342	1342	1342
银行数量（家）	122	122	122	122	122	122	122

注：本表为虚拟变量第一大股东是否为国有股与商业银行稳定性关系的系数。因变量为 Z 值，反映了各家银行到资不抵债的距离。主要因变量为第一大股东是否为国有股的虚拟变量，第一大股东是国有股的银行肯定有隐性担保，否则视为无隐性担保。控制变量包括反映银行自身经营状况变量和银行外部环境的变量。括号内为标准差。

表 8-6　第一大股东为国有股有交互项与 Z 值的回归结果

变量	Z 值	Z 值	Z 值	Z 值	Z 值	Z 值	Z 值	Z 值
FSO	22.500*** (1.400)	6.313*** (1.473)	22.640*** (1.361)	4.216*** (1.111)	22.790*** (1.356)	4.887*** (1.095)	22.830*** (1.369)	4.821*** (1.092)
Lev		160.500*** (5.042)	158.900*** (4.909)	178.300*** (5.466)	158.600*** (4.890)	176.700*** (5.452)	160.500*** (5.118)	178.200*** (5.702)

续表

变量	Z值	Z值	Z值	Z值	Z值	Z值	Z值	Z值
$Asset$		4.465***	3.130***	3.647***	3.347***	3.461***	3.433***	3.035***
		(0.731)	(0.447)	(0.564)	(0.451)	(0.561)	(0.521)	(0.612)
CIR			-2.960***	-3.590***	-2.890***	-3.760***	-3.430***	-4.570***
			(1.030)	(1.169)	(1.026)	(1.166)	(1.122)	(1.271)
GDP					8.184***	6.870**	7.035*	14.550***
					(2.542)	(3.356)	(3.855)	(4.463)
ROA							-14.010	-21.580
							(11.97)	(13.58)
BC							2.650	-6.702
							(5.160)	(5.841)
BC							-0.252	3.336*
							(1.718)	(1.976)
$FSO×Lev$	475.000***		443.700***		455.800***		457.300***	
	(23.63)		(23.35)		(23.56)		(24.22)	
$FSO×Asset$		4.911***		2.939***		4.668***		3.775***
		(1.457)		(1.084)		(1.263)		(1.313)
常数项	38.060***	37.210***	6.827	20.060***	4.162	19.840***	3.397	15.990***
	(0.161)	(2.130)	(5.319)	(0.870)	(5.368)	(2.320)	(5.759)	(4.953)
Σu	24.799	23.352	23.741	24.383	23.821	23.616	23.877	23.677
Σe	3.456	5.230	3.362	3.818	3.349	3.815	3.351	3.802
Model	FE	RE	RE	FE	RE	RE	RE	RE
R^2	0.592	0.066	0.615	0.503	0.618	0.504	0.618	0.509
观察值	1342	1342	1342	1342	1342	1342	1342	1342
银行数量（家）	122	122	122	122	122	122	122	122

注：本表为第一大股东为国有股与银行风险承担的回归结果，交互项为第一大股东为国有股×银行杠杆和第一大股东为国有股×银行规模。括号内为标准差。***、**、*分别表示在1%、5%、10%的水平上显著。

（二）稳健性分析

为了检查结果的稳健性，本节对上述模型运用Tobit进行了进一步的回归分析，如表8-7、表8-8所示，Z值均大于0。因此，用下限为

0 的 Tobit 模型重新估计式（8-2）。可见，大多数变量保持相同的符号与显著性水平。可见，研究结论是稳健的。

表 8-7　　第一大股东国有股与 Z 值的 Tobit 回归结果

变量	Z 值	Z 值	Z 值	Z 值	Z 值	Z 值	Z 值
FSO	2.396** (1.082)	3.901*** (1.053)	3.888*** (1.054)	3.826*** (1.049)	3.984*** (1.054)	3.859*** (1.054)	3.971*** (1.053)
Lev	180.500*** (5.676)	177.600*** (5.473)	177.100*** (5.643)	179.900*** (5.678)	178.900*** (5.715)	178.700*** (5.710)	177.800*** (5.702)
Asset		4.813*** (0.483)	4.790*** (0.486)	4.356*** (0.501)	4.197*** (0.512)	4.235*** (0.512)	3.517*** (0.588)
ROA			5.565 (13.65)	-16.210 (14.63)	-11.350 (15.11)	-12.320 (15.11)	-12.220 (15.03)
CIR				-4.306*** (1.290)	-4.096*** (1.299)	-4.060*** (1.298)	-4.173*** (1.294)
BC					-6.098 (4.090)	-13.000** (5.542)	-8.532 (5.817)
GDP						7.233* (3.922)	11.900*** (4.349)
BD							4.705** (1.917)
常数项	18.220*** (2.333)	-31.830*** (5.522)	-31.580*** (5.553)	-24.840*** (5.888)	-21.400*** (6.319)	-20.040*** (6.354)	-22.490*** (6.421)
Σu	24.777	24.518	24.512	24.407	24.407	24.361	24.546
Σe	3.982	3.833	3.833	3.817	3.814	3.809	3.797
观察值	1342	1342	1342	1342	1342	1342	1342
银行数量（家）	122	122	122	122	122	122	122

注：本表为第一大股东为国有股与商业银行风险的 Tobit 回归结果。因变量为 Z 值，反映了各家银行到资不抵债的距离。括号内为标准差。

表 8-8　　第一大股东国有股交互项与 Z 值的 Tobit 回归结果

变量	Z 值	Z 值	Z 值	Z 值	Z 值	Z 值	Z 值	Z 值
FSO	22.870*** (1.391)	6.314*** (1.473)	22.380*** (1.353)	4.760*** (1.093)	22.540*** (1.349)	4.861*** (1.092)	22.570*** (1.361)	4.790*** (1.089)

219

续表

变量	Z值	Z值	Z值	Z值	Z值	Z值	Z值	Z值
Lev		160.300***	160.900***	177.400***	160.700***	177.400***	161.500***	177.700***
		(5.008)	(4.871)	(5.444)	(4.852)	(5.437)	(5.081)	(5.690)
Asset		4.485***	3.081***	3.615***	3.293***	3.511***	3.304***	3.057***
		(0.732)	(0.445)	(0.558)	(0.448)	(0.559)	(0.517)	(0.609)
CIR			−3.100***	−3.740***	−3.040***	−3.710***	−3.320***	−4.220***
			(1.024)	(1.162)	(1.020)	(1.161)	(1.140)	(1.291)
GDP					8.074***	6.869**	7.184*	14.500***
					(2.530)	(3.342)	(3.835)	(4.436)
ROA							−7.024	−13.190
							(13.27)	(14.94)
BC							2.704	−7.211
							(5.145)	(5.823)
BC							0.124	3.363*
							(1.706)	(1.970)
FSO×Lev			474.900***		442.100***		454.100***	
			(23.59)		(23.24)		(23.45)	
FSO×Asset		3.701***		4.894***		3.247***		4.608***
		(1.310)		(1.457)		(1.073)		(1.259)
常数项	40.380***	37.210***	13.020***	20.150***	10.720**	19.750***	9.854*	15.890***
	(1.220)	(2.124)	(4.816)	(2.356)	(4.859)	(2.354)	(5.310)	(4.959)
Σu	24.738	23.289	24.955	24.198	24.970	24.080	24.987	23.974
Σe	3.451	5.227	3.354	3.808	3.341	3.804	3.340	3.776
观察值	1342	1342	1342	1342	1342	1342	1342	1342
银行数量（家）	122	122	122	122	122	122	122	122

注：本表显示了国有股与银行风险承担关系的系数，其交互项为国有股×杠杆和国有股×资产规模。本表显示了对2008—2018年数据使用Tobit进行的8项面板回归。括号内为标准差。

六 结论

本节从隐性担保的角度研究了国有股权对银行风险的影响，并以此探索中国商业银行破产风险较低的原因。本节研究发现，隐性担保通过增加 Z 值降低商业银行的风险。因此，隐性担保无疑有助于降低中国商业银行的破产风险，帮助中国银行业避免金融危机带来的大崩溃。隐性担保通过提高杠杆率和资产规模提高银行的稳定性。本节研究还发现效率与 Z 值呈负相关。此外，研究结果显示，其他国家层面的变量对银行风险承担有显著影响。正如预期的那样，更高水平的 GDP 增长和银行部门的发展降低了风险。

本节为银行、监管机构和政策制定者提供了重要理论与数据支持。研究发现，中国商业银行的风险低于美国商业银行源于中国商业银行的国有属性及中国银行体系的特殊环境而存在的银行隐性担保。隐性担保可以提高债权人的信心，增强银行的稳定性。适当的隐性担保可以帮助银行应对金融冲击，维护国家金融体系的稳定。因此，政策制定者应规范商业银行隐性担保的规模和形式，以解决银行存款保险效率低下的问题，并限制银行的过度冒险行为。

第二节 商业银行国有股权变革影响风险的异质性分析

在中国商业银行已经具备混合所有制特征与经济金融环境不确定性增加的背景下，银行股权改革应从效率导向转向风险导向。基于中国23 家上市商业银行 2008—2019 年半年度数据，本节剖析了三类国有商业银行股权变革及其对风险的影响。研究发现，国有控股银行的国有股权显著降低了违约风险，但增加了信用风险；第一大股东从国有股变成非国有股的产权属性变更有助于降低信用风险股但对违约风险无显著影响。进一步调节效应表明，对于第一大股东从国有股变成非国有股的银行，国有股权对信用风险有显著的正向协同效应，但对违约风险无显著影响；对于第一大股东从国有股变为非国有股再变回国有股的银行，国有股权对两种风险均无显著的调节效应。因此，在国内外金融风险加剧、防范违约风险紧迫程度提高的背景下，国有控股银行的国有股权不宜再下降，第一大股东产权属性已经发生变化的国有商业银行，也不宜再降低国有股权，甚至第一大股东从国有股变成非国有股的银行应增加国有股权。

一 引言

自 20 世纪 90 年代以来，随着四大专业银行向商业银行转型，中国商业银行开启了市场化与股权多元化的改革进程。不仅股份制银行、民营银行与外资银行纷纷设立，国有商业银行通过股改上市实现了从国有独资向国有控股银行的顺利转型。中国银行业已经形成了国有资本、社会资本和海外资本共同参与的股权结构，特别是国有控股商业银行和其他大中型商业银行已经初步具有了混合所有制的形式特征（张乐、韩立岩，2016）。企业参股银行可以促进非国有企业创新，服务实体经济。非国有企业参股银行能够缓解创新融资约束，形成"资源协同效应"，进而国有企业参股银行的预算约束进一步软化，代理问题加剧，形成"资源诅咒效应"（田利辉等，2022）。党的十九届五中全会提出了"十四五"时期"推进金融双向开放""深化国有商业银行改革"等金融改革开放的目标。当前中国面临不确定性与复杂性明显增加的国际环境，新冠疫情的冲击更使经济发展的不确定性增加。因此，有必要总结商业银行混合所有制改革的经验，在充分考虑风险因素的前提下，研究商业银行国有股权的最优配置问题，这不仅有助于明晰商业银行的改革路径，也可为实现中国金融安全乃至经济安全提供理论与数据支持。

关于银行风险的研究，学者多从信贷方式（刘冲等，2019；Yevgeny et al.，2018）、杠杆行为（汪莉，2017）、资本监管（黄宪等，2005；沈沛龙、任若恩，2001）、周期性（金鹏辉等，2014；Juri and Mario，2009）等角度进行研究。一些学者剖析了国有商业银行股权转让与引进战略投资者的必要性与合理性（王元龙，2001；许国平等，2006；丁俊峰，2009；何蛟等，2010）。研究国有股权对银行风险影响的文献相对有限，且多集中研究违约风险与信用风险。

一些学者强调，国有股权通过隐性担保提高了银行的风险承担水平，降低了银行违约风险（张正平、何广文，2005），国有股东明显提升了地方商业银行的信贷投放水平（项后军等，2023）。有的学者则指出国有控股银行的杠杆风险和违约风险均明显高于非国有控股银行，但国有股份在前十大股东中的占比对银行违约风险、资产组合风险和杠杆风险均无显著影响（魏琪，2019）。还有学者强调国有商业银行的违约风险受经济周期的影响，国有股占比的上升会显著增强银行风险承担水平与宏观经济波动之间的敏感性，当经济处于上行（下行）周期时，国有股占比较高银行的风险将大幅降低（提高）（潘敏、张依茹，2012）。

一些学者强调银行国有股权会降低效率进而带来高的不良贷款率（石汉祥，2003），指出国有股占比较高的商业银行有更高的不良贷款率和更差的流动性（杨有振和赵瑞，2010）。还有一些学者强调国有商业银行与非国有商业银行的差异，指出银行竞争会通过缩减僵尸企业贷款规模、同业业务规模及降低私人部门存款占比而降低不良贷款率和流动性错配水平并提升资本充足率，由此控制了银行系统性风险，但这种控制作用仅存在于非国有商业银行部门（顾海峰、卞雨晨，2023）。可见，现有文献对中国商业银行的国有股权会提高信用风险基本达成了共识，但其是否有助于降低银行的违约风险还存在争论，且现有文献未将违约风险与信用风险进行统筹考虑，更缺少对不同类型商业银行的对比分析。

中国商业银行在金融体系中的特殊地位及其在国民经济发展中的重要作用，使其风险问题备受关注。在混合所有制改革的过程中，以第一大股东是否为国有为标准，中国国有商业银行的股权呈现了三种不同类型。一些银行始终保持第一大股东为国有股，一些银行的第一大股东从国有股变成非国有股，还有一些银行的第一大股东处于国有股变成非国有股再变回国有股的波动状态。不同类型的国有股权改革对学者曾关注的违约风险与信用风险的影响是否有差异？是否可以通过减少国有股权同时降低违约风险和信用风险？以风险为导向的国有股权如何才能实现最优配置？回答这些问题不仅有助于丰富国有股权理论，也有助于为"十四五"时期的国有商业银行改革提供理论与数据支持。本节从银行治理的理论框架出发，手工整理上市商业银行的股东信息，运用2008—2019年的半年度面板数据研究不同类型国有股权变革对银行风险影响的异质性。目前少有对商业银行混合所有制改革过程中，国有股权变革的研究，且国有股权对风险影响的研究仅关注单一风险。本节创新性地统筹考虑违约风险与信用风险，并重点剖析商业银行混合所有制改革过程中，第一大股东国有属性的作用及风险导向下国有股权的最优配置问题。研究证实了中国上市商业银行的国有股份增加会降低违约风险，但是会增加信用风险，这一规律对第一大股东始终为国有股的银行来说更显著；第一大股东由国有股转为非国有股，有助于实现股权制衡降低信用风险，但对违约风险的影响不再显著；进一步调节效应表明，实现股权制衡后，再降低国有股占比是无意义的，对于第一大股东从国有股变成非国有股的银行，降低国有股虽然对违约风险无显著性影响，但是会增加信用风险；而对于第一大股东国有属性不断变动的银行，降低国有股对违约风险与信用风险均无显著性影响。因此，同时考虑违约风险与信用风险，始终保持第一大股东为国有股的银行，其国有股权发挥了稳定器的作用，虽然有助于降低违约风险，但会增加信用风险。在国内外金融波动加剧的背景下，不应单纯地考虑降低此类银行的国有股占比，而应增加对贷款的绩效管理，侧重于防范信用风险；第一大股东从国有股转为非国有股，有助于实现股权制衡，但之后不应再继续减少国有股权占比，相反对于第一大股东从国有股转为非国有股的银行来说，应增加国有股占比。

二 不同类型国有股权变革影响违约风险与信用风险的理论分析

（一）国有控股银行的国有股权有助于降低违约风险但会提高信用风险

国有控股银行因国有股权带来的政府保护与其本身的低风险行为而享受了较低的违约风险，却也因国有股权引发的委托代理等问题而面临高不良贷款率的困扰。可以说，国有股权在降低商业银行违约风险的同时使其付出了高信用风险的代价。

拥有政府股东使国有控股银行可以与政府有密切的联系并获得政府的保护（Hakenes and Schnabel, 2010）。政府的保护为商业银行提供了或明或暗的财政和管理支持（Faccio et al., 2006）。20世纪90年代，当国有独资银行面临较高的不良贷款时，政府通过设立四大资产管理公司对其进行了不良资产剥离。2004年中央财政通过向四大国有商业银行注资，启动了国有商业银行的股份制改革。可以说，中国国有控股的商业银行发生违约的可能性几乎为零（王宗润等，2015）。

当银行损失或额外损失完全被政府埋单时，政府的保护相当于赋予了国有商业银行存款者隐性的存款担保。国有商业银行从政府股权获得的隐性担保，使国有商业银行在吸收公众存款方面有着明显优势。隐性存保赋予国有商业银行"特许权价值"，即存款者会因政府的隐性担保降低其对银行债务资金额要求的风险补偿，使银行能以较低的成本持续获得资金。以银行所有权结构和银行规模作为隐性存保的代理变量均表明，隐性存保的增加会提高中国商业银行的风险承担水平，降低其违约风险。另外，国有股股东比非国有股股东的风险偏好更低（周开国、邓月，2016），国有股占比较高的银行通过发行次级债融资提高银行主动与被动风险承担的动机更弱（潘敏、徐琛卓，2020），使国有控股商业银行的风险承担水平较高，违约风险较低。

国有股权存在的委托代理、政府干预与关联贷款等问题使国有控股商业银行面临不良贷款的困扰。国有商业银行因国有产权缺乏有效的产权人监督降低了公司治理水平，同时易产生道德风险和逆向选择问题。所以国有商业银行管理者配置资产的谨慎程度低于其他股权类型的商业银行，导致国有商业银行的资产质量较低、核心资本较少与信用风险较大（贾春新，2007；Xu et al., 2015）。低效率银行也往往意味着选择借款人的能力差，从而有较高的信贷风险（Papadopoulos and Karagiannis, 2019）。但政府干预与关联贷款使国有商业银行的信贷配置并不完全以商业为导向，这也会导致高信用风险。一方面，为配合宏观经济调控与国家经济战略，国有控股商业银行往往不能完全按照市场标准配置资产，而要为国家重点扶持的项目或产业提供信贷资金支持。这些服务国家经济战略目标的项目有些是战略部署要求下进行的非盈利或低盈利性项目，这使其信贷资金并不一定能够收回，从而增加了国有商业银行的问题贷款，提高了银行的信用风险。特别是在经济下滑时，国有商业银行的政策导向贷款更会增加其信用风险（Greenwald and Stiglitz, 1993）。另一方面，国有控股商业银行的贷款多流向国有企业，而国有企业的低效率使这些贷款转变为问题贷款和不良贷款的概率较高（Firth et al., 2009）。因此，本节提出如下假设：

H8-4：国有控股银行的国有股权有助于降低商业银行的违约风险，但提高了信用风险。当其他因素不变时，单纯地增加或减少国有股权会使国有控股银行在降低某种风险的同时提高另一种风险。

（二）国有股权与非国有股权的制衡有助于降低信用风险且不影响违约风险

当商业银行的第一大股东从国有股变为非国有股时，所形成的非国有股东与国有股东相互制衡会改变银行的风险行为。非国有股东在上市公司中的份额较大时，有足够的动机监督管理层，可削弱由于委托代理人问题而导致的监督缺失与"内部人控制"（杨运杰等，2020）。非国有资本与国有资本有效制衡有助于提升公司治理、管理水平（李蒙等，2021）。因此，受到非国有资本与国有资本制衡的商业银行，有助于提高银行效率，提高资产配置的质量，降低不良贷款率。当非国有股作为商业银行的第一大股东时，其盈利目标明确，可以减少政府干预与关联贷款，避免因政治压力而投资非市场化的信贷项目，从而有助于降低问题贷款与不良贷款的概率。与此同时，国有股使商业银行仍受到隐性担保的保护，享有较低的违约风险。本节提出如下假设：

H8-5：非国有股东成为第一大股东形成的国有与非国有股权制衡，有助于降低信用风险且不影响违约风险。

（三）股权制衡下国有股占比不是越低越好

近二十年以来中国商业银行市场化改革，使中国商业银行已经形成了非国有资本与国有资本有效制衡。从上市商业银行的股权结构来看，虽然有的商业银行的前十大股东均有国有股，但国有独资的商业银行已经不存在。虽然股权制衡有助于兼顾银行效率与金融稳定，但国有股占比不是越低越好。非国有股东追求盈利最大化的本性会降低国有企业的社会责任感，甚至在缺乏国有股东有效监督时会"掏空"国企，因此，存在最优的国有股比例区间（陈俊龙、汤吉军，2016）。在统筹考虑违约风险与信用风险时，应保持一定比例的国有股权克服私人金融资本的盲目性与投机性。国有商业银行股权多元化改革的目的是提高银行效率与竞争力以更好地服务经济发展，而不是国有商业银行私有化。国有商业银行贷款行为较非国有商业银行更弱的顺周期性，使国有商业银行能缓解金融波动、稳定经济（Bertay et al., 2015）。中国金融体系以商业银行为主体，国有商业银行有助于中国避免发生类似西方国家的金融不稳定（刘子旭，2018）。在国际金融危机频发与国际经济环境不确定性增加的背景下，中国商业银行更应保持一定比例的国有股权。国有股权有助于政府掌握金融剩余，增强国家对金融的管控，降低金融风险。

基于委托代理的国有股减持会促使控股股东加大股权激励力度，盈余操纵程度相应上升。然而，过高的股权激励不仅会带来内部人员侵占国有资产、大股东损害中小股东的利益的后果，更可能使抑制盈余操纵活动的市场监管措施失效，从而带来更大的风险（陈千里，2008）。国有股权对上市公司效率的影响呈正"U"形变化趋势，国有股权较高的国有企业享有的优惠待遇会提高企业价值（田利辉，2005）。作为运营金融资产的特殊国有企业，国有商业银行减持国有股遵循着与国有企业相同的规律。在已经实现股权制衡的情况下再降低国有股权占比，可能会使银行失去优惠待遇，并因对大股东监督失效而面临更低的绩效与更大的风险。故而，本节提出如下假设：

H8-6：对于非国有控股银行，继续减持国有股权无法降低信用风险与违约风险。

三 不同类型国有股权变革影响违约风险与信用风险的实证分析

（一）研究设计

1. 计量模型与数据说明

四大国有独资商业银行自 2007 年相继上市，推动了中国国有商业银行的股权改革。本节选择的样本期为 2008—2019 年，在此期间中国只有 23 家上市的商业银行详细公布了前十大股东的信息。以第一大股东是否国有为标准，有 12 家商业银行始终保持国有控股①，4 家商业银行的第一大股东从国有股变成非国有股②，3 家商业银行的第一大股东经历了从国有股变成非国有股再重回国有股的过程③，4 家商业银行的第一大股东一直为非国有股④。本节研究重点是分析混合所有制改革中，国有商业银行的国有股权变更及其对风险影响的异质性问题，因此针对三类国有商业银行的股权变革，分别构建三个模型以检验三个理论假设。第一个模型研究 12 家国有控股银行的国有股权占比对违约风险与信用风险的影响，并将 4 家第一大股东始终非国有的银行作为对照组。第二个模型研究国有商业银行第一大股东产权属性变化对两类风险

---

① 这里的控股包含了国有相对控股和国有绝对控股。国有绝对控股是指国家资本比例大于 50%；而国有相对控股即国家资本比例虽未达到总股本的 50%，但相对大于其他任何一种经济成分的出资人所占比例。这 12 家银行是广州农村商业银行、哈尔滨银行、华夏银行、交通银行、兴业银行、浙商银行、工商银行、光大银行、建设银行、农业银行、中国银行、中信银行。
② 这 4 家银行是南京银行、盛京银行、重庆农村商业银行、重庆银行。
③ 这 3 家银行是徽商银行、宁波银行、上海浦东发展银行。
④ 这 4 家银行是北京银行、平安银行、招商银行、中国民生银行。

的影响。因此，以 4 家非国有控股与 3 家控股股东由国有股变为非国有股又变回国有股的银行为样本。第三个模型，则在第二个模型的基础上对国有股权占比去中心化，研究国有股权对第一大股东产权属性变化影响风险的调节效应。三个模型如下：

$$Risk_{i,t} = \beta_0 + \beta_1 STS_{i,t} + \sum control_{i,t} + \varepsilon_{i,t} \qquad (8-3)$$

$$Risk_{i,t} = \alpha_0 + \alpha_1 SH_{i,t} + \sum control_{i,t} + \varepsilon_{i,t} \qquad (8-4)$$

$$Risk_{i,t} = \gamma_0 + \gamma_1 SH_{i,t} + \gamma_2 SH_{i,t} \times STS_{i,t} + \sum control_{i,t} + \varepsilon_{i,t} \qquad (8-5)$$

式中：i 为银行；t 为时间；$\varepsilon_{i,t}$ 为残差；$\sum control_{i,t}$ 为所有的控制变量；Risk 为被解释变量风险，分别用 Z-score 和 NPL 衡量违约风险与信用风险。本节运用 Laeven 和 Levine（2009）的方法，用 $Z\text{-}score_t$ 计量银行的违约风险，具体计算方法为 $Z\text{-}score = (ROA+Equity)/\delta(ROA)$，即（总资产收益率+杠杆率）/总资产收益率标准差，Z-score 越高表明银行的稳定性越好，违约风险越低。用 NPL 即不良贷款额比总贷款额衡量银行的信用风险（曹廷求等，2006），更高的 NPL 值意味着更高的信用风险。

借鉴魏琪（2019）的方法，用前十大股东中国有股占比衡量银行国有股权的大小。加总前十大股东中国企和政府的持股比例作为国有股占比（STS），越大表明国有股越多。按第一大股东的产权性质设置虚拟变量（SH），若第一大股东为国有设为 0，否则为 1。

本节还控制了银行的规模特征及影响风险的经营指标。资产规模（Asset）用总资产的对数代表，通常银行资产规模越大越有能力通过分散资产配置实现风险的分散。存贷比（Liquidity）用贷款总额与存款总额之比衡量，该指标代表银行的流动性，存贷比高表明银行的预留资金不足，银行的流动性差会增加银行的兑付风险。拨贷比（LLRL）即贷款损失准备与贷款总额的比值。贷款损失准备金是银行为弥补其贷款组合中估计的潜在损失而拨备的现金或现金等价物。银行的信用风险敞口越大，贷款损失准备金就会越高，否则会越低。净利差（NIM）即生息率和付息率之差，反映银行净利息收入，客观上反映了银行的效率（Kanga et al.，2020）。成本收入比（CTI）即银行总成本与总收入之比，反映了银行的管理水平与盈利能力，银行的管理水平与盈利能力越高其风险就越低（江曙霞、陈玉婵，2012）。权益比（Lev）即总权益与总资产之比，杠杆率的倒数，理论上与银行风险承担呈负相关。权益比率越高杠杆越小，银行的经营也就越稳健，风险承担越小（方意等，2012）。变量详细信息如表 8-9 所示。

表 8-9　　　　　　　　变量定义

变量名	变量标识	变量定义
违约风险	Z-score	（总资产收益率+杠杆率）/总资产收益率标准差
信用风险	NPL	不良贷款额/总贷款额
前十大股东中国有股比例	STS	前十大股东中国有股占所有股份的比例
资产规模	Asset	总资产的对数
存贷比	Liquidity	贷款总额/存款总额
权益比率	Lev	所有者权益/总资产
成本收入比	CTI	总成本/总收入
净利差	NIM	生息率-付息率
拨贷比	LLRL	贷款损失准备/贷款总额

基于商业银行股东信息及股权比例数据的可得性，为获得平衡面板，本节以中国 23 家上市银行作为研究样本，获得了 2008—2019 年的半年度数据。为确保本节的核心解释变量（国有股占比与第一大股东持有人信息）的可获得性，手工整理银行公布的股东信息。数据来源于 Wind 数据库。

2. 变量的描述性统计

为对比分析国有商业银行不同类型股权变革的特点，表 8-10 给出了全样本和三类国有商业银行股权变革分样本的描述性统计。

表 8-10 变量的描述性统计

变量	全样本银行(23家)			第一大股东始终为国有股(12家)			第一大股东从国有股变为非国有股(4家)			第一大股东从国有股再变回国有非国有(3家)		
	均值	最小值	最大值	均值	最小值	最大值	均值	最小值	最大值	均值	最小值	最大值
STS	0.386	0.023	0.941	0.498	0.102	0.941	0.299	0.089	0.546	0.312	0.171	0.575
Z-score	28.040	1.400	48.500	28.630	11.300	43.010	25.620	1.400	48.500	27.710	13.750	41.500
NPL	0.013	0.002	0.094	0.014	0.002	0.094	0.012	0.003	0.078	0.010	0.004	0.021
Asset	8.238	6.752	9.479	8.495	6.801	9.479	7.579	6.752	8.130	7.941	6.946	8.845
Liquidity	0.479	0.260	0.706	0.497	0.321	0.706	0.403	0.260	0.525	0.464	0.336	0.620
Lev	0.064	0.023	0.121	0.064	0.023	0.089	0.064	0.039	0.121	0.065	0.029	0.093
CTI	0.301	0.175	0.492	0.307	0.187	0.488	0.283	0.175	0.492	0.299	0.202	0.418
NIM	0.024	0.012	0.046	0.023	0.013	0.046	0.026	0.012	0.038	0.024	0.017	0.033
LLRL	0.026	0.004	0.055	0.025	0.004	0.045	0.029	0.014	0.058	0.026	0.013	0.041

从全样本与分样本的均值对比可见，12家始终国有控股商业银行的国有股占比最高，虽然均值已经低于50%，但仍高于全样本的均值；第一大股东从国有股变为非国有股再重回国有股的3家银行，其国有股占比均值次之，而4家第一大股东从国有股转为非国有股的商业银行有最少的国有股权占比。同时从 $Z\text{-}score$ 均值来看，呈现同样的规律，表明12家始终为国有控股的商业银行，经营的稳定性最好、违约风险最低，第一大股东从国有股变为非国有股再重回国有股的3家商业银行次之，4家第一大股东从国有股转为非国有股的商业银行最低。从 NPL 均值来看，12家始终为国有控股银行依旧最高，且远高于全样本均值，表明其信用风险最高，4家第一大股东从国有股转为非国有股的商业银行次之，第一大股东从国有股变为非国有股再重回国有股的3家银行最低。从描述性统计的均值可见，12家始终国有控股商业银行拥有高于全样本及其他分样本的国有股权占比、$Z\text{-}score$ 和 NPL，可见国有控股商业银行会面临较低的违约风险与较高的信用风险；4家第一大股东从国有股转为非国有股的银行违约风险最高，信用风险位列第二。

（二）实证结果分析

1. 国有股权影响违约风险与不良贷款风险的实证结果分析

为证明 H8-4，本节对式（8-3）进行回归，结果如表 8-11 所示。可见，对于全样本银行，STS 对 $Z\text{-}score$ 和 NPL 的系数均呈显著正相关关系。这表明国有股占比增加可显著增加银行的风险承担能力，降低违约风险，但国有股占比增加会显著增加不良贷款风险。对于12家一直为国有控股的银行，其 STS 与 $Z\text{-}score$ 和 NPL 的系数不仅呈显著正相关且系数均大于全样本。这表明，国有控股银行增加国有股占比不仅会显著降低违约风险、增加信用风险，且影响均高于全部样本。这表明，国有控股银行无论是增加国有股份占比，还是减少国有股份占比，都无法同时实现降低破产风险和降低信用风险，即降低一种风险必将带来另一种风险的上升。作为对照组，4家为非国有控股银行，其 STS 对 $Z\text{-}score$ 和 NPL 的系数分别呈负相关与正相关，且均显著。这表明，对于始终为非国有控股的银行，降低国有股权有助于同时降低违约风险与信用风险。进一步表明，国有控股银行面临增加或者减少国有股权的两难选择，因为无论国有股权如何变动，都会在减少一种风险时增加另一种风险。因此，对于第一大股东始终为国有股的银行来说，国有股权在发挥金融安全稳定器的同时付出了贷款绩效较低的代价。H8-4 得到了证实。

表 8-11　国有股权占比对违约风险与不良贷款风险的回归结果

变量	全样本银行		第一大股东始终为国有股		第一大股东始终为非国有股	
	(1)	(2)	(3)	(4)	(5)	(6)
	Z-score	NPL	Z-score	NPL	Z-score	NPL
STS	3.0120***	0.0096**	3.9720***	0.0176***	-6.7200***	0.0410***
	(0.9370)	(0.0043)	(1.1500)	(0.0058)	(2.4710)	(0.0122)
Lev	433.8000***	-0.0188	421.3000***	-0.0403	496.2000***	0.0146
	(6.4870)	(0.0293)	(9.4270)	(0.0471)	(14.2900)	(0.0703)
Asset	1.0820***	-0.0095***	1.7190***	-0.0087**	0.1720	-0.0056
	(0.4080)	(0.0019)	(0.6540)	(0.0034)	(0.7290)	(0.0036)
Liquidity	-1.3130	0.0139**	-0.8830	0.0054	-6.6220***	-0.0027
	(1.2870)	(0.0058)	(1.7510)	(0.0087)	(2.0980)	(0.0103)
CTI	12.9400***	-0.0068	15.3000***	-0.0039	12.3700***	-0.0318**
	(1.6990)	(0.0077)	(2.4860)	(0.0124)	(2.5320)	(0.0125)
NIM	109.5000***	-0.4910***	90.6200***	-0.8410***	41.0000	0.2670
	(17.2600)	(0.0782)	(22.0300)	(0.1100)	(37.0800)	(0.1830)
LLRL	7.6350	0.4790***	-1.5660	0.1820*	-23.9000	0.2850**
	(13.5400)	(0.0617)	(20.5700)	(0.1030)	(24.6700)	(0.1210)
Constant	-14.5500***	0.0863***	-19.6600***	0.1010***	-5.3150	0.0627*
	(3.9020)	(0.0178)	(6.2350)	(6.2350)	(6.5810)	(0.0324)
Hausman	RE	FE	RE	FE	FE	FE
R-squared	0.9270	0.1980	0.9370	0.2400	0.9680	0.4640
Wald chi2/F	6652.6400	18.4500	3990.6400	12.1400	367.5700	10.5300
Prob	0	0	0	0	0	0
样本量	552	552	288	288	96	96

注：括号内为标准差。

2. 第一大股东产权属性变化影响违约风险与不良贷款风险的实证结果分析

为证明 H8-5，本节对式（8-4）进行回归，结果如表 8-12 所示。由 Z-Score 和 NPL 可见，国有控股银行面临较低的违约风险与较高的信用风险；4 家第一大股东从国有转为非国有股的银行违约风险最高，信用风险位列第二。

表 8-12 的列（7）和列（9）说明，第一大股东从国有变为非国有的虚拟变量 SH 对 Z 值的系数不显著，即无显著性影响。列（8）和（10）说明，第一大股东从国有股变为非国有股的虚拟变量 SH 对 NPL 在 5% 的水平上有显著负向影响。这表明，第一大股东从国有股变为非国有股对违约风险的影响并不显著，然而显著地降低了不良贷款率，即降低了信用风险。

表 8-12　　第一大股东产权属性变化对违约风险与不良贷款风险的回归结果

变量	第一大股东从国有股变为非国有股		第一大股东从国有股变为非国有股再重回国有股	
	（7）	（8）	（9）	（10）
	Z-score	NPL	Z-score	NPL
SH	−0.6200 (0.8720)	−0.0056** (0.0025)	0.4730 (0.3800)	−0.0021** (0.0011)
Lev	402.5000*** (0.3800)	−0.0356 (0.0662)	413.1000*** (14.1100)	0.1160*** (0.0349)
Asset	2.7970* (1.4730)	−0.0156*** (0.0042)	1.5740 (1.1610)	0.0061*** (0.0013)
Liquidity	4.4890 (5.6770)	0.0197 (0.0163)	8.0130* (4.1430)	0.0007 (0.0064)
CTI	18.2000** (7.1230)	0.0050 (0.0205)	1.0890 (4.1760)	0.0004 (0.0090)
NIM	141.5000* (72.7000)	0.0852 (0.2090)	102.3000* (58.8000)	0.0650 (0.1640)

续表

变量	第一大股东从国有股变为非国有股		第一大股东从国有股变为非国有股再重回国有股	
	(7)	(8)	(9)	(10)
	Z-score	NPL	Z-score	NPL
LLRL	63.4000 (59.4200)	1.6610*** (0.1710)	13.2400 (35.0200)	0.0005 (0.0909)
Constant	-33.6100** (13.9300)	0.0747* (0.0400)	-18.6300* (10.6400)	-0.0474*** (0.0138)
Hausman	FE	FE	FE	RE
R-squared	0.821	0.610	0.953	0.398
F/Wald chi2	55.66	18.97	180.74	65.53
Prob	0	0	0	0
样本量	96	96	72	72
银行数量（个）	4	4	3	3

注：括号内为标准差。

3. 国有股占比对第一大股东产权属性变更影响风险的协同效应

为证明 H8-6，本节对式（8-5）进行回归，结果如表 8-13 所示。

表 8-13　　　　国有股占比协同效应的回归结果

变量	第一大股东从国有股变为非国有股		第一大股东从国有股变为非国有股再重回国有股	
	(11)	(12)	(13)	(14)
	Z-score	NPL	Z-score	NPL
SH	-0.2490 (1.5000)	-0.0168*** (0.0040)	0.5610 (0.9320)	-0.0039** (0.00192)
SH×STS	2.2450 (7.3640)	-0.0677*** (0.0198)	0.6280 (6.1050)	-0.0144 (0.0129)
Lev	404.4000*** (23.9300)	-0.0909 (0.0644)	412.8000*** (14.6300)	0.1160*** (0.0349)

续表

变量	第一大股东从国有股变为非国有股		第一大股东从国有股变为非国有股再重回国有股	
	（11）	（12）	（13）	（14）
	Z-score	NPL	Z-score	NPL
Asset	2.7620* (1.4850)	-0.0146*** (0.0040)	1.5980 (1.1940)	0.0060*** (0.0013)
Liquidity	3.9480	0.0360**	8.2150*	0.00189

注：括号内为标准差。

表 8-13 的列（11）和列（12）说明，对于第一大股东从国有股变为非国有股的银行，SH 和 STS 交乘项对 Z-score 不显著但对 NPL 的系数显著为负。交乘项与自变量系数符号相同。这表明，国有股占比对于产权属性变更影响违约风险无协同效应，但对股东产权属性变更影响信用风险有显著正向的协同效应，即增加国有股权有利于增强第一大股东产权从国有股变成非国有股降低不良贷款风险的作用。

表 8-13 的列（13）和列（14）说明，对于第一大股东从国有股变为非国有股再变回国有股的银行，SH 和 STS 交乘项对 Z-score 和 NPL 的系数均不显著。这表明，国有股占比对于产权属性变更影响风险无协同效应，即增加或减少国有股不产生显著作用。这表明，对于第一大股东从国有股变成非国有股的银行，增加国有股权占比有助于发挥产权属性变革降低信用风险的作用，而对违约风险无影响。对于第一大股东从国有股变成非国有股再重回国有股的银行，降低国有股权占比不改变产权变革对风险的影响。这表明，对于这两类第一大股权产权属性的变革，减少国有股权占比并不能降低违约风险，甚至有可能会增大信用风险。这验证了 H8-6。

（三）稳健性检验

为了确保实证结果的可靠性，运用 Tobit 回归模型进行稳健性分析。对 Z-score 设下限为 0 的 Tobit 回归模型，对 NPL 设下限为 0 上限为 1 的 Tobit 回归模型。结果如表 8-14、表 8-15 和表 8-16 所示，Tobit 回归结果与固定效应回归结果只有系数上的差别，影响方向与显著度是一致的,以上结论均与固定效应模型回归得出的结论一致,表明实证结论非常稳健。

表 8-14　　　　　国有股权占比对违约风险与不良贷款风险的 Tobit 回归结果

变量	全样本银行		第一大股东始终为国有股		第一大股东始终为非国有股	
	(15)	(16)	(17)	(18)	(19)	(20)
	Z-score	NPL	Z-score	NPL	Z-score	NPL
STS	3.0010*** (0.929)	0.0073** (0.0031)	3.9460*** (1.1340)	0.0159*** (0.0047)	-7.5000*** (2.3710)	0.0334*** (0.0118)
Lev	433.8000*** (6.4560)	-0.0387 (0.0273)	421.4000*** (9.3040)	-0.0458 (0.0416)	497.5000*** (13.7600)	0.0180 (0.0675)
Asset	1.0860*** (0.4030)	-0.0038*** (0.0013)	1.6920*** (0.6420)	-0.0060*** (0.0021)	-0.0707 (0.7120)	-0.0057* (0.0033)
Liquidity	-1.2930 (1.2800)	0.0215*** (0.0051)	-0.9060 (1.7290)	0.0071 (0.0078)	-6.8390*** (2.0200)	-0.0016 (0.0099)
CTI	12.9500*** (1.6890)	0.0041 (0.0071)	15.2600*** (2.4560)	0.0032 (0.0112)	11.8700*** (2.4450)	-0.0328*** (0.0118)
NIM	109.5000*** (17.1600)	-0.3740*** (0.0719)	89.9000*** (21.7800)	-0.7640*** (0.0987)	30.3400 (35.8800)	0.2030 (0.1720)
LLRL	7.6080 (13.4500)	0.4000*** (0.0516)	-1.1080 (20.3200)	0.1760** (0.0883)	-18.5500 (23.8800)	0.2990*** (0.1150)
sigma_u	3.8200*** (0.5660)	0.0031*** (0.0006)	3.5290*** (0.7280)	0.0037*** (0.0009)	2.5220*** (0.9390)	0.0067** (0.0027)
sigma_e	1.2530*** (0.0385)	0.0057 (0.0002)	1.1620*** (0.0494)	0.0057*** (0.0002)	0.8260*** (0.0610)	0.0041*** (0.0003)
Constant	-14.6000*** (3.8460)	0.0327*** (0.0125)	-19.4000*** (6.1030)	0.0745*** (0.0200)	-3.1390 (6.5440)	0.0628** (0.0298)
Log likelihood	-969.9850	2049.5080	-484.2042	1065.0182	-128.7290	383.7258
Wald chi2	6705.15	116.53	4063.56	79.36	2781.47	68.64
Prob>chi2	0	0	0	0	0	0
样本量	552	552	288	288	96	96
银行数量(个)	23	23	12	12	4	4

注:括号内为标准差。

表 8-15　第一大股东产权属性变化风险的 Tobit 回归结果

变量	第一大股东从国有股变为非国有股		第一大股东从国有股变为非国有股再重回国有股	
	(21)	(22)	(23)	(24)
	Z-score	NPL	Z-score	NPL
SH	−0.6250 (0.8290)	−0.0046* (0.0025)	0.4690 (0.3590)	−0.0021** (0.0010)
Lev	402.5000*** (21.8800)	−0.0637 (0.0651)	412.4000*** (13.2100)	0.1160*** (0.0329)
Asset	2.7530* (1.4060)	−0.0169*** (0.0041)	1.7450 (1.0630)	0.0061*** (0.0013)
Liquidity	4.8670 (5.4380)	0.0224 (0.0157)	8.1180** (3.7950)	0.0007 (0.0061)
CTI	18.1500*** (6.7280)	−0.0054 (0.0203)	1.6460 (3.9730)	0.0004 (0.0085)
NIM	140.9000** (69.1100)	0.0003 (0.2050)	105.4000* (55.7500)	0.0650 (0.1550)
LLRL	64.6400 (55.7600)	1.5550*** (0.1730)	10.5200 (33.0100)	0.0005 (0.0857)
sigma_u	4.6680*** (1.6700)	0.0084** (0.0036)	2.8550** (1.1860)	0 (0.0004)
sigma_e	2.1240*** (0.1570)	0.0061*** (0.0005)	1.0410*** (0.0887)	0.0030*** (0.0002)
Constant	−33.4300** (13.4000)	0.0928** (0.0396)	−20.1600** (9.9050)	−0.0474*** (0.0130)
Log likelihood	−218.0458	345.2950	−112.8499	316.6917
Wald chi2	424.8700	124.7000	1403.0200	73.7200
Prob>chi2	0	0	0	0
样本量	96	96	72	72
银行数量（个）	4	4	3	3

注：括号内为标准差。

表 8-16　国有股占比协同效应的 Tobit 回归结果

变量	第一大股东从国有股变为非国有股		第一大股东从国有股变为非国有股再重回国有股	
	(25)	(26)	(27)	(28)
	$Z\text{-}score$	NPL	$Z\text{-}score$	NPL
SH	-0.1720 (1.4270)	-0.0161*** (0.0039)	0.4700 (0.8650)	-0.0039** (0.0018)
$SH \times STS$	2.7350 (7.0110)	-0.0700*** (0.0188)	0.0132 (5.6820)	-0.0144 (0.0121)
Lev	404.7000*** (22.5500)	-0.1190* (0.0627)	412.4000*** (13.5000)	0.1160*** (0.0326)
$Asset$	2.7080* (1.4100)	-0.0159*** (0.0039)	1.7460 (1.0760)	0.0060*** (0.0012)
$Liquidity$	4.2260 (5.6770)	0.0387** (0.0153)	8.1220** (4.1410)	0.0019 (0.0061)
CTI	18.6600*** (6.8490)	-0.0189 (0.0195)	1.6430 (4.1600)	-0.0013 (0.0085)
NIM	138.6000** (69.3200)	0.0545 (0.1930)	105.4000* (55.8100)	0.0411 (0.1540)
$LLRL$	63.4800 (55.7900)	1.5800*** (0.1630)	10.5100 (33.6800)	0.0173 (0.0860)
$sigma\_u$	4.6350*** (1.6610)	0.0073** (0.0033)	2.8560** (1.1910)	0 (0.0003)
$sigma\_e$	2.1230*** (0.1570)	0.0057*** (0.0004)	1.0410*** (0.0887)	0.0030*** (0.0002)
$Constant$	-33.0300** (13.4300)	0.0841** (0.0375)	-20.1600** (10.0100)	-0.0466*** (0.0129)
Log $likelihood$	-217.9697	351.7686	-112.8499	317.3997
Wald $chi2$	425.5200	154.9200	1403.0300	76.6200
Prob>chi2	0	0	0	0
样本量	96	96	72	72
银行数量（个）	4	4	3	3

注：括号内为标准差。

四 结论与启示

本节在深化混合所有制改革的大背景下,分类剖析了国有商业银行的国有股权变更及其对商业银行违约风险和信用风险的异质性影响。发现始终国有控股商业银行 Z-score 和 NPL 的均值都高于全样本的均值,在三类国有商业银行的分样本中最高。这表明国有控股商业银行的违约风险较低,但信用风险较高;进一步的面板回归表明,国有控股商业银行的国有股占比与 Z-score 呈显著正相关,与 NPL 呈显著正相关,且系数远高于全样本。这表明,国有控股商业银行提高国有股权占比降低了违约风险,但是增加了信用风险。无论是增加还是减少国有股,国有控股银行的股权变动都无法同时起到降低违约风险与信用风险的作用。而作为对照组,非国有控股银行的回归表明,其可以通过降低国有商业股权同时实现降低违约风险与信用风险的目标。因此,在国内外金融风险加剧的背景下,为了降低信用风险而降低国有控股商业银行的国有股占比是不可取的,因为这样会付出增加违约风险的代价。而应尽可能保持甚至增加国有股占比,以发挥其降低违约风险、稳定金融的作用,并增加贷款管理,尽可能降低对不良贷款率的影响,减少其对信用风险的负面效应。

当商业银行的第一大股东从国有股变为非国有股时,无论是对于第一大股东从国有股变为非国有股的银行,还是对于第一大股东从国有股变为非国有股再变回国有的银行,代表股权变更的虚拟变量 SH 均与 NPL 呈显著负相关,对 Z-score 的影响不显著。这表明,第一大股东产权属性变更有助于降低信用风险,但对违约风险无显著影响。进一步的协同效应分析表明,对于第一大股东从国有股变为非国有股的银行,SH 和 STS 交乘项对 Z-score 影响不显著,但与 NPL 的相关系数显著为负,而对于第一大股东从国有股变为非国有股再变回国有股的商业银行,SH 和 STS 交乘项对 Z-score 和 NPL 的影响均不显著。这表明,对于第一大股东从国有股变成非国有股再变回国有股的商业银行,国有股权无协同效应,降低国有股权占比不改变产权变革对风险的影响。而对于第一大股东从国有股变为非国有股的商业银行,虽然国有股权对于违约风险无协同效应,但对信用风险有显著的正向协同效应,增加国有股权有助于提升产权属性变化降低信用风险的作用。

本节在混合所有制改革背景下，根据不同股权变更方式将样本商业银行进行分组回归，重点分析了不同类型国有股权对违约风险和信用风险的异质性影响。研究结论不仅丰富了国有股权对商业银行风险影响的相关理论，对于国有商业银行甚至整个银行业进一步深化混合所有制改革也有着重要意义。在以政府主导为特征的中国式改革过程中，在可预见的时间内、资本市场仍然无法有效发挥其应有作用的情况下，客观上仍然需要国有商业银行履行必要的社会职能，继续承担各种改革的成本。因此，国家应保持对国有商业银行一定的控制权，在下一阶段的商业银行混合所有制改革应该注重股权结构的调整，虽然随着金融再开放政策外资持股占比不高于51%的限制已放开，但是要根据不同的风险程度对国有股权比例进行调整，不要盲目降低总体的国有股权份额，以防风险失控。在统筹考虑违约风险与信用风险的前提下，国有控股商业银行的国有股权不宜再下降，而应积极发挥其维护金融稳定的作用，并通过加强贷款管理降低其对信用风险的负面影响。对于第一大股东产权属性已经发生变化的国有商业银行，也不宜再降低国有产权占比，甚至对于第一大股东从国有股变非国有股的商业银行应增加国有产权占比，以更好发挥产权属性变更降低信用风险的作用。

第九章

中国国有商业银行的效率分析

虽然国有商业银行作为中国银行体系的主体积极服务实体经济，助力经济转型并发挥着稳定经济金融的"压舱石"作用，但国有商业银行的低效率一直存在。从某种意义上说，正是为了改善国有全资银行的低效率问题，中国的商业银行在 2005 年相继引入了战略投资者并开启了股权改革，四大国有商业银行的股权改革也的确有效提高了国有商业银行的效率。自 2013 年中国取消商业银行的贷款利率最低值的限制之后，曾经存在的利率管制逐步放松，利率市场化水平快速提高，净利差的收窄促进商业银行为争取更多的资金和盈利展开了激烈竞争。通常竞争有助于提高效率。因此，本章拟通过研究国有商业银行的效率，从效率的角度剖析国有商业银行能否高效地利用资源，把储蓄转换为投资。通过对比分析国有商业银行与其他类型商业银行的效率，剖析国有商业银行利用资源、促进资源有效配置的情况。

第一节 国有商业银行效率的理论分析

一 效率的界定

（一）效率的经济学定义

从经济学意义上看，效率是对经济活动质量的评价与描述。由于资源的有限性，让有限的资源发挥最大的作用就涉及对效率的评价，因此在经济学的很多领域"效率"被广泛运用。马克思（1972）在其提出的剩余价值理论中，从价值创新的角度提出来效率的基本内涵，指出"真正的财富即是价值投入尽可能地少而价值创造尽可能地多"。帕累托从资源配置角度给出了经济效率的定义,在既定的资源配置状态下,在不会使其他人境况变坏的前提下,如果一项经济活动不再有可能增进任何人的经济福利,则该项经济活动处于"帕累托最优状态",资源配置最具有经济效率。"帕累托效率"是资源配置效率也是福利经济学的重要概念,即任何一个人福利增加都要以其他人的福利被损害为代价时,整个社会的资源配置就已经没有再改进的空间了,即达到了帕累托最优状态。萨缪尔森从生产角度给出了经济效率的定义,即在给定投入和技术的条件下,无法再增加产品的生产,或者说增加一种商品的生产必须以减少另一种商品的生产为代价,此时经济活动就处于生产可能性边界上。此时,经济资源达到了最大可能的利用,因此是有"经济效率"的。X效率理论强调,在厂商生产过程中,若在生产投入要素给定的条件下,某种产品的增加不会使其他产品减少,则存在X低效率;反之存在X效率。X效率理论最初从成本角度测度生产效率,此后有了多个领域的广泛应用。X效率理论亦成为效率评价中的重要组成部分。

与经济效率相对应的情况则是存在资源的浪费。在经济学中,垄断、污染和政府干预都会破坏自由市场的自发调节机制,导致资源配置的无效率。

(二) 商业银行的效率

商业银行在本质上也是企业,因此商业银行的效率与经济效率的界定在本质上是相同的,经济效率包含了商业银行的效率。因此,经济效率的理念与测度方法也可应用于研究商业银行效率。然而,商业银行不同于一般的生产性企业,其是经营货币的特殊企业。作为资金融通的中介,商业银行经营的是资金的使用权而非所有权。这不同于普通企业。普通企业在生产商品后,随着商品交易进行所有权的等价交换的结束,一个经济活动的流程就结束了。而商业银行经营的是使用权,在将资金贷放出去后还需要把资金回收才算完成一个资金融通过程。商业银行也因其资金融通业务,与企业有千丝万缕的联系,对实体经济活动产生较大的外部性影响。因此,不同于普通企业以追求利润最大化为唯一的目标,商业银行要兼顾安全性、流动性与收益性,不仅要考虑利润最大化,还要考虑资金的流动性与安全性。

商业银行效率测度的核心仍然是测度投入产出的效率，即在控制产出的情况下，追求最小的投入，或者在投入给定的情况下，追求最大的产出。由于商业银行是经营货币的特殊企业，因此在投入产出指标选择上不能仅考虑工商企业通用的人员、资金和利润额等变量。商业银行作为资金融通的中介，通过吸收存款集聚社会的闲散资金，再以贷款的方式为资金的需求者提供资金支持，从而实现将社会储蓄转化为社会投资的功能。因此，从宏观角度来看，商业银行的效率是商业银行系统在经济发展中的作用，是将储蓄更有效地配置到实体产业中，通过支持投资促进经济增长的效率。从微观角度来看，商业银行的效率是对自身金融资源配置的优化程度，是对银行的最优产出和投入组合的分析。本章测度的商业银行效率是微观视角的测度，是基于多个商业银行作为微观决策单位测试的相对效率。不同于一般的工商企业，其投入产出指标的选择只有生产法。由于商业银行是经营货币的特殊企业，业务又分为负债业务、资产业务和中间业务，因此，测试商业银行效率的投入产出指标选择又包括生产法、中介法与资产法。

二 商业银行效率的测度方法

（一）商业银行效率测度方法的演进与优劣分析

商业银行的效率通常以银行的成本收益之比或银行的投入与产出之比进行分析，以定量刻画银行利用资源与高效配置资源的能力。学术界对商业银行效率的测度，最初多采用财务指标法，从而形成了 ROA、ROE、净利润率、成本收入比、资金周转率与不良贷款率等多种单一指标。如 ROA、ROE、净利润率等指标用于衡量银行的盈利能力，不良贷款率不仅可以衡量银行贷款的质量或者效率，也代表商业银行面临的信贷风险。还有一些学者基于多个单一指标进行加权求和计算商业银行效率值，该方法又称杜邦分析法。也有一些学者基于多个单一指标通过主成分分析、因子分析等方法评价效率。这类方法的好处是操作简便，但未能从投入产出的角度评价效率。

目前，较通用的从投入产出角度研究商业银行效率的方法统称前沿分析方法，即通过计算目标样本与前沿面的距离测算待估样本的效率值。前沿分析法分为参数法与非参数法。参数法即需要测算目标函数的参数，因此需要预先设定样本的目标函数和随机干扰项的形式，包括生产函数、成本函数和利润函数，随机干扰项形式包括白噪声和无效率部分，无效率部分的分布可分为正态分布、截断正态分布、指数分布和Gamma分布等。将函数形式与随机干扰项分布进行组合，参数分析法还可以进一步分为随机前沿法（SFA）及自由分布法（DFA），参数法的生产前沿面的测算是基于设定的生产函数形式和随机干扰项分布形式，运用全样本形成最优个体的产出组合。基于生产函数给定一个待估样本的投入要素观察值就会形成对应产出组合，各样本投入要素经生产函数作用得到的产出与处于前沿面上的产出之比就是该样本的效率值。由于生产函数的被解释变量只有一个，因此参数法多用于测度单一产出情况下的投入产出效率。虽然参数方法能够区别函数本身与随机干扰项，从而区分无效率部分与随机误差部分对效率值的影响，但无论是SFA 还是 DFA，都需要较精确的数据以主观设定生产函数的形式和随机扰动项的形式，因此可能存在误差。

非参数法无须确定具体的生产函数，而是运用线性规划的方法及对偶原理分析投入与产出的关系形成生产前沿面，并由此测定各样本的效率。因此，非参数法解决了参数法生产函数不易确定的弊端，无须估计函数中的各个参数，且无须对样本数据值做标准化处理就可以对投入产出多及时间跨度长的数据进行全面的效率分析。这也使非参数法成为普遍采用的效率测度方法，其中应用得最多的是数据包络法（DEA），该方法经过多年的发展已经形成了140余种模型。

在运用 DEA 测度商业银行效率时，被测度的商业银行就成为各个决策单元（DMU），这里所说的效率就是各个决策单元的投入产出效率。生产前沿就是由最佳决策单元的输出输入项组成的数据包络线。各决策单元与生产前沿面之间的距离就是各样本效率水平，即各商业银行的效率。各商业银行与生产前沿面越近，效率就越高。

（二）数据包络分析法（DEA）

DEA 利用线性规划方法，基于全部决策单元数据形成由最优决策单元构成的前沿面，再以各决策单元与前沿面的距离判断其效率水平。DEA 的基础模型是 CCR 模型，该模型由 Charnes、Cooper 和 Rhodes 提出，在假设规模收益不变的前提下，测算综合效率，包含纯技术效率与规模效率成分。其基本原理是假设测量一组共有 n 个 DMU 的技术效率，

记为 $DMU_j(j=1, 2, \cdots, n)$；每个 DMU 有 p 种投入，记为 $x_i(i=1, 2, \cdots, p)$，投入的权重记为 $v_i(i=1, 2, \cdots, p)$；每个 DMU 有 q 种产出，记为 $y_r(r=1, 2, \cdots, q)$，产出的权重记为 $w_r(r=1, 2, \cdots, q)$，将当前需要测量的 DMU 记为 DMU_k，其投入产出比则可以表示为

$$h_k = \frac{w_1 y_{1k} + w_2 y_{2k} + \cdots + w_q y_{qk}}{v_1 x_{1k} + v_2 x_{2k} + \cdots + v_p x_{pk}} = \frac{\sum_{r=1}^{q} w_r y_{rk}}{\sum_{r=1}^{p} v_i x_{ik}}, \quad v \geq 0, \ w \geq 0 \quad (9-1)$$

然后添加限定条件，使所有 DMU 采用上式确定的权重 v 和 w 计算得出的效率值 θ_j 位于 [0, 1] 的区间内，即

$$\frac{\sum_{r=1}^{q} w_r y_{rk}}{\sum_{i=1}^{p} v_i x_{ik}} \leq 1 \quad (9-2)$$

在 CCR 模型的基础上，Banker 等（1984）提出了规模报酬递增的 BCC 模型，研究效率改进问题的径向和非径向两类 DEA 模型也应运而生。所谓径向，是指为改进处于效率前沿面内部的决策单元的状况对各种投入要素或者产出要素做相同程度的调整。对于商业银行来说，投入要素不仅包括人力还有存款额，存款额受货币政策及人们的储蓄偏好影响，因此提高商业银行的效率往往不能实现所有投入要素等比例调整，所以本节 DEA 方法中采用的是非径向方向距离函数（Non-radial Directional Distance Function, NDDF）。该方法能够将非零的松弛变量考虑在内，避免效率值被高估。同时，设定方向向量还能将非合意产出考虑在内。

非径向方向性距离（NDDF）方法测度效率的原理是基于投入向量 x，形成期望产出向量 y 和非期望产出向量 b。在向量 $\omega = (\omega^x, \omega^y, \omega^b)^T$ 表示标准化的权重、向量 $\beta = (\beta^x, \beta^y, \beta^b)^T$ 表示 x、y 和 b 变动的比例下，力图实现下面的数学规划目标：

$$\vec{D}(x, y, b; g) = \max \omega_m^x \beta_m^x + \omega_s^y y + \omega_j^b \beta_j^b \quad (9-3)$$

约束条件如下：

$$\begin{cases} \sum_{r=1}^{R}\sum_{n=1}^{N} z_n^r x_{mn} \leq x_m - \beta_m^x g_m^x & m = 1, 2, 3, \cdots, M \\ \sum_{r=1}^{R}\sum_{n=1}^{N} z_n^r y_{sn} \geq y_s + \beta_s^y g_s^y & s = 1, 2, 3, \cdots, S \\ \sum_{r=1}^{R}\sum_{n=1}^{N} z_n^r b_{jn} = b_j - \beta_j^b g_j^b & j = 1, 2, 3, \cdots, J \end{cases}$$

$z_n^r \geq 0$, $n = 1, 2, 3, \cdots, N$, $r = 1, 2, 3, \cdots, R$,

$\beta_m^x, \beta_s^y, \beta_j^b \geq 0$ (9-4)

结合实际问题对标准化向量进行取值,并代入 x、y、b 的实际值对 $\beta = (\beta^x, \beta^y, \beta^b)^T$ 进行求解,最后将需要求解的指标用 β 进行表示即可获得测度值。

国内外学者多次用 DEA 方法测度商业银行的效率,Sherman 和 Gold（1985）首次运用 DEA 测算商业银行的效率。张健华（2003）运用改良后的 DEA 模型分类测度并对比分析了不同类型商业银行的效率。赵昕等（2002）运用投入与产出双导向的 DEA 模型测度商业银行的经营效率。朱宁等（2018）运用多方向效率分析方法（MEA）进行测度,指出非利息收入不足及高不良贷款率是经济新常态下商业银行低效率的主要原因。周逢民等（2010）运用 DEA 模型测度了中国 15 家商业银行的总效率、资金汇集效率和资金经营效率。罗蓉和袁碧蓉（2017）利用两阶段 DEA 模型进行测度指出中国商业银行的总效率无显著波动,投资阶段银行效率减小、筹资阶段银行的效率增加。丁曼等（2013）运用三阶段 DEA 模型,测度了商业银行资金汇集、资金分配和盈利阶段的效率。

（三）投入和产出指标的选择

合理的投入与产出指标是继测度方法后进行效率评估的关键。研究商业银行效率,投入与产出指标的选择共有三种方法,包括生产法、中介法和资产法。生产法在本质上仍将银行视为追求盈利的生产性企业。商业银行为运营也同生产企业一样需要投入经济学中经典的资本和劳动两类生产要素,可用固定资产的规模、员工总数或者营业费用将这两类要素具体化。只不过其产出是存贷款而不是普通生产企业的实体商品,即银行将存贷款的账户数量作为其生产产出。与生产法不同,中介法不再将商业银行视作追求盈利的生产企业，而是融通资金的金融中介。商业银行作为资金的需求者，其经典投入要素是资本，可以细化为利息支出和非利息支出；作为资金的供给者，商业银行的产出可以是代表资金融通成果的利润与从市场上筹集的可贷资金等。生产法与中介法各有优劣，前者用账户数目衡量产出，存量数据不能反映会计年度内产出，流量数据又不易获得；后者将银行的资金融通功能分隔，不符合商业银行实际经营情况。资产法则将商业银行产出定义为资产负债表中的资产项，然而现有文献表明学者一般很少使用这种方法，因为商业银行的资产不是经营的目标，而是经营的手段。

三 国有商业银行效率的相关争论

国有股权是否会影响商业银行的效率在学术界存在争论，一些学者认为国有股权不会影响商业银行的效率，而一些学者认为国有股权会降低国有商业银行的效率。

一些学者指出，由于商业银行的管理者不仅受到市场效率的约束还受到较严格的金融监管约束，国有商业银行的效率与民营商业银行的效率不相上下（Fama，1980）。很多学者强调私有化不是提高商业银行效率的充分条件，国有股权不必然导致商业银行低效率。土耳其的国有商业银行比股份制商业银行的效率还高（Zaim et al.，1995）。印度的私有银行效率低于国有商业银行（Bhattacharyya et al.，1997；Sathye，2003）。对转型国家商业银行的实证分析表明，私有化与外国产权对商业银行的成本效率无显著影响（Bonin et al.，2005；Fries and Taci，2005）。德国的私有商业银行的效率并不比国有产权银行高（Altunbas et al.，2004）。

还有一些学者指出政府的干预使国有股权降低了商业银行的效率（Barth et al.，2001），国有商业银行的效率低于私有股权的商业银行（Berger et al.，2004）。在 20 世纪 70 年代较高比例的国有股权降低了金融发展的速度，抑制了人均 GDP 的增长，也引发了政府干预主义的兴起（Porta et al.，2002）。在经济转型时，外资商业银行的效率是最高的，而国有商业银行的效率最低（Bonin et al.，2005）。在对中国国有商业银行的研究中，大多数学者指出国有股权会导致低效率（Jiang et al.，2009）。中国商业银行主要分为国有商业银行、股份制商业银行和城市商业银行三大类。一些学者指出国有商业银行的效率低于股份制商业银行（Ariff and Can，2008）。外资商业银行的效率最高而国有商业银行的效率最低（Berger et al.，2009）。股份制与城市商业银行的效率都高于国有商业银行（张健华，2003，Jiang et al.，2013；Feng et al.，2017）。中国的影子银行业务对国有商业银行效率的影响虽然是负值，但使股份制银行的效率显著提升，对中小银行的效率无显著影响（李丽芳等，2021）。在传统 DEA 模型中引入交叉效率测度中国商业银行效率的结果表明，城市商业银行的效率最高，股份制商业银行次之而国有商业银行的效率最低（薛凯丽等，2021）。

第二节 国有商业银行与非国有商业银行效率的实证分析

一 两阶段商业银行效率的 DEA 测度方法

传统的一阶段 DEA 模型仅测算商业银行的生产效率，并不考虑商业银行的市场效率，即商业银行贷款的市场效益转化能力。自 Fare 等（2007）提出了网络 DEA 模型后，多阶段的 DEA 模型得到了广泛的发展与应用。两阶段的 DEA 模型将商业银行的效率测度分成生产效率阶段与市场效率阶段两个阶段，第一阶段，即生产阶段的产出贷款作为第二阶段即市场阶段的投入变量，由此可以测度商业银行的总体效率及分阶段的效率情况。为了更全面地反映中国国有商业银行在上市后的整体效率，本节借鉴 Chen 等（2019）的两阶段 DEA 模型，假设规模报酬不变、以产出为导向的两阶段 DEA 模型测度 2012—2018 年 16 家上市商业银行的效率，并将银行效率划分为生产效率和市场效率两个阶段。如表 9-1 所示，在第一阶段，即生产阶段以员工总数及存款总额分别代表劳动力投入和资本投入，将人力与资本成本的投入转化为银行盈利资产，即贷款总额与金融市场投资额，单位为百万元。第一阶段的产出除金融市场投资及贷款总额之外，加入了不良贷款余额以衡量不良产出。借鉴张进铭等（2012）的研究，商业银行的不良贷款产出使银行需要计提更多的不良贷款准备或用利润冲销不良贷款，若不考虑商业银行的不良贷款则会高估商业的银行效率。因此，在第一阶段加入不良贷款余额作为不良产出，单位为百万元。第一阶段衡量了商业银行在生产阶段的经营效率。第二阶段衡量了商业银行的生产效率向市场效率转变的过程，因此贷款总额作为联系变量（link）既是第一阶段的产出也是第二阶段的投入。以银行市值与市盈率为第二阶段的产出，反映商业银行的市场竞争力，以测算银行市场效率的过程。此外，为了进行动态的 DEA 分析，选取固定资产净值，作 t 时期与 $t+1$ 时期的连接变量（carry-over），单位为百万元。

表 9-1　　　　　　　　　　投入及产出变量

阶段	投入变量	产出变量	联系变量	连接变量
第一阶段	员工总数	金融市场投资额	贷款总额	固定资产净值
	存款总额	贷款总额		
		不良贷款余额		
第二阶段	贷款总额	总市值		
		市盈率		

图 9-1 是基于投入产出指标，给出两阶段 DEA 的效率测度动态图，从中不仅可以看出 t 时期与 $t+1$ 时期的投入产出，还可以看出第一阶段与第二阶段的投入产出逻辑，以及第一阶段和第二阶段的连接。

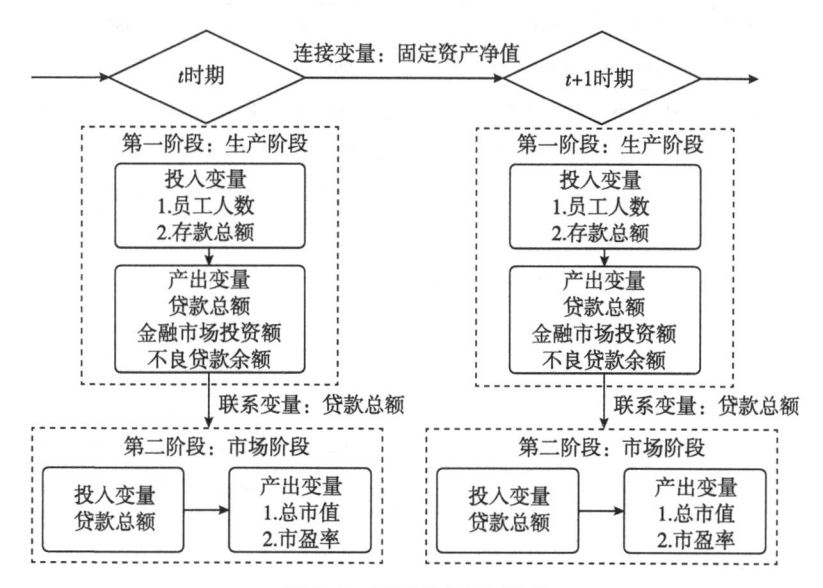

图 9-1　两阶段 DEA 模型

二 投入与产出要素的描述性统计

本节以中、农、工、建、交五大国有商业银行,招商、中信、光大、华夏、民生、兴业、平安和浦发八大股份制商业银行,北京、南京和宁波三家城市商业银行为研究对象。以上16家商业银行在2012—2018年投入产出指标数据的描述性统计如表9-2所示。

表9-2 2012—2018年16家商业银行投入产出指标数据描述性统计

年份	项目	员工总数（人）	存款总额（百万元）	贷款总额（百万元）	金融市场投资额（百万元）	不良贷款余额（百万元）	总市值（百万元）	市盈率（倍）
2012	均值	121713.00	4001987.21	2719926.97	691.82	25130.21	394300.45	6.20
	标准差	161676.37	4490059.66	2913709.96	912.48	30625.28	459966.02	0.60
	最小值	3862.00	207577.27	125268.66	39.32	1044.00	27314.19	5.19
	最大值	461100.00	13642910.00	8803692.00	2974.56	85848.00	1477795.79	7.56
2013	均值	128948.25	4401522.22	3074260.43	837.08	30065.18	361189.65	4.98
	标准差	166237.97	4817607.76	3275744.68	904.05	33920.67	409344.07	0.54
	最小值	4509.00	255278.33	146961.40	52.05	1307.68	24018.67	4.30
	最大值	478980.00	14620825.00	9922374.00	2977.40	93689.00	1304826.80	6.59
2014	均值	131212.13	4731411.23	3435885.34	998.00	41771.18	511489.26	7.57
	标准差	170855.86	5085007.11	3623818.55	886.59	45652.36	510037.71	1.00
	最小值	6423.00	306531.83	174685.21	88.14	1639.12	43494.87	6.22
	最大值	493583.00	15556601.00	11026331.00	2927.04	124970.00	1686365.60	9.36
2015	均值	135234.44	5099327.11	3793347.45	1352.85	62137.58	481704.07	7.26
	标准差	171232.95	5368663.76	3926279.18	1051.89	68987.26	459704.15	0.97
	最小值	7390.00	355685.63	251197.55	103.92	2081.68	59577.41	5.81
	最大值	503082.00	16281939.00	11933466.00	3246.68	212867.00	1575126.93	9.24
2016	均值	135756.13	5617714.74	4254523.97	1541.62	72456.06	481090.71	6.68
	标准差	167983.23	5952831.53	4279187.27	1076.95	75299.99	469104.04	0.95
	最小值	8818.00	511404.98	302506.68	138.96	2765.47	64892.57	5.47
	最大值	496698.00	17825302.00	13056846.00	3506.91	230834.00	1550007.21	8.34

续表

年份	项目	员工总数（人）	存款总额（百万元）	贷款总额（百万元）	金融市场投资额（百万元）	不良贷款余额（百万元）	总市值（百万元）	市盈率（倍）
2017	均值	134561.13	5949958.68	4709070.42	1625.39	75270.35	577731.82	7.44
	标准差	164569.74	6395084.49	4655683.23	1235.50	72913.54	603201.67	1.41
	最小值	9854.00	565253.90	346200.78	156.11	2838.55	65652.29	5.82
	最大值	487307.00	19226349.00	14233448.00	4148.59	220988.00	2127947.86	10.43
2018	均值	133489.75	6452310.76	5194410.73	1257.40	80024.16	522523.47	5.93
	标准差	161169.70	6930876.73	5002910.35	1319.95	74378.73	554252.00	0.90
	最小值	10721.00	646721.38	429086.93	0.19	3352.71	54795.06	4.54
	最大值	473691.00	21408934.00	15419905.00	4548.31	235084.00	1851362.19	7.89

资料来源：Wind 数据库。

表 9-2 显示的是 2012—2018 年上述 16 家商业银行的投入产出情况，从均值可以看出，样本银行在生产阶段投入的员工总数（L）的均值没有明显变化，而存款总额（DEP）、贷款总额（L）及不良贷款余额（NPL）的均值逐年上升。金融市场投资额（INV）、总市值（V）与市盈率（PE）的均值在 2012—2017 年逐年上升，但在 2018 年略有下降。

从最大值与最小值可以看出，各家商业银行的员工总数、存贷款规模与金融市场投资额有显著差异，特别是金融市场投资额的最大值是最小值的 2 万多倍。可见，样本商业银行的经营规模有较大的差异。从不良贷款余额的最小值与最大值可以看出，样本商业银行的资产管理水平与风险控制能力也有显著的差异。

三　国有商业银行与非国有商业银行效率值的对比分析

通过测算上述 16 家上市商业银行共计 7 年的效率值，按照中、农、工、建、交五大行和其他国有商业银行即股份制商业银行与城市商业银行进行分组。通过比较两组商业银行 7 年间的平均水平的差异，可以从总效率、生产效率、市场效率及相关的投入产出指标的效率角度分析国有商业银行与非国有商业银行的效率差异。

（一）国有与非国有商业银行的总效率

表9-3给出了16家商业银行在2012—2018年总效率均值情况。

表9-3　　16家商业银行2012—2018年总效率均值

DMU	总效率值
工商银行	0.8542
建设银行	0.7519
交通银行	0.7540
农业银行	0.6146
中国银行	0.7172
北京银行	0.9711
光大银行	0.8948
华夏银行	0.6386
民生银行	0.8787
南京银行	0.9878
宁波银行	0.9834
平安银行	0.8766
浦发银行	0.8180
兴业银行	0.9693
招商银行	0.9079
中信银行	0.7052
国有商业均值	0.7384
非国有商业均值	0.8756
全样本均值	0.8327

可以看出，五大国有商业银行在2012—2018年总效率值为0.7384，远低于非国有商业银行的均值0.8756。可见，国有商业银行包括生产效率与市场效率的总效率低于非国有商业银行的，即国有商业银行二阶段DEA的效率总值低于非国有商业银行的。从五大国有商业银行的内部来看，工商银行的效率最高为0.8542。

如表9-4给出了16家商业银行2012—2018年每年的总效率值。可以看出，国有商业银行2012—2018年每年的总效率均低于非国有商业银行的。2012年的国有商业银行总效率的均值低于非国有商业银行的，相差0.0414，是样本期内的国有商业银行与非国有商业银行总效率差距最小的年份。2017年的国有商业银行总效率的均值低于非国有商业银行的，相差0.1495，是样本期内的国有商业银行与非国有商业银行总效率差距最大的年份。可见在2018年前，国有商业银行与非国有商业银行总效率的差距总体在扩大，在2018年差距才有所缩小，二者的差距为0.0593。

表9-4　16家商业银行2012—2018年每年的总效率值

DMU	2012年	2013年	2014年	2015年	2016年	2017年	2018年
工商银行	0.9290	0.9263	0.9191	0.9342	0.8958	0.8740	0.8768
建设银行	0.9287	0.9288	0.8400	0.7959	0.8954	0.7581	0.8158
交通银行	0.8348	0.8180	0.8854	0.8102	0.8332	0.8245	0.9492
农业银行	0.8473	0.8080	0.8040	0.7752	0.7303	0.7110	0.7452
中国银行	0.8126	0.8124	0.8823	0.9879	0.9512	0.7052	0.7243
北京银行	1.0000	0.9648	0.9584	0.9475	0.9991	1.0000	1.0000
光大银行	0.9682	0.8914	0.9891	0.9257	0.7846	1.0000	1.0000
华夏银行	0.7062	0.8407	0.7809	0.7311	0.7426	0.8022	0.8559
民生银行	0.8860	0.9292	0.9695	0.9507	0.9736	0.9121	0.8488
南京银行	1.0000	1.0000	1.0000	1.0000	0.9856	0.9772	0.9564
宁波银行	0.9758	0.9494	1.0000	1.0000	1.0000	1.0000	1.0000
平安银行	1.0000	1.0000	1.0000	0.9568	1.0000	0.9929	0.6379
浦发银行	0.8920	0.9994	0.9445	0.9607	0.9680	0.8288	0.6821
兴业银行	0.9339	0.9312	1.0000	1.0000	1.0000	1.0000	1.0000
招商银行	0.9207	0.9406	0.8925	0.9269	0.9447	0.9650	1.0000
中信银行	0.7481	0.7892	1.0000	1.0000	0.9367	0.6870	0.7149
国有商业银行均值	0.8705	0.8587	0.8662	0.8607	0.8612	0.7746	0.8222
非国有商业银行均值	0.9119	0.9305	0.9577	0.9454	0.9395	0.9241	0.8815
国有减非国有商业银行的效率值	-0.0414	-0.0718	-0.0915	-0.0847	-0.0783	-0.1495	-0.0593

在国有商业银行中，工商银行的总效率是较高的，但在样本期内效率呈递减趋势，在2015年前总效率值均在0.9000以上，此后三年则均低于0.9000，建设银行的总效率在样本期内呈"W"形变化，先降后升，从2012年的0.9287下降至2015年的0.7959，此后在2016上升至0.8954后又在2017年下降至0.7581，2018年上升至0.8158。交通银行的总效率值亦呈"W"形变化，只不过"W"中间的高点是在2014年，在2018年效率达到了样本期内的最高值0.9492。农业银行的总效率值在五大国有商业银行中最低，呈递减趋势，从2012年的最高点0.8473降至2018年的0.7452。中国银行的总效率呈倒"U"形变化，从2012年的0.8126上升至2015年的0.9879，2018年下降至0.7243。

在非国有商业银行中，北京银行、光大银行、兴业银行、招商银行和宁波银行在样本期的后期达到了生产的前沿面；南京银行、平安银行和北京银行在样本期初期达到了生产的前沿面；中信银行则在样本的中期，即2014年和2015年达到了生产的前沿面。在所有的样本银行中，没有任何一家商业银行一直处于生产的前沿面上。2012—2018年，国有商业银行的平均效率值总体上呈减少的趋势，而非国有商业银行的总效率值呈倒"U"形变化，在样本期后期亦呈减少的趋势，但国有商业银行的效率一直低于非国有商业银行的。

（二）国有与非国有商业银行的生产效率

表9-5给出了16家商业银行2012—2018年每年的生产效率值。

表9-5　　16家商业银行2012—2018年每年的生产效率值

DMU	2012年第一阶段	2013年第一阶段	2014年第一阶段	2015年第一阶段	2016年第一阶段	2017年第一阶段	2018年第一阶段
工商银行	0.8581	0.8527	0.8382	0.8685	0.7915	0.748	0.7535
建设银行	0.8573	0.8577	0.6799	0.5918	0.7908	0.5162	0.6316
交通银行	0.6695	0.6359	0.7708	0.6204	0.6663	0.6490	0.8983
农业银行	0.7065	0.6160	0.6081	0.5504	0.4606	0.4220	0.4904
中国银行	0.6252	0.6248	0.7647	0.9757	0.9024	0.4103	0.4486
北京银行	1.0000	0.9296	0.9168	0.8951	0.9982	1.0000	1.0000
光大银行	1.0000	0.7828	0.9783	0.8513	0.5693	1.0000	1.0000

续表

DMU	2012年第一阶段	2013年第一阶段	2014年第一阶段	2015年第一阶段	2016年第一阶段	2017年第一阶段	2018年第一阶段
华夏银行	0.4123	0.6815	0.5618	0.4621	0.5303	0.6601	0.8281
民生银行	0.7720	0.8584	0.9391	0.9014	0.9471	0.8243	0.6976
南京银行	1.0000	1.0000	1.0000	1.0000	1.0000	1.0000	1.0000
宁波银行	0.9517	0.8989	1.0000	1.0000	1.0000	1.0000	1.0000
平安银行	1.0000	1.0000	1.0000	1.0000	1.0000	1.0000	0.2759
浦发银行	0.7840	1.0000	1.0000	0.9214	0.9360	0.6576	0.3642
兴业银行	0.8677	0.8624	1.0000	1.0000	1.0000	1.0000	1.0000
招商银行	0.8414	0.8813	0.7850	0.8538	0.8893	0.9299	1.0000
中信银行	0.4961	0.5784	1.0000	1.0000	0.8734	0.3740	0.4297
国有商业银行均值	0.7433	0.7174	0.7323	0.7214	0.7223	0.5491	0.6445
非国有商业银行均值	0.8296	0.8612	0.9255	0.8986	0.8858	0.8587	0.7814
国有与非国有商业银行效率差	−0.0863	−0.1438	−0.1932	−0.1772	−0.1635	−0.3096	−0.1369

如表 9-5 所示，国有商业银行在 2012—2018 年每年的生产效率均低于非国有商业银行的。2012 年，国有商业银行的生产效率均值低于非国有商业银行的，相差 0.0863，是样本期内的国有商业银行与非国有商业银行的生产效率差距最小的年份。2017 年，国有商业银行的生产效率均值低于非国有商业银行的，相差 0.3096，是样本期内的国有商业银行与非国有商业银行的生产效率差距最大的年份。可见在 2018 年前，国有商业银行与非国有商业银行生产效率的差距总体在扩大，在 2018 年差距才有缩小，二者相差 0.1369。且国有商业银行每年生产效率的值均低于其总效率。

在国有商业银行中，工商银行的生产效率总体是较高的，但在样本期内效率也呈递减趋势，在 2015 年前生产效率值均在 0.83 以上，此后三年则均低于 0.8000；建设银行的生产效率在样本期内呈"W"形变化，先降后升，从 2012 年的 0.8573 下降至 2015 年的 0.5918，此后在

2016上升至0.7908，在2017年下降至0.5162，2018年上升至0.6316；交通银行的生产效率值也呈"W"形变化，只不过"W"中间的高点是在2014年，在2018年生产效率达到了样本期内的最高值0.8983；农业银行的生产效率在五大国有商业银行中最低，呈递减趋势，从2012年的最高点0.7065降至2017年的0.4220，在2018年小幅回升至0.4904；中国银行的生产效率呈倒"U"形变化，从2012年的0.6252上升至2015年的0.9757，此后至2018年下降至0.4486。

在非国有商业银行中，南京银行在整个样本期内的生产效率一直处于生产的前沿面上；北京银行、光大银行、兴业银行、招商银行和宁波银行在样本期的后期达到了生产的前沿面；平安银行、光大银行和北京银行在样本期的初期达到了生产的前沿面；浦发银行和中信银行则在样本期的中期，即浦发银行在2013年和2014年、中信银行在2014年和2015年生产效率达到了生产的前沿面。2012—2018年，国有商业银行的生产效率得分总体上呈减少的趋势，而非国有商业银行的生产效率得分呈倒"U"形变化，在样本期的后期也呈减少的趋势，但国有商业银行的生产效率一直低于非国有商业银行的。

（三）国有与非国有商业银行的市场效率

表9-6给出了16家商业银行2012—2018年每年的市场效率值，即第二阶段的效率值。

表9-6　16家商业银行2012—2018年每年的市场效率值

DMU	2012年第二阶段	2013年第二阶段	2014年第二阶段	2015年第二阶段	2016年第二阶段	2017年第二阶段	2018年第二阶段
工商银行	1.0000	1.0000	1.0000	1.0000	1.0000	1.0000	1.0000
建设银行	1.0000	1.0000	1.0000	1.0000	1.0000	1.0000	1.0000
交通银行	1.0000	1.0000	1.0000	1.0000	1.0000	1.0000	1.0000
农业银行	0.9880	1.0000	1.0000	1.0000	1.0000	1.0000	1.0000
中国银行	1.0000	1.0000	1.0000	1.0000	1.0000	1.0000	1.0000
北京银行	1.0000	1.0000	1.0000	1.0000	1.0000	1.0000	1.0000
光大银行	0.9364	1.0000	1.0000	1.0000	1.0000	1.0000	1.0000
华夏银行	1.0000	1.0000	1.0000	1.0000	0.9549	0.9444	0.8837

续表

DMU	2012年第二阶段	2013年第二阶段	2014年第二阶段	2015年第二阶段	2016年第二阶段	2017年第二阶段	2018年第二阶段
民生银行	1.0000	1.0000	1.0000	1.0000	1.0000	1.0000	1.0000
南京银行	1.0000	1.0000	1.0000	1.0000	0.9711	0.9544	0.9128
宁波银行	1.0000	1.0000	1.0000	1.0000	1.0000	1.0000	1.0000
平安银行	1.0000	1.0000	1.0000	0.9136	1.0000	0.9858	1.0000
浦发银行	1.0000	0.9988	0.8890	1.0000	1.0000	1.0000	1.0000
兴业银行	1.0000	1.0000	1.0000	1.0000	1.0000	1.0000	1.0000
招商银行	1.0000	1.0000	1.0000	1.0000	1.0000	1.0000	1.0000
中信银行	1.0000	1.0000	1.0000	1.0000	1.0000	1.0000	1.0000
国有商业银行均值	0.9976	1.0000	1.0000	1.0000	1.0000	1.0000	1.0000
非国有商业银行均值	0.9942	0.9999	0.9899	0.9921	0.9933	0.9895	0.9815
国有与非国有商业银行效率差	0.0034	0.0001	0.0101	0.0079	0.0067	0.0105	0.0185

如表9-6所示，国有商业银行2012—2018年每年的市场效率均高于非国有商业银行的，且除2012年外，国有商业银行的市场效率值一直都是1.0000，处于市场的前沿面上。2013年，国有商业银行市场效率与非国有商业银行最接近，仅高出非国有商业银行0.0001。2017年，国有商业银行的市场效率均值高出非国有商业银行0.0105，是样本期内的国有商业银行的市场效率高出非国有商业银行的最大的年份。国有商业银行与非国有商业银行的市场效率均较高，不仅国有商业银行在大部分样本期内达到了前沿面，非国有商业银行的市场效率也均在0.9900附近。无论是国有商业银行还是非国有商业银行，其市场效率均高于生产效率。可见，在金融市场上投资者对国有商业银行股票的投资热情高于非国有商业银行股票的。

在国有商业银行中，除2012年农业银行的市场效率外，全部国有商业银行在样本期内均是1.0000，即一直处于市场效率的前沿面上。在非国有商业银行中，北京银行、民生银行、宁波银行、兴业银行、招商银行、中信银行在整个样本期内一直处于市场效率的前沿面上；光大银行除 2012 年外，其他样本期内一直处于市场效率的前沿面上；华夏银行和南京银行在样本期的初期达到了市场效率的前沿面；浦发银行和平安银行则除在样本期的中期未达到市场效率的前沿面外，样本期的初期与后期均在市场效率的前沿面上，即浦发银行在 2013 年和 2014 年、平安银行在 2015 年和 2017 年市场效率均未能达到市场效率的前沿面。

（四）国有与非国有商业银行的投入效率

1. 员工（P）的投入效率

表 9-7 给出了 16 家商业银行 2012—2018 年每年投入要素（员工总数）的效率得分。

表 9-7　16 家商业银行 2012—2018 年每年投入要素（员工总数）的效率值

DMU	2012 年	2013 年	2014 年	2015 年	2016 年	2017 年	2018 年
工商银行	0.6426	0.6436	0.4855	0.6451	0.6088	0.5075	0.6945
建设银行	0.6942	0.6233	0.4786	0.4911	0.6576	0.4472	0.6045
交通银行	0.6848	0.7586	0.6619	0.6993	0.7998	0.7872	0.7729
农业银行	0.3872	0.4493	0.3567	0.4143	0.3516	0.3720	0.4263
中国银行	0.4933	0.5766	0.5204	0.6962	0.6666	0.3798	0.4019
北京银行	1.0000	0.9635	0.9566	0.9446	0.9991	1.0000	1.0000
光大银行	0.8584	0.8445	0.9890	0.9197	0.7255	1.0000	1.0000
华夏银行	0.5143	0.7524	0.6116	0.5568	0.4837	0.5308	0.6160
民生银行	0.7143	0.7990	0.5985	0.8004	0.9728	0.9037	0.8219
南京银行	1.0000	1.0000	1.0000	1.0000	1.0000	1.0000	1.0000
宁波银行	0.8979	0.6959	1.0000	1.0000	1.0000	1.0000	1.0000
平安银行	1.0000	1.0000	1.0000	1.0000	1.0000	1.0000	0.4324
浦发银行	0.6677	1.0000	1.0000	0.9591	0.9670	0.7935	0.5164
兴业银行	0.7629	0.5557	1.0000	1.0000	1.0000	1.0000	1.0000
招商银行	0.9103	0.8782	0.6705	0.7398	0.9244	0.7878	1.0000
中信银行	0.6632	0.7329	1.0000	1.0000	0.9324	0.5444	0.6011
国有商业银行均值	0.5804	0.6103	0.5006	0.5892	0.6169	0.4987	0.5800
非国有商业银行均值	0.8172	0.8384	0.8933	0.9019	0.9095	0.8691	0.8171

续表

DMU	2012年	2013年	2014年	2015年	2016年	2017年	2018年
国有与非国有商业银行效率差	-0.2368	-0.2281	-0.3927	-0.3127	-0.2926	-0.3704	-0.2371

如表9-7所示，国有商业银行2012—2018年每年投入员工的效率，即人工效率均低于非国有商业银行的。2013年，国有商业银行员工投入效率均值低于非国有商业银行的，相差0.2281，是样本期内的国有商业银行与非国有商业银行员工投入效率差距最小的年份。2014年，国有商业银行员工投入效率均值低于非国有商业银行的，相差0.3927，是样本期内的国有商业银行与非国有商业银行员工投入效率差距最大的年份。在样本期内，国有商业银行与非国有商业银行员工投入效率的差距处于高低交替的小幅波动中，总体上国有商业银行的员工投入效率远低于非国有商业银行的，员工投入效率差远大于国有商业银行与非国有商业银行的生产效率差。

在国有商业银行中，工商银行的员工投入效率在样本期内处于小幅波动中，在2014年员工投入效率值为0.4855，是样本期内的最低值，在2018年员工投入效率达到了最高值0.6945。建设银行的员工投入效率在样本期内呈"W"形变化，先降后升，从2012年的0.6942下降至2014年的0.4786，此后在2016上升至0.6576，在2017年下降至0.4472，2018年上升至0.6045。交通银行的员工投入效率值在样本期内呈小幅波动，在2014年员工投入效率最低，为0.6619，在2016年员工投入效率达到了样本期内的最高值0.7998。农业银行的员工投入效率在0.3500—0.4500小幅波动，远低于交通银行0.6600—0.7900的波动区间。中国银行的员工投入效率呈倒"U"形变化，从2012年的0.4933上升至2015年的0.6962，此后降至2017年的0.3798，2018年回升至0.4019。

在非国有商业银行中，南京银行在整个样本期内一直处于员工投入效率的前沿面上。北京银行、光大银行、兴业银行、招商银行和宁波银行在样本期的后期达到了员工投入效率的前沿面，平安银行和北京银行在样本期的初期也达到了员工投入效率的前沿面。浦发银行和中信银行则在样本期的中期,即浦发银行在2013年和2014年、中信银行在2014年和2015年员工投入效率达到了前沿面。2012—2018年,国有商业银行的员工投入效率总体上较平稳,在0.4900—0.5900小幅波动,而非国有商业银行的员工投入效率比国有商业银行的高很多,呈倒"U"形态势,从2012年的0.8172上升到2016年的0.9095,2018年降至0.8171。

2. 存款（D）的投入效率

表9-8给出了16家商业银行2012—2018年每年投入要素（存款总额）的效率值。

表9-8　16家商业银行2012—2018年每年投入要素（存款总额）的效率值

DMU	2012年	2013年	2014年	2015年	2016年	2017年	2018年
工商银行	0.9236	0.9205	0.9120	0.9296	0.8836	0.8559	0.8594
建设银行	0.9232	0.9234	0.8095	0.7436	0.8832	0.6809	0.7742
交通银行	0.8020	0.7775	0.8706	0.7658	0.7998	0.7872	0.9464
农业银行	0.8280	0.7624	0.7563	0.7100	0.6307	0.5936	0.6581
中国银行	0.7694	0.7690	0.8667	0.9877	0.9487	0.5819	0.6194
北京银行	1.0000	0.8436	0.8591	0.8798	0.9930	1.0000	1.0000
光大银行	1.0000	0.8782	0.9890	0.9197	0.7255	1.0000	1.0000
华夏银行	0.5839	0.8106	0.7194	0.6321	0.6931	0.7953	0.9060
民生银行	0.8713	0.9238	0.9686	0.9481	0.9728	0.9037	0.8219
南京银行	1.0000	1.0000	1.0000	1.0000	1.0000	1.0000	1.0000
宁波银行	0.9752	0.9467	1.0000	1.0000	1.0000	1.0000	1.0000
平安银行	1.0000	1.0000	1.0000	1.0000	1.0000	1.0000	0.4324
浦发银行	0.8191	1.0000	1.0000	0.9049	0.9670	0.7935	0.5339
兴业银行	0.8423	0.8880	1.0000	1.0000	1.0000	1.0000	1.0000
招商银行	0.9139	0.9369	0.8795	0.9211	0.9414	0.9637	1.0000
中信银行	0.6632	0.7329	1.0000	1.0000	0.7155	0.5444	0.6011
国有商业银行均值	0.8493	0.8306	0.8430	0.8273	0.8292	0.6999	0.7715
非国有商业银行均值	0.8790	0.9055	0.9469	0.9278	0.9098	0.9091	0.8450

续表

DMU	2012 年	2013 年	2014 年	2015 年	2016 年	2017 年	2018 年
国有与非国有商业银行效率差	-0.0297	-0.0749	-0.1039	-0.1005	-0.0806	-0.2092	-0.0735

如表 9-8 所示，国有商业银行在 2012—2018 年每年的要素存款的投入效率，均低于非国有商业银行的。2012 年，国有商业银行的存款投入效率均值低于非国有商业银行的，相差 0.0297，是样本期内的国有商业银行与非国有商业银行存款投入效率差距最小的年份。2017 年，国有商业银行的存款效率均值低于非国有商业银行的，相差 0.2092，是样本期内的国有商业银行与非国有商业银行存款投入效率差距最大的年份。在样本期内，国有商业银行与非国有商业银行存款投入效率的差距处于高低交替的小幅波动中，总体上国有商业银行的存款投入效率小于非国有商业银行的，但存款投入效率差距小于员工效率的差距。

在国有商业银行中，工商银行的存款投入效率总体上呈递减趋势，从 2012 年的 0.9236 下降至 2018 年的 0.8594，在 2015 年前存款投入效率均大于 0.91，此后三年则低于 0.89。建设银行的存款投入效率在样本期内总体呈下降趋势，从 2012 年的 0.9232 下降至 2018 年的 0.7742。交通银行的存款效率值总体呈波动性增长，从 2012 年的 0.8020 经过一段时间的小幅波动后上升至 2018 年的 0.9464。农业银行的存款投入效率总体上也呈下降趋势，从 2012 年的 0.8280 下降至 2017 年的最低值 0.5936，2018 年小幅回升至 0.6581。中国银行的存款投入效率则总体呈倒"U"形变化，从 2012 年的 0.7694 上升至 2015 年的 0.9877，之后下降至 2017 年的 0.5819，2018 年小幅回升至 0.6194。

在非国有商业银行中，南京银行在整个样本期内一直处于存款投入效率的前沿面上。北京银行、光大银行、兴业银行、招商银行和宁波银行在样本期的后期达到了存款投入效率的前沿面，北京银行、光大银行和平安银行在样本期的初期亦达到了存款投入效率的前沿面。浦发银行和中信银行则在样本期的中期，即浦发银行在 2013 年和 2014 年、中信银行在 2014 年和 2015 年均达到了存款投入效率的前沿面。2012—2018 年，国有商业银行的存款投入效率总体在 0.8500—0.6999 以小幅波动的方式下降，而非国有商业银行的存款投入效率比国有商业银行的高很多，总体呈倒"U"形变化，除 2012 年和 2018 年的存款投入效率低于 0.8800 外，在样本期的中期存款投入效率均高于 0.9000。

（五）国有与非国有商业银行的产出效率

1. 不良贷款（NPL）的效率

表 9-9 给出了 16 家商业银行 2012—2018 年每年不良产出（不良贷款）的效率值。

表 9-9　16 家商业银行 2012—2018 年每年不良产出（不良贷款）的效率值

DMU	2012 年	2013 年	2014 年	2015 年	2016 年	2017 年	2018 年
工商银行	0.8908	0.9205	0.9120	0.9296	0.8836	0.8559	0.8594
建设银行	0.8475	0.8116	0.8095	0.7240	0.8832	0.6809	0.7742
交通银行	0.5869	0.5785	0.8159	0.7075	0.7998	0.7872	0.9464
农业银行	0.5722	0.6378	0.7126	0.5012	0.6270	0.5936	0.6581
中国银行	0.5609	0.7512	0.8667	0.9877	0.9487	0.5819	0.6194
北京银行	1.0000	0.8694	0.8339	0.9446	0.9959	1.0000	1.0000
光大银行	1.0000	0.7932	0.9704	0.8900	0.7255	1.0000	1.0000
华夏银行	0.4808	0.7082	0.5857	0.5763	0.6089	0.6233	0.6288
民生银行	0.8713	0.9238	0.9686	0.8907	0.9728	0.7354	0.6550
南京银行	1.0000	1.0000	1.0000	1.0000	1.0000	1.0000	1.0000
宁波银行	0.9752	0.9467	1.0000	1.0000	1.0000	1.0000	1.0000
平安银行	1.0000	1.0000	1.0000	1.0000	1.0000	1.0000	0.4324
浦发银行	0.8789	1.0000	1.0000	0.8205	0.9232	0.4490	0.4588
兴业银行	0.9292	0.9261	1.0000	1.0000	1.0000	1.0000	1.0000
招商银行	0.9139	0.9176	0.8795	0.8117	0.9414	0.9637	1.0000
中信银行	0.6479	0.5261	1.0000	1.0000	0.7410	0.4453	0.2904
国有商业银行均值	0.6916	0.7399	0.8233	0.7700	0.8285	0.6999	0.7715
非国有商业银行均值	0.8816	0.8737	0.9307	0.9031	0.9008	0.8379	0.7696
国有与非国有商业银行效率差	-0.1900	-0.1338	-0.1074	-0.1331	-0.0723	-0.1380	0.0019

如表 9-9 所示，国有商业银行在 2012—2018 年除 2018 年外，每年不良产出（不良贷款）的效率均低于非国有商业银行的。2012 年，国有商业银行不良产出效率均值低于非国有商业银行的，相差 0.1900，是样本期内的国有商业银行与非国有商业银行员工效率差距最大的年份。此后，国有商业银行不良产出效率低于非国有商业银行的程度逐渐下降，甚至到 2018 年国有商业银行不良产出的效率已经高出非国有商业银行 0.0019。2012—2018 年，国有商业银行的不良产出效率总体较平稳，在 0.6900—0.8300 小幅波动，而非国有商业银行的不良产出效率比国有商业银行的高很多，呈倒"U"形态势，从 2012 年的 0.8816 上升至 2014 年的 0.9307，在 0.9000 附近小幅波动后，在 2018 年降至 0.7696。可见，在样本期内非国有商业银行的贷款质量总体高于国有商业银行的，但国有商业银行的风险管理水平和信贷质量相对于非国有商业银行得到了较大的提升，甚至到样本期后期国有商业银行的贷款质量高于非国有商业银行的。

在国有商业银行中，工商银行的不良产出效率在样本期处于 0.8500—0.9300 的小幅波动中，在 2015 年不良产出效率值为 0.9296，是样本期内的最高值，在 2017 年不良产出效率为 0.8559，是样本期内的最低值。样本期后期的不良产出效率远低于中期与初期。建设银行的不良产出效率在样本期内呈"W"形变化，先降后升，从 2012 年的 0.8475 下降至 2015 年的 0.7240，此后在 2016 年上升至 0.8832，在 2017 年下降至 0.6809，2018 年小幅回升至 0.7742。交通银行的不良产出效率值总体呈上升趋势，从 2012 年的 0.5869 经过小幅波动后上升至 2018 年的 0.9464。农业银行的不良产出效率在 0.5000—0.7200 小幅波动，在样本期内总体上小幅上升，从 2012 年的 0.5722 上升至 2018 年的 0.6581。中国银行的不良产出效率呈倒"U"形变化，从 2012 年的 0.5609 上升至 2015 年的 0.9877，此后下降至 2017 年的 0.5819，2018 年小幅回升至 0.6194。

在非国有商业银行中，南京银行在整个样本期内一直处于不良产出效率的前沿面上。北京银行、光大银行、兴业银行、招商银行和宁波银行在样本期的后期达到了不良产出效率的前沿面，北京银行、光大银行和平安银行在样本期的初期也达到了不良产出效率的前沿面。浦发银行和中信银行则在样本期中期,即浦发银行在 2013 年和 2014 年、中信银行在 2014 年和 2015 年不良产出效率均达到了不良产出效率的前沿面。

2. 金融市场投资(INV)的效率

表 9-10 给出了 16 家商业银行 2012—2018 年每年作为产出的金融市场投资的效率值。

表 9-10　16 家商业银行 2012—2018 年每年金融市场投资的效率值

DMU	2012 年	2013 年	2014 年	2015 年	2016 年	2017 年	2018 年
工商银行	0.9290	0.9263	0.8765	0.7160	0.5313	0.5170	0.8768
建设银行	0.9287	0.9288	0.8400	0.7959	0.5475	0.5990	0.8158
交通银行	0.8348	0.8180	0.8854	0.8102	0.8332	0.8245	0.9492
农业银行	0.8533	0.8080	0.8040	0.7752	0.7303	0.7110	0.0016
中国银行	0.8126	0.8124	0.7818	0.6094	0.4655	0.7052	0.7243
北京银行	1.0000	0.9648	0.9584	0.9475	0.9991	1.0000	1.0000
光大银行	1.0000	0.8914	0.9891	0.9257	0.7846	1.0000	1.0000
华夏银行	0.7062	0.8407	0.7809	0.7311	0.7651	0.8300	0.9140
民生银行	0.5747	0.4942	0.6693	0.7905	0.9736	0.9121	0.8488
南京银行	1.0000	1.0000	1.0000	1.0000	1.0000	1.0000	1.0000
宁波银行	0.9758	0.9494	1.0000	1.0000	1.0000	1.0000	1.0000
平安银行	1.0000	1.0000	1.0000	1.0000	1.0000	1.0000	0.0007
浦发银行	0.8920	1.0000	1.0000	0.9607	0.9680	0.8288	0.0092
兴业银行	0.9339	0.9312	1.0000	1.0000	1.0000	1.0000	1.0000
招商银行	0.9207	0.9406	0.7735	0.8867	0.8114	0.6448	1.0000
中信银行	0.7481	0.7892	1.0000	1.0000	0.9367	0.6870	0.7149
国有商业银行均值	0.8717	0.8587	0.8375	0.7413	0.6216	0.6713	0.6735
非国有商业银行均值	0.8865	0.8911	0.9247	0.9311	0.9308	0.9003	0.7716
国有与非国有商业银行效率差	-0.0148	-0.0324	-0.0872	-0.1898	-0.3092	-0.2290	-0.0981

如表 9-10 所示,国有商业银行在 2012—2018 年每年的金融市场投资效率均低于非国有商业银行的。2012 年,国有商业银行金融市场投

资效率均值低于非国有商业银行的，相差0.0148，是样本期内的国有商业银行与非国有商业银行金融市场投资效率差距最小的年份。此后，国有商业银行金融市场投资效率低于非国有商业银行的程度逐渐上升，至2016年国有商业银行金融市场投资效率低于非国有商业银行的程度最高达到0.3092，此后单调下降，至2018年为0.0981。2012—2018年，国有商业银行的金融市场投资效率总体呈下降趋势，从2012年的0.8717下降至2018年的0.6735。而非国有商业银行的金融市场投资效率小幅高于国有商业银行的，呈倒"U"形变化，从2012年的0.8865上升至2015年的0.9311，此后单调下降，到2018年降至0.7716。可见，在样本期内非国有商业银行的金融市场投资效率总体上高于国有商业银行的，但在初期和后期的差距均小于中期的。

在国有商业银行中，工商银行的金融市场投资效率值在样本期呈"U"形变化，从2012年的0.9290单边下降至2017年的0.5170，此后小幅回升至2018年的0.8768。建设银行的金融市场投资效率在样本期内呈"U"形变化，先降后升，从2012年的0.9287下降至2016年的0.5475，在2018年小幅回升至0.8158。交通银行的金融市场投资效率值总体呈上升趋势，从2012年的0.8348经过小幅波动后上升至2018年的0.9492。农业银行的金融市场投资效率呈单边递减的趋势，从2012年的0.8533降至2018年0.0016。可见，农业银行的金融市场投资业务在2018年出现了大幅收缩，使其效率值大幅下降。中国银行的金融市场投资效率呈"U"形变化，从2012年的0.8126下降至2016年的0.4655，此后又升至2018年的0.7243。

在非国有商业银行中，南京银行在整个样本期内一直处于金融机构投资效率的前沿面上。北京银行、光大银行、兴业银行、招商银行和宁波银行在样本期的后期达到了金融机构投资效率的前沿面，北京银行、光大银行和平安银行在样本期的初期也达到了金融机构投资效率的前沿面。浦发银行和中信银行则在样本期的中期，即浦发银行在2013年和2014年、中信银行在2014年和2015年均达到了金融机构投资效率的前沿面。

3. 市值（V）的效率

表9-11给出了16家商业银行2012—2018年每年作为第二阶段产

出的股票市值的效率值。

表 9-11　16 家商业银行 2012—2018 年每年市值的效率值

DMU	2012 年	2013 年	2014 年	2015 年	2016 年	2017 年	2018 年
工商银行	1.0000	1.0000	1.0000	1.0000	1.0000	1.0000	1.0000
建设银行	1.0000	1.0000	1.0000	1.0000	1.0000	1.0000	1.0000
交通银行	1.0000	1.0000	1.0000	1.0000	1.0000	1.0000	1.0000
农业银行	0.9764	1.0000	1.0000	1.0000	1.0000	1.0000	1.0000
中国银行	1.0000	1.0000	1.0000	1.0000	1.0000	1.0000	1.0000
北京银行	1.0000	1.0000	1.0000	1.0000	1.0000	1.0000	1.0000
光大银行	0.7930	1.0000	1.0000	0.9244	1.0000	1.0000	1.0000
华夏银行	1.0000	1.0000	1.0000	1.0000	0.9137	0.8835	0.7916
民生银行	1.0000	1.0000	1.0000	1.0000	1.0000	1.0000	1.0000
南京银行	1.0000	1.0000	1.0000	1.0000	0.9439	0.8081	0.7389
宁波银行	1.0000	1.0000	1.0000	1.0000	1.0000	1.0000	1.0000
平安银行	0.7125	1.0000	1.0000	0.8256	1.0000	0.9721	1.0000
浦发银行	0.8866	0.7483	0.7744	1.0000	1.0000	1.0000	1.0000
兴业银行	1.0000	1.0000	1.0000	1.0000	1.0000	0.9242	0.8481
招商银行	1.0000	1.0000	1.0000	1.0000	1.0000	1.0000	1.0000
中信银行	1.0000	1.0000	1.0000	1.0000	1.0000	1.0000	1.0000
国有商业银行均值	0.9953	1.0000	1.0000	1.0000	1.0000	1.0000	1.0000
非国有商业银行均值	0.9447	0.9771	0.9795	0.9773	0.9871	0.9625	0.9435
国有与非国有商业银行效率差	0.0506	0.0229	0.0205	0.0227	0.0129	0.0375	0.0565

如表 9-11 所示，国有商业银行在 2012—2018 年每年的市值效率均高于非国有商业银行的。2012 年，国有商业银行的市值效率高出非国有商业银行 0.0506，此后小幅波动，至 2016 年达到了 0.0129，是样本期内的国有商业银行高出非国有商业银行市值效率最低的年份，在 2018 年达到了二者效率差的最大值 0.0565。2012—2018 年，除 2012 年外，国有商业银行的市值效率值均是 1.0000，一直处于前沿面上。非

国有商业银行的市值效率呈倒"U"形变化，从2012年的0.9447上升至2016年的0.9871，此后小幅下降至2018年的0.9435。可见，在样本期内国有商业银行的股票更受投资者青睐，几乎一直处于前沿面上。

在国有商业银行中，除2012年的农业银行外，其他年限的所有国有商业银行的市值效率值均为1.000，即一直处于前沿面上。在非国有商业银行中，北京银行、民生银行、宁波银行、招商银行和中信银行的市值效率一直处于前沿面上。光大银行、平安银行和浦发银行在样本期的后期达到了市值效率的前沿面，兴业银行、南京银行和华夏银行在样本期的初期亦达到了市值效率的前沿面。

4. 市盈率（PE）的效率

表9-12给出了16家商业银行2012—2018年每年作为第二阶段产出的市盈率的效率得分。

表9-12　16家商业银行2012—2018年每年市盈率的效率值

DMU	2012年	2013年	2014年	2015年	2016年	2017年	2018年
工商银行	1.0000	1.0000	1.0000	1.0000	1.0000	1.0000	1.0000
建设银行	0.9051	1.0000	1.0000	0.9574	1.0000	0.9339	0.9450
交通银行	0.8952	0.9462	1.0000	1.0000	1.0000	0.9609	1.0000
农业银行	0.9764	0.9292	0.8846	0.8598	0.9229	0.7327	0.9170
中国银行	0.9997	1.0000	1.0000	1.0000	1.0000	0.8741	0.8345
北京银行	1.0000	0.9127	0.9014	0.9503	0.9824	1.0000	1.0000
光大银行	0.8803	1.0000	1.0000	0.9968	1.0000	1.0000	1.0000
华夏银行	0.7306	0.9565	0.7581	0.7925	0.6684	0.8946	0.7072
民生银行	0.7298	1.0000	1.0000	1.0000	1.0000	0.9302	0.8580
南京银行	1.0000	1.0000	1.0000	1.0000	0.9322	0.9128	0.8396
宁波银行	1.0000	1.0000	1.0000	1.0000	1.0000	1.0000	1.0000
平安银行	1.0000	1.0000	1.0000	0.8410	0.9227	0.9721	0.8437
浦发银行	0.9624	0.9977	0.8002	1.0000	1.0000	0.9302	0.8264
兴业银行	0.6504	1.0000	1.0000	1.0000	1.0000	1.0000	1.0000
招商银行	0.7783	0.9585	1.0000	1.0000	1.0000	1.0000	1.0000
中信银行	0.8362	1.0000	1.0000	1.0000	1.0000	0.9383	0.9659

续表

DMU	2012年	2013年	2014年	2015年	2016年	2017年	2018年
国有商业银行均值	0.9553	0.9751	0.9769	0.9634	0.9846	0.9003	0.9393
非国有商业银行均值	0.8698	0.9841	0.9509	0.9619	0.9551	0.9617	0.9128
国有与非国有商业银行效率差	0.0855	-0.0090	0.0260	0.0015	0.0295	-0.0614	0.0265

如表9-12所示，2012—2018年，除2013年和2017年外，国有商业银行每年的市盈率效率均高于非国有商业银行的。2012年，国有商业银行的市盈率效率高出非国有商业银行0.0855，是样本期内的国有商业银行高出非国有商业银行市盈率效率最多的年份。2013年和2017年的国有商业银行的市盈率效率均低于非国有商业银行的，效率差分别是-0.0090和-0.0614。2012—2018年，国有商业银行的市盈率效率值总体稳定，在0.9000—0.9900小幅波动。非国有商业银行的市盈率效率值的波动区间为0.8600—0.9900，也较稳定。可见，在样本期内中国商业银行的市盈率效率总体上较稳定。

在国有商业银行中，工商银行在样本期内均为1.0000，一直在市盈率效率的前沿面上。建设银行在2013年、2014年和2016年，处于市盈率效率的前沿面上。交通银行在2014年、2015年、2016年和2018年均处于市盈率效率的前沿面上。中国银行则在2013—2016年均处于市盈率效率的前沿面上。农业银行在样本期内没有任何一年处于市盈率效率的前沿面上。大多时候，国有商业银行的市盈率效率在0.9000左右波动。从非国有商业银行来看，宁波银行在整个样本期处于市盈率效率的前沿面。北京银行、光大银行、兴业银行和招商银行的在样本期的后期均处于市盈率效率的前沿面上。北京银行、南京银行和平安银行在样本期的初期处于市盈率效率的前沿面上。民生银行和中信银行则在样本期的中期处于市盈率效率的前沿面上。绝大多数商业银行的效率值也在0.9000左右。

（六）国有与非国有商业银行联系变量（贷款总额）的效率

表9-13给出了16家商业银行2012—2018年每年联系变量（贷款

总额) 的效率值。

表 9-13　16 家商业银行 2012—2018 年每年贷款总额的效率值

DMU	2012 年	2013 年	2014 年	2015 年	2016 年	2017 年	2018 年
工商银行	1.0000	1.0000	1.0000	1.0000	1.0000	1.0000	1.0000
建设银行	0.9955	1.0000	0.8577	0.7830	0.9494	0.7519	0.8290
交通银行	0.7165	0.6659	0.8081	0.7289	0.7633	0.7449	1.0000
农业银行	0.8720	0.8468	0.9244	0.8347	0.8396	0.7126	0.8158
中国银行	0.6970	0.7365	0.8719	1.0000	1.0000	0.6241	0.6379
北京银行	1.0000	0.8095	0.8141	0.8730	0.9932	1.0000	1.0000
光大银行	0.8710	0.7659	0.9818	0.9067	0.6870	1.0000	1.0000
华夏银行	0.5298	0.7195	0.6055	0.6106	0.6107	0.6770	0.7416
民生银行	0.9153	0.9765	1.0000	1.0000	1.0000	0.7845	0.7454
南京银行	1.0000	1.0000	1.0000	1.0000	1.0000	1.0000	1.0000
宁波银行	1.0000	1.0000	1.0000	1.0000	1.0000	1.0000	1.0000
平安银行	1.0000	1.0000	1.0000	1.0000	1.0000	1.0000	0.4580
浦发银行	0.7894	1.0000	1.0000	0.8614	0.9454	0.6289	0.4909
兴业银行	0.8396	1.0000	1.0000	1.0000	1.0000	1.0000	1.0000
招商银行	0.9083	0.9235	0.8954	0.9382	0.9660	1.0000	1.0000
中信银行	0.6658	0.6628	1.0000	1.0000	0.7408	0.4985	0.4341
国有商业银行均值	0.8562	0.8498	0.8924	0.8693	0.9105	0.7667	0.8565
非国有商业银行均值	0.8654	0.8962	0.9361	0.9264	0.9039	0.8717	0.8064
国有与非国有商业银行效率差	-0.0092	-0.0464	-0.0437	-0.0571	0.0066	-0.1050	0.0501

如表 9-13 所示，国有商业银行在 2012—2018 年，除 2016 年和 2018 年外，每年的贷款效率低于非国有商业银行的。2012 年国有商业银行贷款效率均值低于非国有商业银行，效率差为 -0.0092，此后在 -0.5000 左右小幅波动。在 2016 年国有商业银行贷款效率高出非国有商业银行 0.0066。2017 年，国有商业银行的贷款效率低于非国有商业银行的，相差 0.1050，是样本期内的国有商业银行低于非国有商业

银行贷款效率最多的年份。2018 年，国有商业银行的贷款效率高出非国有商业银行 0.0501，是样本期内的国有商业银行高于非国有商业银行贷款效率最多的年份。可见，在样本期最后的两年国有与非国有商业银行贷款效率的差距有较大的波动。2012—2018 年，国有商业银行的贷款效率总体上较平稳，在 0.8400—0.9200 小幅波动，而非国有商业银行的贷款效率呈倒 "U" 形变化，从 2012 年的 0.8654 单调上升至 2014 年的 0.9361，此后单调递减至 2018 年的 0.8064。

在国有商业银行中，工商银行在样本期内一直为 1.0000，处于贷款效率的前沿面上。这说明工商银行已经充分运用投入要素发放了贷款。建设银行的贷款效率在样本期内小幅波动，呈下降趋势，从 2013 年的贷款效率前沿面下降至 2018 年的 0.8290。交通银行的贷款效率值总体呈上升趋势，从 2012 年的 0.7165 经过小幅波动后上升至 2018 年的 1.0000，达到了前沿面。农业银行的贷款效率在五大国有商业银行中排倒数第 2 位，在 0.7100—0.9300 小幅波动。中国银行的贷款效率在五大国有商业银行中排最后，呈倒 "U" 形变化，从 2012 年的 0.6970 上升至 2015 年和 2016 年的前沿面，此后下降至 2018 年的 0.6379。

在非国有商业银行中，南京银行、宁波银行和平安银行在整个样本期内一直处于贷款效率的前沿面上。北京银行在样本期的初期与后期均处于贷款效率的前沿面上。光大银行与兴业银行在样本期的后期处于贷款效率的前沿面上。兴业银行与中兴银行在样本期的中期处于贷款效率的前沿面上。大多数商业银行的贷款效率都较高，在 0.8500 左右波动。

四 结论与对策建议

运用两阶段 DEA 模型测试中国 16 家上市商业银行 2012—2018 年的效率值可以看出，国有商业银行的总效率在样本期内一直低于非国有商业银行的，具体到两个阶段的效率，国有商业银行的生产效率低于非国有商业银行的，而国有商业银行的市场效率高于非国有商业银行的。在测算生产效率阶段，国有商业银行的投入要素，包括员工与存款的效率都低于非国有商业银行，且国有商业银行与非国有商业银行员工投入效率的差距远大于存款投入效率的差距。国有商业银行不良产出的效率除 2018 年外均低于非国有商业银行的，但在小幅波动后不断下降，至

2018年国有商业银行的不良产出效率已经高于非国有商业银行的。这说明虽然国有商业银行的信贷质量与风险管理在样本期内总体上低于非国有商业银行的,但在样本期内逐步改善,至样本期的后期已经优于非国有商业银行的。国有商业银行的正向产出之一,金融市场投资效率,在样本期均低于非国有商业银行的,但与非国有商业银行的差距呈倒"U"形变化,在中期差距拉大后,后期的差距已经显著缩小。在市场效率的测算阶段,国有商业银行的市值效率与市盈率效率总体上都高于非国有商业银行的。特别是国有商业银行的市值效率,除2012年外,一直处于前沿面上。作为生产效率与市场效率联系变量的贷款总额,其效率在整个样本期总体上呈现国有商业银行低于非国有商业银行的特征。从具体年份看,除2016年和2018年外,国有商业银行的贷款效率均低于非国有商业银行的,但效率差距不太大,在-0.0092——-0.1050波动。

具体到国有商业银行内部,五大国有商业银行的生产效率值远低于总效率值。五大国有商业银行的市场效率除农业银行在2012年是0.9880外,其他年份都处于生产前沿面上。可见,国有商业银行的市场效率总体上很高。五大国有商业银行的员工效率,总体上交通银行更高,且呈上升态势,从2012年的0.6848提升至2018年的0.7729。工商银行的员工效率,在0.4855—0.6945小幅波动,农业银行的员工效率波动区间为0.3516—0.4493,可见员工效率差异还很大。五大国有商业银行不良产出效率与存款效率相互间的差距仍然很大,工商银行的波动区间为0.8559—0.9296,而农业银行的波动区间仅为0.5012—0.7126。从产出要素,即金融市场投资的效率值看,五大国有商业银行的市值效率总体都在前沿面上,农业银行除2012年外,市值效率亦在前沿面上。工商银行的市盈率效率值在样本期内一直处在前沿面上,工商银行的贷款效率值在样本期内一直处在前沿面上。

基于上述效率值的特征,为提高国有商业银行的效率,应从以下几个方面入手。一是国有商业银行要提高总效率,相对于市场效率,应更重视提高生产效率。在员工与存款等投入要素不变的情况下,采取措施实现金融市场投资额与贷款总额的最大化。这会助力国有商业银行更好地发挥将储蓄转换为投资、促进资源配置的功能,从而更好地服务实体经济。二是为更好地提高国有商业银行的生产效率，应积极提高员工投入效率与存款投入效率，并密切关注金融市场投资效率下降的趋势。由于国有商业银行的员工投入效率远低于存款投入效率与金融市场投资效率，因此，国有商业银行在投入要素的效率管理上，应以员工投入效率为重，在控制甚至减少总体人员规模的同时，加强员工的人力资本培训和高端人才的引入。国有商业银行还要积极提升金融市场投资效率与贷款效率，随着中国债券市场的快速发展，国有商业银行应积极增加金融市场投资。相较于贷款效率，国有商业银行金融市场投资效率与非国有商业银行的差距更大。因此，国有商业银行相较于增加贷款规模更应侧重增加金融市场投资额。三是为提高国有商业银行整体的效率，应积极提高农业银行的效率，除市值效率外，农业银行的效率需要全方位地提升。鉴于农业银行的员工效率值仅在 0.4000 左右，因此最先应注重的效率是员工投入效率。农业银行应积极采取措施减少冗员，通过设立激励约束机制，提高员工的生产效率。农业银行的不良产出效率与其他国有商业银行间的差距亦较大，因此应密切关注农业银行的不良贷款问题，加强信用风险管理，提升信贷质量。

参考文献

巴曙松、陈剑:《贷款集中度风险:当前信贷风险管理与监管的关键因素》,《金融管理与研究》2010年第8期。

白永秀等:《双碳目标提出的背景、挑战、机遇及实现路径》,《中国经济评论》2021年第5期。

蔡海静:《新常态下绿色信贷影响我国产业转型升级的研究》,《会计之友》2015年第13期。

蔡海静:《新常态下我国绿色信贷发展路径优化》,《财会月刊》2015年第15期。

曹洪军、陈好孟:《不确定环境下我国绿色信贷交易行为的博弈分析》,《金融理论与实践》2010年第2期。

曹梦石等:《"双碳"目标与绿色资本:构建资本有序流动体制与机制研究》,《南方金融》2021年第6期。

曹廷求等:《政府股东、银行治理与中小商业银行风险控制——以山东、河南两省为例的实证分析》,《金融研究》2006年第6期。

曹蒸蒸:《我国商业银行金融创新力评价》,《金融理论与实践》2009年第11期。

陈国红:《科技让金融更开放——金融科技驱动商业银行数字化转型的思考》,《银行家》2019年第1期。

陈俊龙、汤吉军:《管理授权、国有股最优比例与产能过剩——基于混合寡占模型的研究》,《当代财经》2016年第2期。

陈昆亭等:《信贷周期:中国经济1991—2010》,《国际金融研究》2011年第12期。

陈亮、胡文涛：《金融发展、技术进步与碳排放的协同效应研究——基于 2005—2017 年中国 30 个省域碳排放的 VAR 分析》，《学习与探索》2020 年第 6 期。

陈美华：《资产价格泡沫理论的融合与系统构建》，《财务与金融》2014 年第 3 期。

陈千里：《股权激励、盈余操纵与国有股减持》，《中山大学学报》（社会科学版）2008 年第 1 期。

陈诗一：《能源消耗、二氧化碳排放与中国工业的可持续发展》，《经济研究》2009 年第 4 期。

陈同峰等：《区域经济绿色转型评价指标体系研究》，《统计与决策》2019 年第 20 期。

陈文颖、吴宗鑫：《气候变化的历史责任与碳排放限额分配》，《中国环境科学》1998 年第 6 期。

陈孝明等：《互联网金融提升了商业银行的创新能力吗？——基于中国上市银行面板数据的实证研究》，《金融与经济》2018 年第 7 期。

陈旭东等：《货币政策、银行信贷行为与贷款损失准备——基于中国商业银行的实证研究》，《国际金融研究》2014 年第 10 期。

程凤朝等：《十二五期间如何优化商业银行信贷结构》，《金融论坛》2012 年第 1 期。

程华、程伟波：《新常态、新经济与商业银行发展转型》，《金融监管研究》2017 年第 2 期。

程茂勇、赵红：《股权结构、上市状况和风险——来自中国商业银行的经验研究》，《管理工程学报》2013 年第 3 期。

储著贞等：《宏观调控、所有权结构与商业银行信贷扩张行为》，《国际金融研究》2012 年第 3 期。

戴国强、方鹏飞：《利率市场化与银行风险——基于影子银行与互联网金融视角的研究》，《金融论坛》2014 年第 19 期。

代军勋等：《资本约束下的银行贷款行为和规模——基于资本特质性的分析》，《经济评论》2009 年第 6 期。

邓健、张玉新：《国有股权对我国银行信贷周期性的影响》，《工业技术经济》2016 年第 5 期。

丁杰：《绿色信贷政策、信贷资源配置与企业策略性反应》，《经济评论》2019年第4期。

丁俊峰：《中国上市银行股权结构与绩效研究——基于创新指标的实证》，《当代财经》2009年第8期。

丁曼等：《基于三阶段加性DEA模型的我国上市商业银行效率研究》，《系统工程》2013年第4期。

丁蔚：《数字金融：商业银行的未来转型发展之路》，《清华金融评论》2016年第4期。

丁晓钦、陈昊：《国有企业社会责任的理论研究及实证分析》，《马克思主义研究》2015年第12期。

丁友刚、严艳：《中国商业银行贷款拨备的周期效应》，《经济研究》2019年第7期。

董华华：《互联网金融"搅局"下的"鲇鱼效应"与价值创新》，《中国管理信息化》2015年第13期。

董庆前、李治宇：《碳排放约束下区域经济绿色增长影响因素研究》，《经济体制改革》2022年第2期。

董晓红、富勇：《绿色金融发展及影响因素时空维度分析》，《统计与决策》2018年第20期。

董志、康书生：《赤道原则的国际实践及启示》，《金融理论探索》2009年第2期。

范从来等：《信贷量经济效应的期限结构研究》，《经济研究》2012年第1期。

范应胜：《绿色信贷支持绿色经济发展实践路径探索》，《时代金融》2021年第19期。

范志国、林德发：《互联网金融对商业银行创新能力的影响分析——基于16家商业银行经验数据的实证检验》，《西部金融》2019年第6期。

方建国、林凡力：《绿色金融与经济可持续发展的关系研究——基于中国30个省际面板数据的实证分析》，《中国石油大学学报》（社会科学版）2019年第1期。

方先明等：《影子银行规模波动对金融稳定的溢出效应》，《经济学家》

2017年第1期。

方意等：《货币政策的银行风险承担分析——兼论货币政策与宏观审慎政策协调问题》，《管理世界》2012年第11期。

费聿珉：《经济泡沫的存在性、形成机理及防治对策探讨》，《东北师大学报》（哲学社会科学版）2015年第3期。

冯科、何理：《我国银行上市融资、信贷扩张对货币政策传导机制的影响》，《经济研究》2011年第S2期。

[美]罗杰·弗朗茨：《X效率：理论、论据和应用》，费方域等译，上海译文出版社1993年版。

傅秋子、黄益平：《数字金融对农村金融需求的异质性影响——来自中国家庭金融调查与北京大学数字普惠金融指数的证据》，《金融研究》2018年第11期。

高翠云、王倩：《绿色经济发展与政府环保行为的互动效应》，《资源科学》2020年第4期。

高国华、潘英丽：《我国商业银行资本充足率顺周期效应研究》，《经济与管理研究》2010年第12期。

高磊等：《中国商业银行系统流动性风险度量——基于流动性错配视角》，《华东经济管理》2018年第4期。

高世楫、俞敏：《中国提出"双碳"目标的历史背景、重大意义和变革路径》，《新经济导刊》2021年第2期。

高正平、李仪简：《我国商业银行股权结构对银行绩效影响的实证分析——基于国家持股与银行绩效非线性关系的视角》，《中央财经大学学报》2010年第4期。

葛丰：《互联网金融"鲇鱼效应"可期》，《中国经济周刊》2015年第13期。

龚蕾：《浅析现代金融经济中的经济泡沫》，《商场现代化》2016年第26期。

龚映清：《互联网金融对证券行业的影响与对策》，《证券市场导报》2013年第11期。

顾海峰、卞雨晨：《银行竞争有助于化解系统性风险吗——基于僵尸企业贷款、同业业务及私人部门存款渠道》，《南开经济研究》2023

年第 6 期。

顾洪梅、冯青双:《中国国有金融资本在商业银行分布状况研究》,《财经问题研究》2014 年第 4 期。

顾洪梅等:《我国国有金融资产分布优化研究》,《吉林大学社会科学学报》2020 年第 1 期。

谷祖莎:《我国贸易开放对碳排放影响的区域比较研究》,《山东社会科学》2013 年第 8 期。

管仁荣等:《互联网金融对商业银行运行效率影响与对策研究》,《云南师范大学报》(哲学社会科学版)2014 年第 6 期。

郭品、沈悦:《互联网金融对商业银行风险承担的影响:理论解读与实证检验》,《财贸经济》2015 年第 10 期。

郭品、沈悦:《互联网金融加重了商业银行的风险承担吗?——来自中国银行业的经验证据》,《南开经济研究》2015 年第 4 期。

郭强等:《基于连通度的空间权重矩阵构建方法》,《军事交通学院学报》2021 年第 3 期。

国务院发展研究中心"绿化中国金融体系"课题组等:《发展中国绿色金融的逻辑与框架》,《金融论坛》2016 年第 2 期。

郝强:《互联网金融的"鲶鱼效应"给传统银行业带来了什么》,《人民论坛》2016 年第 31 期。

何蛟等:《股权结构改革对我国商业银行效率的影响》,《财经科学》2010 年第 7 期。

何吾洁等:《绿色金融发展与碳排放动态关系的实证研究——基于 VAR 模型的检验》,《贵州师范大学学报》(社会科学版)2019 年第 1 期。

何燕子等:《基于碳排放约束展开的区域低碳经济转型研究——以湖南省为例》,《西安电子科技大学学报》(社会科学版)2015 年第 1 期。

何勇:《我国国有商业银行盈利水平和能力研究》,《上海金融学院学报》2007 年第 1 期。

胡汉军、邱力生:《信贷过度扩张的动因、危害与疏导》,《财经科学》2008 年第 6 期。

黄世忠：《公允价值会计的顺周期效应及其应对策略》，《会计研究》2009年第11期。

黄雯、刘扬：《产业结构优化与绿色金融发展——基于全国31个省市的空间杜宾模型》，《金融市场研究》2022年第2期。

黄宪、熊启跃：《银行资本缓冲、信贷行为与宏观经济波动——来自中国银行业的经验证据》，《国际金融研究》2013年第1期。

黄宪等：《资本充足率监管下银行信贷风险偏好与选择分析》，《金融研究》2005年第7期。

黄小英等：《商业银行同业业务的发展及其对货币政策信贷传导机制的影响——基于银行微观数据的GMM实证研究》，《经济学家》2016年第6期。

纪志宏：《国有大型银行数字化转型行稳致远》，《中国金融》2022年第12期。

贾春新：《国有银行与股份制银行资产组合配置的差异研究》，《经济研究》2007年第7期。

江红莉等：《中国绿色金融发展的碳减排效果研究——以绿色信贷与绿色风投为例》，《金融论坛》2020年第11期。

江曙霞、陈玉婵：《货币政策、银行资本与风险承担》，《金融研究》2012年第4期。

江曙霞等：《信贷集中与扩张、软预算约束竞争和银行系统性风险》，《金融研究》2006年第4期。

姜琪、王越：《政府质量、科技创新与绿色GDP——中国省际空间溢出效应及区域差异对比》，《贵州财经大学学报》2020年第6期。

蒋海等：《利率市场化进程中商业银行的资本缓冲行为》，《中国工业经济》2018年第11期。

金鹏辉等：《货币政策对银行风险承担的影响——基于银行业整体的研究》，《金融研究》2014年第2期。

金雯雯、杜亚斌：《我国信贷是持续顺周期的吗——基于期限结构视角的时变参数研究》，《当代经济科学》2013年第5期。

靳涛、陶新宇：《中国持续经济增长的阶段性动力解析与比较》，《数量经济技术经济研究》2015年第11期。

景光正等：《金融结构、双向 FDI 与技术进步》，《金融研究》2017 年第 7 期。

康斐、边俊杰：《赣江新区绿色金融发展效率及影响因素研究》，《绿色科技》2021 年第 24 期。

康倩：《互联网金融对商业银行创新能力的影响》，《西部金融》2019 年第 5 期。

况伟大：《房地产投资、房地产信贷与中国经济增长》，《经济理论与经济管理》2011 年第 1 期。

李冰倩：《我国绿色金融发展探究》，《合作经济与科技》2022 年第 2 期。

李炳、袁威：《货币信贷结构对宏观经济的机理性影响——兼对"中国货币迷失之谜"的再解释》，《金融研究》2015 年第 11 期。

李璠：《商业银行数字化转型》，《中国金融》2017 年第 17 期。

李枫：《"中小企业贷款难"与贷款结构和经济结构优化》，《内蒙古社会科学》（汉文版）2017 年第 1 期。

李宏瑾：《不良贷款、经济增长与制度》，《金融评论》2014 年第 5 期。

李金胜、荣妍：《商业银行不同所有制与创新能力关系的实证研究》，《现代商业》2019 年第 21 期。

李丽芳等：《改进的效率测算模型、影子银行与中国商业银行效率》，《金融研究》2021 年第 10 期。

李麟：《互联网金融：为商业银行发展带来"鲶鱼效应"》，《上海证券报》2013 年 1 月 22 日第 8 版。

李麟、索彦峰：《经济波动、不良贷款与银行业系统性风险》，《国际金融研究》2009 年第 6 期。

李蒙等：《国有控股混合所有制企业股东控制权配置优化研究》，《经济体制改革》2021 年第 2 期。

李明达、张文中：《绿色信贷对能源矿业经济绿色转型的牵引作用》，《自然资源情报》2022 年第 7 期。

李世军、陈少勉：《供给侧结构性改革背景下商业银行信贷配置研究》，《时代金融》2016 年第 32 期。

李思维等：《论金融国资委成立的经济学效用和机构模式设计》，《上海金融》2005年第2期。

李嵩然：《政府股权与银行信贷行为的周期性特征研究——基于中国银行业的分析》，《经济体制改革》2016年第1期。

李嵩然、马德功：《贷款损失准备、银行信贷行为与经济周期——来自我国不同类型商业银行的经验证据》，《山西财经大学学报》2015年第11期。

李维安、曹廷求：《股权结构、治理机制与城市银行绩效——来自山东、河南两省的调查证据》，《经济研究》2004年第12期。

李文泓、罗猛：《关于我国商业银行资本充足率顺周期性的实证研究》，《金融研究》2010年第2期。

李扬等：《中国主权资产负债表及其风险评估（上）》，《经济研究》2012年第6期。

李毓等：《绿色信贷对中国产业结构升级影响的实证分析——基于中国省级面板数据》，《经济问题》2020年第1期。

李育峰、李仲飞：《我国银行信贷顺周期性的非对称特征研究》，《金融监管研究》2015年第12期。

李泽广、杨钦：《金融机构杠杆率的周期性特征及其决定因素》，《现代财经（天津财经大学学报）》2013年第10期。

李志辉等：《银行信贷行为顺周期性形成机制研究——基于DSGE模型的分析》，《南开学报》（哲学社会科学版）2018年第4期。

梁琪、余峰燕：《金融危机、国有股权与资本投资》，《经济研究》2014年第4期。

梁文英：《浅析商业银行信贷扩张行为》，《北方经济》2013年第7期。

廖戎戎等：《互联网金融对银行创新能力的影响——基于58家商业银行面板数据的实证》，《金融与经济》2018年第9期。

林江鹏、熊启跃：《中国货币政策信贷渠道效应及其传导特征分析》，《求索》2011年第5期。

林雪：《互联网金融与商业银行业务的融合与发展研究》，《金融论坛》2014年第10期。

林毅夫、李志赟：《政策性负担、道德风险与预算软约束》，《经济研究》2004年第2期。

刘冲等：《资本计量方法改革、商业银行风险偏好与信贷配置》，《金融研究》2019年第7期。

刘海英等：《绿色信贷是否有助于促进经济可持续增长——基于绿色低碳技术进步视角》，《吉林大学社会科学学报》2020年第3期。

刘金全、范剑青：《中国经济周期的非对称性和相关性研究》，《经济研究》2001年第5期。

刘金全、刘志刚：《我国GDP增长率序列中趋势成分和周期成分的分解》，《数量经济技术经济研究》2004年第5期。

刘婧宇等：《基于金融CGE模型的中国绿色信贷政策短中长期影响分析》，《中国管理科学》2015年第4期。

刘俊：《金融国资改革探路淡马锡模式》，《金融市场研究》2014年第8期。

刘明康：《健全国有金融资产管理体制》，《行政管理改革》2010年第11期。

刘青云：《中国商业银行杠杆顺周期效应研究》，《财经问题研究》2015年第5期。

刘熹微等：《创新驱动还是投资驱动？——来自城市层面的证据》，《财经理论与实践》2022年第1期。

刘辛元：《中国上市银行信贷行为的周期性研究》，《技术经济与管理研究》2015年第6期。

刘妍：《我国商业银行不良贷款成因及相关因素分析》，《系统工程》2014年第5期。

刘艳妮等：《商业银行股权结构与经营绩效的关系——基于上市银行的实证分析》，《金融论坛》2011年第7期。

刘燕华等：《中国实现"双碳"目标的挑战、机遇与行动》，《中国人口·资源与环境》2021年第9期。

刘阳：《中国银行业信贷泡沫分析》，《首席财务官》2017年第1期。

刘忠璐：《互联网金融对商业银行风险承担的影响研究》，《财贸经济》2016年第4期。

刘忠璐、林章悦：《互联网金融对商业银行盈利的影响研究》，《北京社会科学》2016年第9期。

刘子旭：《马克思主义政治经济学与中国的未来发展——访美国马萨诸塞大学阿姆斯特分校大卫·科茨教授》，《马克思主义研究》2018年第10期。

陆岷峰：《"双碳"目标下碳金融现状评估、目标定位与发展对策》，《福建金融》2021年第6期。

罗蓉、袁碧蓉：《利率市场化对我国商业银行效率的影响研究——基于筹资、投资两阶段DEA模型效率测度》，《湘潭大学学报》（哲学社会科学版）2017年第2期。

罗知、张川川：《信贷扩张、房地产投资与制造业部门的资源配置效率》，《金融研究》2015年第7期。

吕炜等：《房价上涨如何助推了中国企业的高杠杆？——基于投入产出网络的DSGE研究新视角》，《经济社会体制比较》2018年第1期。

马骏：《论构建中国绿色金融体系》，《金融论坛》2015年第5期。

马骏：《中国绿色金融的发展与前景》，《经济社会体制比较》2016年第6期。

马克思、恩格斯：《马克思恩格斯全集》，人民出版社1972年版。

马理等：《房地产贷款对商业银行风险的影响效应研究》，《金融监管研究》2021年第1期。

马险峰：《碳达峰碳中和目标下的中国绿色金融发展》，《环境经济研究》2021年第4期。

马晓栋：《信贷结构变化对欠发达小省区转变经济增长方式的影响分析——以宁夏自治区为例》，《金融发展评论》2011年第11期。

马妍妍、俞毛毛：《绿色信贷能够降低企业污染排放么？——基于双重差分模型的实证检验》，《西南民族大学学报》（人文社会科学版）2020年第8期。

马勇等：《金融杠杆、经济增长与金融稳定》，《金融研究》2016年第6期。

马勇等：《信贷扩张、监管错配与金融危机：跨国实证》，《经济研究》2009年第12期。

［美］伯顿·麦基尔：《漫步华尔街》，骆五鼎、彭晗等译，上海财经大学出版社2002年版。

倪斌:《国家"双碳"战略的思考与实践》,《上海节能》2021年第9期。

牛海鹏等:《我国绿色金融政策的制度变迁与效果评价——以绿色信贷的实证研究为例》,《管理评论》2020年第8期。

潘家华:《创新发展理念让环境分享增长的红利》,《环境保护》2007年第21期。

潘敏、徐琛卓:《次级债对商业银行盈余管理与风险承担的影响研究:来自中国银行业的经验证据》,《国际金融研究》2020年第11期。

潘敏、张依茹:《股权结构会影响商业银行信贷行为的周期性特征吗——来自中国银行业的经验证据》,《金融研究》2013年第4期。

潘敏、张依茹:《宏观经济波动下银行风险承担水平研究——基于股权结构异质性的视角》,《财贸经济》2012年第10期。

潘敏等:《地方政府股权会影响城市商业银行信贷投放的周期性特征吗?》,《经济评论》2016年第4期。

潘敏等:《金融救市下的中国商业银行信贷扩张行为分析》,《武汉大学学报》(哲学社会科学版)2011年第2期。

潘敏等:《商业银行长期流动性监管具有顺周期特征吗?——来自中国银行业的经验证据》,《国际金融研究》2017年第4期。

彭红松等:《旅游地生态效率测度的SBM—DEA模型及实证分析》,《生态学报》2017年第2期。

彭建刚等:《宏观审慎视角下存贷期限错配流动性风险的识别与控制》,《财经理论与实践》2014年第4期。

乔海曙、吕慧敏:《中国互联网金融理论研究最新进展》,《金融论坛》2014年第7期。

乔录生等:《"双碳"目标下碳金融发展现状、问题及对策研究》,《投资与创业》2021年第17期。

邱洪华:《基于层次分析模型的中国内外资银行创新能力综合评价》,《研究与发展管理》2012年第5期。

任辉:《环境保护、可持续发展与绿色金融体系构建》,《现代经济探讨》2009年第10期。

任力、朱东波:《中国金融发展是绿色的吗——兼论中国环境库兹涅茨曲线假说》，《经济学动态》2017 年第 11 期。

邵帅等：《中国的城市化推进与雾霾治理》，《经济研究》2019 年第 2 期。

沈沛龙、任若恩：《新的资本充足率框架与我国商业银行风险管理》，《金融研究》2001 年第 2 期。

沈悦、郭品：《互联网金融、技术溢出与商业银行全要素生产率》，《金融研究》2015 年第 3 期。

师博、任保平：《中国省际经济高质量发展的测度与分析》，《经济问题》2018 年第 4 期。

施华强：《国有商业银行账面不良贷款、调整因素和严重程度：1994—2004》，《金融研究》2005 年第 12 期。

石汉祥：《论国有商业银行的信贷风险管理》，《武汉大学学报》（社会科学版）2003 年第 1 期。

斯文：《我国商业银行使用利率衍生品的动因研究——基于资产负债期限错配视角的经验证据》，《南方经济》2014 年第 2 期。

宋典典等：《当前商业银行信贷结构调整分析》，《学术交流》2014 年第 7 期。

宋凯艺、卞元超：《期限错配与中国商业银行全要素生产率》，《金融论坛》2017 年第 5 期。

苏冬蔚、连莉莉：《绿色信贷是否影响重污染企业的投融资行为？》，《金融研究》2018 年第 12 期。

苏基溶、廖进中：《金融发展的倒 U 型增长效应与最优金融规模》，《当代经济科学》2010 年第 1 期。

隋建利、龚凯林：《新兴市场国家存在信贷顺周期还是逆周期？——结构转变视阈下的阶段性识别与协同性测度》，《经济管理》2018 年第 9 期。

孙会霞等：《银行业改革、信贷配置与产业结构升级》，《系统工程理论与实践》2019 年第 2 期。

孙杰、贺晨：《大数据时代的互联网金融创新及传统银行转型》，《财经科学》2015 年第 1 期。

孙丽、张雨濛：《我国商业银行不良贷款的总量和结构性分析》，《新金融》2016 年第 4 期。

孙浦阳：《银行不同所有制结构与经营绩效关系——基于中国 47 家不同所有制银行的面板数据分析》，《数量经济技术经济研究》2010 年第 12 期。

孙秋枫、年综潜：《"双碳"愿景下的绿色金融实践与体系建设》，《福建师范大学学报》（哲学社会科学版）2022 年第 1 期。

孙天琦、高东民：《国有金融资产管理研究》，《当代财经研究》2004 年第 4 期。

孙玉莹、闫妍：《基于压力测试的我国某商业银行房贷违约率评估》，《系统工程理论与实践》2014 年第 9 期。

索有：《我国上市银行不良贷款影响因素研究——基于动态面板数据模型》，《社会科学辑刊》2015 年第 2 期。

谭劲松等：《政府干预与不良贷款——以某国有商业银行 1988—2005 年的数据为例》，《管理世界》2012 年第 7 期。

谭兴民等：《中国上市银行股权结构与经营绩效的实证分析》，《金融研究》2010 年第 11 期。

谭政勋、王聪：《中国信贷扩张、房价波动的金融稳定效应研究——动态随机一般均衡模型视角》，《金融研究》2011 年第 8 期。

汤婷婷、方兆本：《商业银行信用风险与宏观经济——基于压力测试的研究》，《当代经济科学》2011 年第 4 期。

唐迪：《解析银行信贷扩张对房地产价格泡沫的影响》，《科技风》2015 年第 13 期。

天大研究院课题组王元龙等：《中国绿色金融体系：构建与发展战略》，《财贸经济》2011 年第 10 期。

田利辉：《国有股权对上市公司绩效影响的 U 型曲线和政府股东两手论》，《经济研究》2005 年第 10 期。

田利辉等：《产融结合对企业创新的影响：资源协同还是资源诅咒？》，《经济学（季刊）》2022 年第 6 期。

田益祥等：《绿色债券发行的空间环保效应——来自中国绿色债券市场数据的实证》，《电子科技大学学报》（社科版）2021 年第 6 期。

汪莉：《隐性存保、"顺周期"杠杆与银行风险承担》，《经济研究》

2017年第10期。

王兵、朱宁：《不良贷款约束下的中国上市商业银行效率和全要素生产率研究——基于SBM方向性距离函数的实证分析》，《金融研究》2011年第1期。

王兵、朱宁：《不良贷款约束下的中国银行业全要素生产率增长研究》，《经济研究》2011年第5期。

王飞等：《杠杆率顺周期性及其对银行资产负债表的影响——基于我国161家银行的实证分析》，《上海金融》2013年第10期。

王红玲、徐浩：《"双碳"目标下中国碳金融发展现状、存在问题与对策建议》，《农村金融研究》2021年第10期。

王静：《我国绿色金融发展驱动因素与进展研究》，《经济体制改革》2019年第5期。

王炯：《商业银行的数字化转型》，《中国金融》2018年第22期。

王军华：《论金融业的"绿色革命"》，《生态经济》2000年第10期。

王俊岭：《国有大行"稳定器"作用显现》，《人民日报》（海外版）2023年9月12日第11版。

王连军：《杠杆率约束对银行融资成本与信贷扩张的影响——基于中国银行业的实证研究》，《金融论坛》2019年第3期。

王鹏虎：《商业银行数字化转型》，《中国金融》2018年第15期。

王倩、李文：《美国非常规货币政策流动性效应的实证研究》，《社会科学辑刊》2013年第5期。

王倩、张靖博：《商业银行国有股权变革对违约风险和信用风险影响的异质性分析》，《学习与探索》2022年第7期。

王倩、赵铮：《收入差异、金融杠杆与金融稳定》，《金融评论》2018年第6期。

王倩、赵铮：《同业融资视角下的商业银行杠杆顺周期性》，《金融研究》2018年第10期。

王倩等：《国有商业银行服务实体的主导作用及其风险承担研究》，《经济视角》2021年第5期。

王擎等：《城市商业银行跨区域经营：信贷扩张、风险水平及银行绩效》，《金融研究》2012年第1期。

王诗卉、谢绚丽：《经济压力还是社会压力：数字金融发展与商业银行数字化创新》，《经济学家》2021年第1期。

王曙光、张春霞：《互联网金融发展的中国模式与金融创新》，《长白学刊》2014年第1期。

王文、刘锦涛：《"碳中和"逻辑下的中国绿色金融发展：现状与未来》，《当代金融研究》2021年第1期。

王晓枫、熊海芳：《贷款损失准备对商业银行顺周期性的影响》，《国际金融》2011年第2期。

王遥等：《基于DSGE模型的绿色信贷激励政策研究》，《金融研究》2019年第11期。

王镛赫：《我国碳金融产品价格影响因素及定价机制研究》，《时代金融》2021年第18期。

王宇晴：《我国首批绿色金融改革试验区实践发展研究》，《河北企业》2022年第1期。

王元龙：《中国国有商业银行股份制改革研究》，《金融研究》2001年第1期。

王净净、王洪卫：《商业银行房地产信贷配置偏好的动因研究》，《现代管理科学》2016年第1期。

王子明：《泡沫与泡沫经济——非均衡分析》，北京大学出版社2002年版。

王宗润等：《隐性存款保险下银行信息披露与风险承担》，《管理科学学报》2015年第4期。

韦颜秋等：《大数据时代商业银行数字化转型》，《银行家》2017年第2期。

魏琪：《银行产权对风险结构的影响研究——基于我国商业银行的实证分析》，《上海金融》2019年第5期。

魏巍等：《货币政策、监管政策与银行信贷行为——基于中国银行业的实证分析（2002—2012）》，《国际金融研究》2016年第5期。

文彬：《信贷扩张、资产价格泡沫及在中国的经验分析》，《经济问题》2007年第11期。

吴朝平：《API开放银行：金融科技背景下商业银行转型升级的重要方向》，《金融理论与实践》2020年第1期。

吴成颂等：《互联网金融对银行创新能力的影响研究——来自 62 家城商行的经验证据》，《贵州财经大学学报》2016 年第 3 期。

吴国平：《中国商业银行杠杆率的顺周期性分析》，《金融论坛》2015 年第 6 期。

吴立力：《货币供应、银行信贷与我国的房地产价格泡沫——基于面板数据动态 GMM 法的实证检验》，《金融理论与实践》2017 年第 5 期。

吴珊珊：《银行信贷如何影响碳排放？——基于增长模型及中国经验的研究》，《中南财经政法大学学报》2018 年第 6 期。

吴思霖等：《互联网金融冲击下商业银行业务创新研究》，《全国商情（经济理论研究）》2014 年第 Z2 期。

吴晓玲等：《绿色信贷发展与工业绿色转型实证研究——基于动态面板模型》，《现代商业》2021 年第 24 期。

吴延兵：《不同所有制企业技术创新能力考察》，《产业经济研究》2014 年第 2 期。

西南财经大学发展研究院、环保部环境与经济政策研究中心课题组：《绿色金融与可持续发展》，《金融论坛》2015 年第 10 期。

向新民：《信贷周期的形成及其对金融稳定的影响——行为金融学的剖析》，《财经论丛（浙江财经学院学报）》2006 年第 5 期。

项后军、陈简豪：《公允价值影响了银行杠杆的顺周期行为吗?》，《现代财经（天津财经大学学报）》2016 年第 1 期。

项后军等：《存款市场势力、国有股东与银行信贷——基于地方商业银行的视角》，《浙江学刊》2023 年第 6 期。

项后军等：《银行杠杆的顺周期行为与流动性关系问题研究》，《数量经济技术经济研究》2015 年第 8 期。

肖红军：《国有企业社会责任的发展与演进：40 年回顾和深度透视》，《经济管理》2018 年第 10 期。

肖崎、阮健浓：《我国银行同业业务发展对货币政策和金融稳定的影响》，《国际金融研究》2014 年第 3 期。

谢富胜、匡晓璐：《金融部门的利润来源探究》，《马克思主义研究》2019 年第 6 期。

谢平、邹传伟：《互联网金融模式研究》，《金融研究》2012年第12期。

谢治春：《互联网金融创新与商业银行品牌塑造模式》，《中国软科学》2016年第6期。

谢治春等：《金融科技发展与商业银行的数字化战略转型》，《中国软科学》2018年第8期。

辛兵海、陶江：《在华外资银行信贷行为研究：基于金融危机背景》，《国际经贸探索》2015年第7期。

信瑶瑶、唐珏岚：《碳中和目标下的我国绿色金融：政策、实践与挑战》，《当代经济管理》2021年第10期。

邢天才、倪殿鑫：《商业银行信贷产业结构效应与优化对策》，《经济与管理研究》2019年第1期。

熊惠平：《从"所有者代表缺失"看国有金融资本的汇金模式选择》，《特区经济》2006年第6期。

熊启跃、黄宪：《资本监管下货币政策信贷渠道的"扭曲"效应研究——基于中国的实证》，《国际金融研究》2015年第1期。

熊启跃、曾刚：《资本缓冲与银行资产配置行为研究——来自跨国银行业的经验证据》，《财贸经济》2015年第8期。

胥刚：《论绿色金融——环境保护与金融导向新论》，《中国环境管理》1995年第4期。

徐长生、艾希：《货币政策与宏观审慎政策的协调搭配——基于中国商业银行微观数据的实证研究》，《江西社会科学》2018年第6期。

徐滇庆等：《泡沫经济与金融危机》，中国人民大学出版社2000年版。

徐胜等：《绿色金融促进海洋经济绿色转型的驱动效应研究》，《中国海洋大学学报》（社会科学版）2019年第6期。

徐向艺、王俊韡：《股权结构与公司治理绩效实证分析》，《中国工业经济》2005年第6期。

许承明、王安兴：《风险转移规制与房地产价格泡沫的控制》，《世界经济》2006年第9期。

许国平等：《论国有银行股权转让的均衡价格——对"贱卖论"的理论回应》，《金融研究》2006年第3期。

许友传：《中国银行后瞻性的贷款损失准备管理及其逆周期效应》,《经济科学》2011年第6期。

薛凯丽等：《基于两阶段交叉效率模型的中国商业银行效率评价》,《中国管理科学》2021年第10期。

严成樑等：《金融发展、创新与二氧化碳排放》,《金融研究》2016年第1期。

颜廷峰：《商业银行信贷集中衡量指标体系优化设计研究》,《经济理论与经济管理》2010年第2期。

杨达远：《论汇金模式与商业银行国有金融资产管理》,《金融教学与研究》2007年第4期。

杨德勇、曹永霞：《中国上市银行股权结构与绩效的实证研究》,《金融研究》2007年第5期。

杨理珍：《我国绿色信贷与环境问题》,《合作经济与科技》2017年第15期。

杨骞、刘华军：《中国二氧化碳排放的区域差异分解及影响因素——基于1995—2009年省际面板数据的研究》,《数量经济技术经济研究》2012年第5期。

杨有振、赵瑞：《中国商业银行风险规避与股权结构：基于面板数据的经验与证据》,《财贸经济》2010年第6期。

杨运杰等：《混合所有制改革能否提升中国国有企业的创新水平》,《经济学家》2020年第12期。

杨子强：《优化信贷结构促经济转型》,《中国金融》2012年第24期。

叶琴等：《不同环境规制工具对中国节能减排技术创新的影响——基于285个地级市面板数据》,《中国人口·资源与环境》2018年第2期。

易澳妮：《我国商业银行不良贷款影响因素的实证研究》,《金融经济》2016年第16期。

易其国、刘佳欢：《基于绿色GDP的贵州省绿色发展水平评价》,《贵州师范大学学报》(社会科学版)2020年第6期。

殷贺等：《绿色信贷与碳排放：减排效果与传导路径》,《环境科学与管理》2019年第11期。

尤志婷等：《绿色金融发展对区域碳排放影响研究——以绿色信贷、绿色产业投资、绿色债券为例》，《金融理论与实践》2022年第2期。

俞岚：《绿色金融发展与创新研究》，《经济问题》2016年第1期。

袁博等：《互联网金融发展对中国商业银行的影响及对策分析》，《金融理论与实践》2013年第12期。

袁鲲、王娇：《贷款损失准备计提、管理动机与商业银行顺周期性——基于中国上市银行的实证研究》，《财经论丛》2014年第7期。

袁祥飞等：《绿色金融支持绿色发展动因及其机制研究》，《海南金融》2018年第9期。

袁玥：《我国银行业信贷扩张与信贷资产质量分析》，《商》2016年第29期。

原庆单等：《绿色信贷与环境责任保险》，中国环境科学出版社2012年版。

曾刚：《经济新常态下的商业银行转型研究》，《农村金融研究》2015年第1期。

曾刚：《商业银行杠杆变化趋势》，《中国金融》2017年第11期。

曾刚、王伟：《商业银行绩效评价再优化》，《中国银行业》2021年第2期。

曾康霖主著：《金融经济学》，西南财经大学出版社2002年版。

曾五一、李想：《中国房地产市场价格泡沫的检验与成因机理研究》，《数量经济技术经济研究》2011年第1期。

张澄、沈悦：《房地产价格与宏观经济波动下的银行风险承担：主观偏好还是被动选择》，《财经论丛》2019年第2期。

张德茂、蒋亮：《金融科技在传统商业银行转型中的赋能作用与路径》，《西南金融》2018年第11期。

张芙嘉、张雯玮：《绿色信贷对绿色经济发展的影响研究——基于动态面板系统GMM模型》，《现代商贸工业》2022年第1期。

张继云等：《国有大型商业银行绿色信贷高质量发展的路径探索》，《国际金融》2023年第7期。

张建平等：《货币政策向制造业传导梗阻的机制研究——基于信贷渠道的货币政策产业传导效应探讨》，《经济问题探索》2017年第1期。

张健华：《我国商业银行效率研究的 DEA 方法及 1997—2001 年效率的实证分析》，《金融研究》2003 年第 3 期。

张进铭等：《不良贷款约束下的我国商业银行效率分析》，《江西财经大学学报》2012 年第 4 期。

张军等：《企业金融化的同伴效应与实体部门经营风险》，《财贸经济》2021 年第 8 期。

张可等：《绿色信贷促进了节能减排吗》，《财经科学》2022 年第 1 期。

张乐、韩立岩：《混合所有制对中国上市银行不良贷款率的影响研究》，《国际金融研究》2016 年第 7 期。

张莉莉等：《中国绿色金融发展水平与效率的测度及比较——基于 1040 家公众公司的微观数据》，《中国科技论坛》2018 年第 9 期。

张连城、韩蓓：《中国潜在经济增长率分析——HP 滤波平滑参数的选择及应用》，《经济与管理研究》2009 年第 3 期。

张庆君、刘靖：《互联网金融提升了商业银行资本配置效率吗？——基于中国上市银行的经验证据》，《金融论坛》2017 年第 7 期。

张水平等：《多维度空间视角下绿色金融支持低碳发展效果评价》，《当代金融研究》2022 年第 1 期。

张晓玫、罗鹏：《信贷增长、金融发展与宏观经济波动》，《国际金融研究》2014 年第 5 期。

张雪兰、陈百助：《宏观经济要素、银行特征与不良贷款——基于公司与零售贷款组合的比较研究》，《财贸经济》2012 年第 8 期。

张正平、何广文：《隐性保险、市场约束与我国银行业改革》，《中国软科学》2005 年第 12 期。

张宗新、徐冰玉：《监管政策能否抑制商业银行亲周期行为——基于中国上市银行面板数据的经验证据》，《财贸经济》2011 年第 2 期。

赵娜、柴晓东：《我国绿色金融支持低碳经济的效用研究》，《华北金融》2021 年第 12 期。

赵清辉：《互联网金融对中国商业银行的影响探究》，《河北学刊》2015 年第 1 期。

赵胜民、刘笑天：《互联网金融影响了商业银行的非利息收入吗》，《当代财经》2018 年第 2 期。

赵昕等：《基于 DEA 的商业银行竞争力分析》，《数量经济技术经济研究》2002 年第 9 期。

赵旭峰等：《我国证券公司股权结构与公司绩效关系研究》，《生产力研究》2009 年第 10 期。

郑庆寰、牛玮璐：《我国商业银行杠杆率顺周期性及影响因素研究》，《现代管理科学》2014 年第 1 期。

周琛影等：《绿色金融对经济高质量发展的影响效应研究》，《重庆大学学报》（社会科学版）2022 年第 6 期。

周逢民等：《基于两阶段关联 DEA 模型的我国商业银行效率评价》，《金融研究》2010 年第 11 期。

周捷：《省域绿色金融发展及影响因素时空异质性研究——基于熵值法和 GTWR 模型的实证分析》，《福建金融》2022 年第 2 期。

周开国、邓月：《政府控股对商业银行风险承担的影响——基于国际银行业的证据》，《国际金融研究》2016 年第 9 期。

周擎：《商业银行行为调整对货币政策传导的影响》，《上海金融》2006 年第 12 期。

周星旺：《国有金融资本经营面临结构调整》，《中国金融》2013 年第 14 期。

周亚虹等：《中国工业企业自主创新的影响因素和产出效研究》，《经济研究》2012 年第 5 期。

周晔等：《商业银行贷款损失准备具有顺周期性吗？》，《经济与管理研究》2015 年第 1 期。

周再清等：《商业银行同业资产特性与风险承担行为——基于中国银行业动态面板系统 GMM 的实证分析》，《国际金融研究》2017 年第 7 期。

朱冬辉：《商业银行存贷款期限错配与流动性风险分析》，《南方金融》2013 年第 10 期。

朱海玲：《绿色经济评价指标体系的构建》，《统计与决策》2017 年第 5 期。

朱海玲、叶少波：《调整系数法：绿色 GDP 核算的一种新方法》，《统计与决策》2008 年第 2 期。

朱孟楠、侯哲：《中国商业银行资金错配问题研究——基于"钱荒"背景下的思考》，《国际金融研究》2014年第4期。

朱明星：《商业银行创新能力对银行绩效影响的实证分析》，《山东财政学院学报》2013年第6期。

朱宁等：《经济新常态背景下中国商业银行内生性效率变化及分解》，《金融研究》2018年第7期。

朱向东等：《绿色金融影响下中国污染性产业技术创新及其空间差异》，《地理科学》2021年第5期。

朱盈盈等：《境外战略投资者与中资银行创新能力——基于中国73家商业银行面板数据的实证分析》，《投资研究》2011年第7期。

祝继高等：《股权结构、信贷行为与银行绩效——基于我国城市商业银行数据的实证研究》，《金融研究》2012年第7期。

庄贵阳：《我国实现"双碳"目标面临的挑战及对策》，《人民论坛》2021年第18期。

卓尚进：《回顾历程：看新中国成立70年银行业改革发展》，《现代商业银行》2019年第19期。

Adrian Blundell-Wignall, et al., "Bank Business Models and the Basel System", *OECD Journal. Financial Market Trends*, No. 2, 2013.

Acharya V., Naqvi H., "The Seeds of a Crisis: A Theory of Bank Liquidity and Risk Taking over the Business Cycle (Article)", *Journal of Financial Economics*, Vol. 106, No. 2, 2012.

Adrian T., Shin H. S., "Liquidity and Leverage", *Journal of Financial Intermediation*, Vol. 19, No. 3, 2010.

Adrian T., Shin H. S., "Procyclical Leverage and Value-at-Risk", *The Review of Financial Studies*, Vol. 27, No. 2, 2014.

Al-Mulali U., et al., "Does Financial Development Reduce Environmental Degradation? Evidence from a Panel Study of 129 Countries", *Environmental Science and Pollution Research*, Vol. 22, No. 19, 2015.

Alejandro Micco, et al., "Bank Ownership and Performance. Does Politics Matter?", *Journal of Banking and Finance*, Vol. 31, No. 1, 2007.

Allen F., Douglas G., "Bubbles and Crises", *The Economic Journal*,

Vol. 110, No. 460, 2000.

Allen F., et al., "Finance: An Introduction", Center for Financial Institution Working Paper, October 2001.

Altunbas Y., et al., "Bank Capital, Bank Lending, and Monetary Policy in the Euro Area", *Credit und Capital*, Vol. 37, No. 4, 2004.

Aniruddha Durafe, Ankur Jha, "Bank Capital Buffer, Bank Credit and Economic Growth: Evidence from India", *Afro-Asian Journal of Finance and Accounting*, Vol. 8, No. 3, 2018.

Arellano M., Bond S., "Some Tests of Specification for Panel Data: Monte Carlo Evidence and an Application to Employment Equations", *The Review of Economic Studies*, Vol. 58, No. 2, 1991.

Ariff M., Can L., "Cost and Profit Efficiency of Chinese Banks: A Non-Parametric Analysis", *China Economic Review*, Vol. 19, No. 2, 2008.

Ata Can Bertay, et al., "Bank Ownership and Credit over the Business Cycle: Is Lending by State Banks Less Procyclical?", *Journal of Banking and Finance*, Vol. 50, No. 1, 2015.

Ayuso J., et al., "Are Capital Buffers Pro-Cyclical? - Evidence from Spanish Panel Data", *Journal of Financial Intermediation*, Vol. 13, No. 2, 2004.

Ba Shusong, et al., "Expected Government Support and Bank Risk-Taking: Evidence from China", *Finance Research Letters*, Vol. 36, 2019.

Baglioni A., et al., "Is the Leverage of European Banks Procyclical?", *Empirical Economics*, Vol. 45, No. 3, 2013.

Bailey W., et al., "Bank Loans with Chinese Characteristics: Some Evidence on Inside Debt in a State-Controlled Banking system", *Journal of Finance Quantitative Analysis*, Vol. 46, No. 6, 2011.

Banker R. D., et al., "Some Models for Estimating Technical and Scale Inefficiencies in Data Envelopment Analysis", *Management Science*, Vol. 30, No. 9, 1984.

Barth J. R., et al., "Choosing the Right Financial System for Growth", *Journal of Applied Corporate Finance*, Vol. 13, No. 4, 2001.

Berentsen A., et al., "Indivisibilities, Lotteries, and Monetary Exchange", *Journal of Economic Theory*, Vol. 107, No. 1, 2002.

Berger A. N., Humphrey D. B., "Efficiency of Financial Institutions International Survey and Directions for Future Research", *European Journal of Operational Research*, Vol. 98, No. 4, 1997.

Berger A. N., Udell, G. F., "The Institutional Memory Hypothesis and the Procyclicality of Bank Lending Behavior", *Journal of Financial Intermediation*, Vol. 13, No. 4, 2004.

Berger A. N. "Bank Competition and Financial Stability", *Journal of Financial Services Research*, Vol. 35, No. 2, 2009.

Bernanke B., Gertler M., "Agency Costs, Net Worth and Business Fluctuations", *The American Economic Review*, Vol. 79, No. 1, 1989.

Bernanke B. S., et al., "The Financial Accelerator in a Quantitative Business Cycle Framework", *Handbook of Macroeconomics*, Vol. 1, 1999.

Bertay A. C., et al., "Bank Ownership and Credit over the Business Cycle: Is Lending by State Banks Less Procyclical?", *Journal of Banking & Finance*, Vol. 50, 2015.

Bertrand M., et al., "Banking Deregulation and Industry Structure: Evidence from the French Banking Reforms of 1985", *Journal of Finance*, Vol. 62, No. 2, 2007.

Bhagat S., et al., "Size, Leverage, and Risk-Taking of Financial Institutions", *Journal of Banking & Finance*, Vol. 59, No. 10, 2015.

Bhattacharyya A., et al., "Changes in Economic Regime and Productivity Growth: A Study of Indian Public Sector Banks", *Journal of Comparative Economics*, Vol. 25, No. 2, 1997.

Bhattacharyya A., Pal S., "Financial Reforms and Technical Efficiency in Indian Commercial Banking: A Generalized Stochastic Frontier Analysis", *Review of Financial Economics*, No. 3, 2013.

Bikker J., Metzemakers P., "Is Bank Capital Procyclical? A Cross-Country Analysis", *DNB Working Papers*, Vol. 1, 2004.

Bing Zhang, et al., "Tracking the Implementation of Green Credit Policy in

China: Top-down Perspective and Bottom-up Reform", *Journal of Environmental Management*, No. 4, 2011.

Binici M., Köksal B., "Is the Leverage of Turkish Banks Procyclical?", *Central Bank Review*, Vol. 12, No. 2, 2012.

Biqin Xie, "Does Fair Value Accounting Exacerbate the Procyclicality of Bank Lending?", *Journal of Accounting Research*, Vol. 54, No. 1, 2016.

Blanchard O. J., Watson M. W., "Bubbles, Rational Expectations and Financial Markets", in Paul Wachtel (eds.) *Crises in the Economic and Financial Structure*, Lexing MA: Lexington books, 1982.

Blundell R., Bond S., "Initial Conditions and Moment Restrictions in Dynamic Panel Models", *Journal of Econometrics*, Vol. 87, No. 1, 1998.

Bonin J. P., et al., "Privatization Matters: Bank Efficiency in Transition Countries", *Journal of Banking and Finance*, Vol. 29, No. 8, 2005.

Borisova G., Megginson W. L., "Does Government Ownership Affect the Cost of Debt? Evidence from Privatization", *Review of Finance Study* Vol. 24, No. 8, 2011.

Bradley W. Bateman, "Analyzing Market Failure: Adam Smith and John Maynard Keynes", *History of Political Economy*, Vol. 47, 2015.

Brei M., et al., "Are Bank Capital Ratios Pro-Cyclical? New Evidence and Perspectives", *Economic Policy*, Vol. 31, No. 86, 2016.

Brei M., Schclarek, A., "Public Bank Lending in Times of Crisis", *Journal of Financial Stability*, Vol. 9, No. 4, 2013.

Brewer E., et al., "Bank Capital Ratios Across Countries: Why do They Vary?", *Journal of Financial Services Research*, Vol. 34, No. 2-3, 2008.

Brookes M., et al., "An Empirical Model of Mortgage Arrears and Repossession", *Economic Modeling*, Vol. 11, No. 2, 1994.

Charles Goodhart, "Bank Regulation and Macroeconomic Fluctuations", *Oxford Review of Economic Policy*, Vol. 20, No. 4, 2004.

Charnes A., et al., "Measuring the Efficiency of Decision Making Units",

European Journal of Operational Research, Vol. 2, No. 6, 1978.

Chen H., et al., "A Two-stage Dynamic Undesirable Data Envelopment Analysis Model Focused on Media Reports and the Impact on Energy and Health Efficiency", *International Journal of Environment Research and Public Health*, Vol. 16, No. 9, 2019.

Chircu A. M., Kauffman R. J., "Reinter Mediation Strategies in Business-to-Business Electronic Commerce", *International Journal of Electronic Commerce*, Vol. 4, No. 4, 2000.

Chousa, Juan Piñeiro, et al., "Does Higher Economic and Financial Development Lead to Environmental Degradation: Evidence from BRIC Countries", *Energy Policy*, Vol. 37, No. 1, 2009.

Chung Y. H., et al., "Productivity and Undesirable Outputs: A Directional Distance Function Approach", *Journal of Environmental Management*, Vol. 51, No. 3, 1997.

Claessens S., "Lev Ratnovski and Manmohan Singh. Shadow Banking: Economics and Policy", *Staff Discussion Notes*, Vol. 2012, No. 12, 2012.

Cui X. Y., et al., "Allocation of Carbon Emission Quotas in China's Provincial Power Sector Based on Entropy Method and ZSG-DEA", *Journal of Cleaner Production*, Vol. 284, No. 2, 2020.

Čihák, M., Hesse, H., "Islamic Banks and Financial Stability: An Empirical Analysis", *Journal of Financial Service Research*, Vol. 38, No. 2-3, 2010.

Damar H. E., et al., "Leverage, Balance-sheet Size and Wholesale Funding", *Journal of Financial Intermediation*, Vol. 22, No. 4, 2013.

David H., Sherman, "Bank Branch Operating Efficiency: Evaluation with Data Envelopment Analysis", *Journal of Banking & Finance*, No. 9, 1985.

David P. Baron, "Private Politics, Corporate Social Responsibility, and Integrated Strategy", *Journal of Economics and Management Strategy*, Vol. 10, No. 1, 2001.

De Long J. B. , et al. , "The Survival of Noise Traders in Financial Markets", *Journal of Business*, Vol. 64, No. 1, 1991.

Delis, M. D. , Kouretas, G. P. , "Interest Rates and Bank Risk-Taking", *Journal of Banking & Finance*, Vol. 35, 2011.

Dewally M. , Shao Y. , "Leverage, Wholesale Funding and National Risk Attitude", *Journal of International Financial Markets Institutions and Money*, Vol. 23, No. 1, 2013.

Dezhbakhsh H. , Demirguc-Kunt A. , "On the Presence of Speculative Bubbles in Stock Prices", *The Journal of Financial and Quantitative Analysis*, Vol. 25, No. 1, 1990.

Dhouibi R. , et al. , "Bank Transparency and Risk taking: Empirical Evidence from Tunisia", *International Journal of Economics and Finance*, Vol. 8, No. 5, 2016.

Diba B. T. , and H. I. Grossman, "Explosive Rational Bubbles in Stock Prices", *The American Economic Review*, Vol. 78, No. 3, 1988.

Dong Y. , et al. , "Ownership Structure and Risk-Taking: Comparative Evidence from Private and State-controlled Banks in China", *International Review of Finance Analysis*, Vol. 36, No. 3, 2014.

Emtairah Tareq, et al. , "Environmental Challenges and Opportunities for Banks in China: The Case of Industrial and Commercial Bank of China", *Greener Management International*, Vol. 2005, No. 50, 2005.

Evans, G. W. , "Pitfalls in Testing for Explosive Bubbles in Asset Prices", *The American Economic Review*, Vol. 81, No. 4, 1991.

Faccio, M. , et al. , "Political Connections and Corporate Bailouts", *Journal of Finance*, Vol. 61, No. 6, 2006.

Fama E. F. , "Banking in the Theory of Finance", *Journal of Monetary Economics*, Vol. 6, No. 1, 1980.

Fare R. , Grosskopf S. , "Directional Distance Functions and Slacks-Based Measures of Efficiency", *European Journal of Operational Research*, Vol. 200, No. 1, 2010.

Feng Junwen, et al. , "Efficiency Analysis of Commercial Banks in China

Based on DEA and Malmquist Index", *BioTechnology: An Indian Journal*, Vol. 13, No. 3, 2017.

Firth M., et al., "Inside the Black Box: Bank Credit Allocation in China's Private Sector", *Journal of Banking and Finance*, Vol. 33, No. 6, 2009.

Fisher I., "The Debt-Deflation Theory of Great Depressions", *Econometrica*, Vol. 1, No. 3, 1933.

Fries S., Taci A., "Cost Efficiency of Banks in Transition: Evidence from 289 Banks in 15 Post-Communist Countries", *Journal of Banking and Finance*, Vol. 29, No. 1, 2005.

Froot K. A., Obstfeld M., "Intrinsic Bubbles: The Case of Stock Prices", *The American Economic Review*, Vol. 81, No. 5, 1991.

Gauvin L., et al., "Policy Uncertainty Spillovers to Emerging Markets—Evidence from Capital Flows", Bank of England Working Paper, 2014.

Geanakoplos J., "Solving the Present Crisis and Managing the Leverage Cycle", *Economic Policy Review*, Vol. 16, No. 1, 2010.

Giordana G. A., Schumacher I., "Bank Liquidity Risk and Monetary Policy. Empirical Evidence on the Impact of Basel III Liquidity Standards", *International Review of Applied Economics*, Vol. 27, No. 5, 2013.

Giuliano I., et al., "The Impact of Government Ownership on Bank Risk", *Journal of Finance Intermediation*, Vol. 22, No. 2, 2013.

Glenn M., et al., "Capitalism in Crisis: Organizational Perspectives", *Journal of Organization*, Vol. 18, No. 2, 2011.

Goodhart C., et al., "Bank Regulation and Macroeconomic Fluctuations", *Oxford Review of Economic Policy*, Vol. 20, No. 4, 2004.

Greenwald B. C., Stiglitz J. E., "Financial Market Imperfections and Business Cycles", *The Quarterly Journal of Economics*, Vol. 108, No. 1, 1993.

Greenwood J., Jovanovic B., "Financial Development, Growth, and the Distribution of Income", *Journal of Political*, Vol. 98, No. 5, 1990.

Guttentag J., Herring R., "Credit Rationing and Financial Disorder", *The*

Journal of Finance, Vol. 39, No. 5, 1984.

Hafner R., "Environmental Justice Incommensurabilities Framework: Monitoring and Evaluating Environmental Justice Concepts, Thought Styles and Human-Environment Relations", *Erde*, Vol. 151, No. 2, 2020.

Hakenes H., Schnabel I., "Bank Size and Risk-Taking under Basel Ⅱ", *Journal of Banking & Finance*, Vol. 35, 2011.

Hakenes H., and Schnabel I., "Banks without Parachutes: Competitive Effects of Government Bail-out Policies", *Journal of Financial Stability*, Vol. 6, No. 3, 2010.

Hansen B. E., "Threshold Effects in Non-Dynamic Panels: Estimation, Testing, and Inference", *Journal of Econometrics*, Vol. 93, No. 2, 1999.

Hellwig, Martin, "The Macroeconomic Implications of Capital Adequacy Requirements for Banks", *European Economic Review*, Vol. 39, No. 3-4, 1995.

Homm U., J. Breitung, "Testing for Speculative Bubbles in Stock Markets: A Comparison of Alternative Methods", *Journal of Financial Econometrics*, Vol. 10, No. 1, 2012.

Hoque H., et al., "Bank Regulation, Risk and Return: Evidence from the Credit and Sovereign Debt Crises", *Journal of Banking & Finance*, Vol. 50, No. 1, 2015.

Huang X., Liu, J. "Regional Economic Efficiency and Its Influencing Factors of Beijing-Tianjin-Hebei Metropolitans in China Based on a Heterogeneity Stochastic Frontier Model", *Chinese Geographical Science*, Vol. 30, No. 3, 2020.

Iannotta G., et al., "Ownership Structure, Risk and Performance in the European Banking Industry", *Journal of Banking and Finance*, Vol. 31, No. 7, 2007.

Jacob A. Bikker, Haixia Hu, "Cyclical Patterns in Profits, Provisioning and Lending of Banks and Procyclicality of the New Basel Capital Requirements", *PSL Quarterly Review*, Vol. 55, 2002.

Jalil A., Feridun, M., "The Impact of Growth, Energy and Financial Development on the Environment in China: A Co-integration Analysis", *Energy Economics*, Vol. 33, No. 2, 2011.

Jiang Chunxia, et al., "Bank Ownership, Privatization, and Performance: Evidence from a Transition Country", *Journal of Banking & Finance*, Vol. 37, No. 9, 2013.

Jiang Chunxia, et al., "The Effects of Governance Changes on Bank Efficiency in China: A Stochastic Distance Function Approach", *China Economic Review*, Vol. 20, No. 4, 2009.

Jiao H., et al., "Legal Environment, Government Effectiveness and Firms' Innovation in China: Examining the Moderating Influence of Government Ownership", *Technological Forecasting and Social Change*, Vol. 96, No. 7, 2015.

Jing-Yu Liu, et al., "Assessment of a Green Credit Policy Aimed at Energy-intensive Industries in China Based on a Financial CGE Model", *Journal of Cleaner Production*, Vol. 163, No. 10, 2017.

John M., Hartwick., "Intergenerational Equity and the Investing of Rents from Exhaustible Resources", *The American Economic Review*, Vol. 67, No. 5, 1977.

Juan Ayuso, et al., "Are Capital Buffers Pro-cyclical?", *Journal of Financial Intermediation*, Vol. 13, No. 2, 2004.

Juri Marcucci, Mario Quagliariello, "Asymmetric Effects of the Business Cycle on Bank Credit Risk", *Journal of Banking and Finance*, Vol. 33, No. 9, 2009.

J. A. Bikker, P. A. J. Metzemakers, "Bank Provisioning Behaviour and Procyclicality", *Journal of International Financial Markets, Institutions and Money*, Vol. 15, No. 2, 2004.

Kalemli-Ozcan S., et al., "Leverage across Firms, Banks, and Countries", *Journal of international Economics*, Vol. 88, No. 2, 2012.

Kaminsky, G. and Reinhart, C., "The Twin Crises, the Causes of Banking and Balance of Payments Problems", *American Economic Review*,

Vol. 89, No. 3, 1999.

Kanga Désiré, et al., "Capital, Risk and Profitability of WAEMU Banks: Does Bank Ownership Matter?", *Journal of Banking and Finance*, Vol. 114, 2020.

Kao C., "Efficiency Decomposition in Network Data Envelopment Analysis: A Relational Model", *European Journal of Operational Research*, Vol. 192, No. 3, 2009.

Kaoru Tone and Biresh K. Sahoo, "Scale, Indivisibilityand Production Function in Data Envelopment Analysis", *International Journal of Production Economics*, Vol. 84, No. 2, 2003.

Kaoru Tone, "A Slacks-based Measure of Efficiency in Data Envelopment Analysis", *European Journal of Operational Research*, Vol. 130, No. 3, 2001.

Kay Gieseckea and Stefan Weberb, "Cyclical Correlations, Credit Contagion, and Portfolio Losses", *Journal of Banking and Finance*, Vol. 28, No. 12, 2004.

Kindle Berger, "Manias, Panics and Crashes: A History of Financial Crises", *Economic History Review*, Vol. 32, No. 3, 1978.

Kleidon, "Variance Bounds Tests and Stock Price Valuation Models", *Journal of Political Economy*, Vol. 94, No. 5, 1986.

K. Froot, M. Obstfeld, "Intrinsic Bubbles: The Case of Stock Prices", *The American Economic Review*, Vol. 81, No. 5, 1991.

K. West, "A Specification Test for Speculative Bubbles", *Quarterly Journal of Economics*, Vol. 102, No. 3, 1987.

Kostas F., et al., "Low-Carbon R&D Can Boost EU Growth and Competitiveness", *Energies*, Vol. 13, No. 19, 2020.

La Porta R., et al., "Government Ownership of Banks", *Journal of Finance*, Vol. 57, No. 1, 2002.

Laeven L., Majnoni L. G., "Loan Loss Provisioning and Economic Slowdowns: Too Much, Too Late?", *Journal of Financial Intermediation*, Vol. 12, No. 2, 2003.

Laeven, L. , Levine, R. , "Bank Governance, Regulation and Risk taking", *Journal of Finance Economics*, Vol. 93, No. 2, 2009.

Laux C. , Rauter T. , "Procyclicality of US Bank Leverage", *Journal of Accounting Research*, Vol. 55, No. 2, 2017.

Lawrence E. , "Default and the Life Cycle Model," *Journal of Money, Credit and Banking*, Vol. 27, No. 1, 1995.

Leila Fourie, et al. , "Credit Extension in South Africa: A Business Cycle Perspective for the Period 1985 to 2009", *African Journal of Business Management*, Vol. 5, No. 34, 2011.

Leonidas Paroussos, et al. , "Macro-economic Analysis of Green Growth Policies: The Role of Finance and Technical Progress in Italian Green Growth", *Climatic Change*, Vol. 160, No. 4, 2019.

Lepetit L. , et al. , "Bank Income Structure and Risk: An Empirical Analysis of European Banks", *Journal of Banking and Finance*, Vol. 32, No. 8, 2008.

Levy A. , Hennessy C. , "Why does Capital Structure Choice Vary with Macroeconomic Conditions?", *Journal of monetary Economics*, Vol. 54, No. 6, 2007.

Li C. Q. , Lu J. , "R & D Financing Constraints and Export Green-Sophistication in China", *China Economic Review*, Vol. 47, 2018.

Lindlein P. , "Mainstreaming Environmental Finance into Financial Markets-Relevance, Potential and Obstacles", *Greening the Financial Sector*, 2012.

Liu J. Y. , et al. , "Assessment of a Green Credit Policy Aimed at Energy-Intensive Industries in China Based on A Financial CGE Model", *Journal of Cleaner Production*, Vol. 163, 2017.

Long H. G. , et al. , "Idiosyncratic Tail Risk and Expected Stock Returns: Evidence from the Chinese Stock Markets", *Finance Research Letters*, Vol. 24, 2018.

Luc Laeven, Giovanni Majnoni, "Loan Loss Provisioning and Economic Slowdowns: Too Much, Too Late?", *Journal of Financial Intermedia-*

tion, Vol. 12, No. 2, 2003.

Luintel K. B., et al., "Liberalization, Bankers' Motivation and Productivity: A Simple Model with an Application", *Economic Modelling*, Vol. 61, No. 1, 2017.

Lux T., "Herd Behavior Bubbles and Crashes", *Economic Journal*, Vol. 105, No. 431, 1995.

Mahat T. J., et al., "Climate Finance and Green Growth: Reconsidering Climate-Related Institutions, Investments, and Priorities in Nepal", *Environmental Sciences Europe*, Vol. 31, No. 1, 2019.

Mahir B., Bulent K., "Is the Leverage of Turkish Banks Procyclical?", *Entral Bank Review*, Vol. 12, No. 2, 2012.

Martin A., Ventura J., "Theoretical Notes on Bubbles and the Current Crisis", *IMF Economic Review*, Vol. 59, No. 1, 2011.

Md. Nurul Kabir, et al., "Comparative Credit Risk in Islamic and Conventional Bank", *Pacific-Basin Finance Journal*, Vol. 34, No. C, 2015.

Micco A., et al., "Bank Ownership and Performance. Does Politics Matter?", *Journal of Banking and Finance*, Vol. 31, No. 1, 2007.

Michael Brei, Alfredo Schclarek, "Public Bank Lending in Times of Crisis", *Journal of Financial Stability*, Vol. 9, No. 4, 2013.

Mimir Y., "Financial Intermediaries, Leverage Ratios and Business Cycles", *International Conference on Policy Modeling* (EcoMod 2010), 2010.

Minsky H., "Issues in Monetary Economics", *Economic Journal*, Vol. 84, 1974.

Muhammad S., et al., "Funding Liquidity and Bank Risk Taking", *Journal of Banking and Finance*, Vol. 82, 2017.

Muth, John F., "Rational Expectations and the Theory of Price Movements", *Econometrica*, Vol. 29, No. 3, 1961.

M. Pilar García-Alcober, et al., "Risk-taking Behavior, Earnings Quality, and Bank Performance: A Profit Frontier Approach", *Business Research Quarterly*, Vol. 23, No. 4, 2020.

Nguyen, P., "Corporate Governance and Risk-taking: Evidence from Japanese Fifirms", *Pacific-Basin Finance Journal*, Vol. 19, No. 3, 2011.

Nicola Cetorelli, Michele Gambera, "Banking Credit Market Structure Financial Dependence and Growth: International Evidence from Industry Data", *Journal of Finance*, Vol. 56, No. 2, 2001.

Norden S., Schaller H., "The Predictability of Stock Market Regime: Evidence from the Toronto Stock Exchange", *The Review of Economics and Statistics*, Vol. 75, No. 3, 1993.

N. G. Mankiw, et al., "An Unbiased Reexamination of Stock Market Volatility", *Journal of Finance*, Vol. 40, 1985.

Panayiotis P. Athanasoglou, et al., "Bank Procyclicality and Output: Issues and Policies", *Journal of Economics and Business*, Vol. 72, 2014.

Papadopoulos S., Karagiannis S., "Recent evidence on efficiency in Southern European banking", *Studies in Economics and Finance*, Vol. 26, No. 2, 2019.

Philippon Thomas, "Understanding Bank Risk through Market Measures: Comments and Discussion", *Brookings Papers on Economic Activity*, 2016.

Phillips P., et al., "Atomic Resolution Defect Analysis Using Low Angle ADF-STEM", *Microscopy and Microanalysis*, Vol. 17, 2011.

Phillips P., et al., "Explosive Behavior in the 1990s Nasdaq: When did Exuberance Escalate Asset Values?", *International Economic Review*, Vol. 52, 2009.

Phillips P., et al., "Specification Sensitivity in Right-Tailed Unit Root Testing for Explosive Behavior, Cowles Foundation for Research inEconomics", Discussion Paper, 2012.

Phillips P., et al., "Testing for Multiple Bubbles", *Cowles Foundation Discussion Paper/Cowles Foundation for Research in Economics*, No. 9, 2011.

Phillips, Peter C. B., S. P. Shi, et al., "Testing for Multiple Bubbles", *Social Science Electronic Publishing*, Vol. 52, 2011.

Porta D. , et al. , " Social Movements and Public Administration: Spontaneous Citizens' Committees in Florence", *International Journal of Urban and Regional Research*, Vol. 26, No. 2, 2002.

Prabha A. P. , Wihlborg C. , "Implicit Guarantees, Business Models and Banks' Risk-Taking Through the Crisis: Global and European Perspectives", *Journal of Economics and Business*, Vol. 76, 2014.

Puschmann T. , "The Rise of Customer-oriented Banking: Electronic Markets are Paving the Way for Change in the Financial Industry", *Electron Mark*, Vol. 22, No. 4, 2012.

Rafael Repullo, Jesus Saurina, "The Countercyclical Capital Buffer of BASEL Ⅲ: A Critical Assessment", CEMFI Working Papers, 2011.

Rajan, Raghuram G. , "Why Bank Credit Policies Fluctuate: A Theory and Some Evident", *The Quarterly Journal of Economics*, Vol. 109, No. 2, 1994.

Raymond W. , Goldsmith, "Financial Structure and Development", *Economic Review*, Vol. 21, No. 2, 1969.

Reddy B. S. , et al. , "Corrigendum to 'Barriers and Drivers to Energy Efficiency - A New Taxonomical Approach' ", *Energy Conversion and Management*, Vol. 86, 2014.

Reddy B. S. , Assenza G. B. , "The Great Climate Debate", *Energy Policy*, Vol. 37, No. 8, 2009.

Robert, C. Merton, "A Functional Perspective of Financial Intermediation", *Financial Management*, Vol. 24, No. 2, 1995.

Rossi, "Credit Rationing: Issues and Questions", *Journal of Money Credit and Banking*, Vol. 5, 2009.

Salazar Jose, "Mitigation Banking: Theory and Practice", *Biodiversity & Conservation*, Vol. 7, No. 5, 1998.

Samuelson P. A. , "Intertemporal Price Equilibrium: A Prologue to the Theory of Speculation", *Weltwirtschaftliches Archiv*, Bd. 79, 1957.

Sathye M. , "Efficiency of Banks in a Developing Economy: The Case of India", *European Journal of Operational Research*, Vol. 148, No. 3,

2003.

Scheinkman J. A. , W. Xiong, "Overconfidence and Speculative Bubbles", *Journal of Political Economy*, Vol. 111, No. 6, 2003.

Sherman David H. , Gold, "Bank Branch Operating Efficiency: Evaluation with Data Envelopment Analysis", *Journal of Banking & Finance*, Vol. 9, 1985.

Shiller R. J. , "Do Stock Prices Move Too Much to Be Justified by Subsequent Changes in Dividends?", *The American Economic Review*, Vol. 71, No. 3, 1980.

Srairi S. , "Ownership Structure and Risk-Taking Behaviour in Conventional and Islamic Banks: Evidence for MENA Countries", *Borsa Istanbul Review*, Vol. 13, No. 4, 2013.

Srairi S. , "Transparency and BANK RISK-TAKINg in GCC Islamic Banking", *Borsa Istanbul Review*, Vol. 19, No. 1, 2019.

Steffen Krüger, et al. , "The Impact of Loan Loss Provisioning on Bank Capital Requirements", *Journal of Financial Stability*, Vol. 36, 2018.

Stella M. D. , "Three Studies on the Effects of National Culture on Bank Risk-Taking", *Deposits and Profitability*, 2017.

Steven Pressman, "A Time to Return to Keynes", *Critical Perspectives on International Business*, Vol. 5, 2009.

Stéphanie Marie Stolz, Wedow, Michael, "Government Measures in Support of the Financial Sector in the EU and the United States", *Intereconomics*, Vol. 46, No. 1, 2011.

Stéphanie Stolz, Michael Wedow, "Banks' Regulatory Capital Buffer and the Business Cycle: Evidence for Germany", *Journal of Financial Stability*, Vol. 7, No. 2, 2009.

S. Van Norden, H. Schaller, "The Predictability of Stock Market Regime: Evidence from the Toronto Stock Exchange", *Review of Economics and Statistics*, Vol. 75, 1993.

Tammuz H. Alraheb, et al. , "Institutional Environment and Bank Capital Ratios", *Journal of Financial Stability*, Vol. 43, 2019.

Tanna S., et al., "What is the Net Effect of Financial Liberalization on Bank Productivity? A Decomposition Analysis of Bank Total Factor Productivity Growth", *Journal of Financial Stability*, Vol. 30, 2017.

Tek Jung Mahat, et al., "Climate Finance and Green Growth: Reconsidering Climate Related Institutions, Investments, and Prioritie in Nepal", *Environmental Sciences Europe*, Vol. 2, 2019.

Teresa M., "New Deal Experimentation and the Political Economy of the Yankton Sioux, 1930 – 1934", *Great Plains Quarterly*, Vol. 31, No. 3, 2011.

Thakor A. V., Wilson P. F., "Capital Requirements, Loan Renegotiation and the Borrower's Choice of Financing Source", *Journal of Banking and Finance*, Vol. 19, 1995.

Theodora S. K., et al., "The Effect of Financial Performance on Company Value Banks Registered at Indonesia Stock Exchange: 2014 – 2016", *European Journal of Business and Management*, Vol. 10, No. 32, 2018.

Thompson P., Cowton C. J., "Bringing the Environment into Bank Lending: Implications for Environment Reporting", *British Accounting Review*, Vol. 36, No. 2, 2004.

Tirole J., "On the Possibility of Speculation under Rational Expectations", *Econometrica*, Vol. 50, No. 5, 1982.

Tone K., et al., "An Epsilon – Based Measure of Efficiency in DEA – A Third Pole of Technical Efficiency", *European Journal of Operational Research*, Vol. 207, No. 3, 2010.

Tone K., Sahoo B. K., "Indivisibilities and Production Function in Data Envelopment Analysis", *International Journal of Production Economics*, Vol. 84, No. 2, 2003.

Tone K., "A Slacks–Based Measure of Efficiency in Data Envelopment Analysis", *European Journal of Operational Research*, Vol. 130, No. 3, 2001.

Ugo Albertazzi, Margherita Bottero, "Foreign Bank Lending: Evidence from the Global Financial Crisis", *Journal of International Economics*,

Vol. 92, 2014.

Wang Z., et al., "Information Disclosure and Bank Risk-Taking under a Partially Implicit Deposit Insurance System: Evidence from China", *Austria Economic Review*, Vol. 48, No. 2, 2015.

West K. D., "Specification Test for Speculative Bubbles", *The Quarterly Journal of Economics*, Vol. 102, No. 3, 1987.

Wheeler P. B., "Loan Loss Accounting and Procyclical Bank Lending: The Role of Direct Regulatory Actions", *Journal of Accounting and Economics*, Vol. 67, No. 2, 2019.

Williamson O. E., "Managerial Discretion and Business Behavior", *The American Economic Review*, Vol. 53, No. 5, 1963.

Wu Y., Bowe M., "Information Disclosure and Depositor Discipline in the Chinese Banking Sector", *Journal of International Financial Markets, Institutions and Money*, Vol. 22, No. 4, 2012.

Xu Janet, et al., "An Empirical Analysis of China's Big Four State-owned Banks' Performance: A Data Envelopment Analysis", *Journal of Banking Regulation*, Vol. 16, No. 1, 2015.

Yablonsky S. A., "E-finance Innovation Services in Russia", *International Journal of Business Innovation and Research*, Vol. 8, No. 5, 2014.

Yevgeny Mugerman, et al., "Mortgage Liquidity and Bank Risk Taking: Finding the Risk 'Sweet Spot'", *Quarterly Journal of Finance*, Vol. 8, No. 4, 2018.

Zaim S., et al., "Sudden Cardiac Death Survivors with Only Ventricular-Fibrillation Induction at Base-Line Electrophys", 7th European Symposium on Cardiac Pacing (EUROPACE 95), 1995.

Zhang, B., et al., "Tracking the Implementation of Green Credit Policy in China: Top-down Perspective and Bottom-Up Reform", *Journal of Environmental Management*, Vol. 92, No. 4, 2011.

Zheng C. J., et al., "Does the Ownership Structure Matter for Banks' Capital Regulation and Risk-Taking Behavior? Empirical Evidence from A Developing Country", *Research in International Business and Finance*,

Vol. 42, 2017.

Zhenghui Li, et al., "Green Loan and Subsidy for Promoting Clean Production Innovation", *Journal of Cleaner Production*, Vol. 187, No. 6, 2018.

Zied Saadaoui, "Business Cycle, Market Power and Bank Behaviour in Emerging Countries", *International Economics*, Vol. 139, 2014.